그래서
제가
뭘 하면
되나요?

그래서 제가 뭘 하면 되나요?

윤성화 지음

30만 크리스천 청년들의 비전찾기!

교회 청년들을 위한
15년 진로 탐색 과정 요약집

추천의 말

　스물 여섯, '늦었다'라고 생각했던 내게 "지금도 해낼 수 있다"라고 말해준 유일한 메신저가 바로 이 책이다. '될까?'라는 의구심에 늘 머뭇거리던 나를 마침내 움직이게 했고, 그 작은 움직임이 나를 '음악교육기획가'로 이끌었다. 이 책은 "일단 해봐"라는 식의 무책임한 말만 던져놓고 독자를 방관하지 않는다. 현재와 미래의 비전 속에서 자신이 이루고자 하는 것들을 어떻게 현실화할 수 있는지 함께 고민하며 방법을 제시한다. 그래서 이 책은 인생을 더 열심히 살고 싶게 만든다.

음악교육기획가 강영원

　비전을 대하는 태도는 뜨거운 열망 혹은 냉철한 사색으로 나뉜다. 이 책은 냉철한 사색에 가깝다. 단순히 마음을 뜨겁게 하고 불을 지피는 영역을 뛰어넘어 사색과 통찰로 자신을 객관적으로 바라보게 한다. 그리고 과거와 현재, 미래를 이어가는 기초를 만들어준다. 이것은 우리가 학교에서 배울 수 없었던 영역이고, 심지어 사회에서도 알려주지 않았던 영역이다. 그래서 이 책의 내용을 온전히 내 것으로 만드는 일은 쉽지 않다. 하지만 그 때문에 이 시대에 꼭 필요한 과정이자 배움이며 지성이다. 이 책의 과정들을 겪어낸 지난 2년은 내 인생의 배움의 여정에서 가장 의미 있고 밀도 있는 시간이었다.

커리어컨설팅 '빌드업(Build-UP)' 대표 **최대열**

꿈을 찾기 위해 취직했고, 꿈을 찾고 난 후 창업했다. 그 모든 과정을 이끈 '개척하는 삶'에 대한 지혜가 이 책에 담겨있다. 그 지혜들이 나를 겁 많던 청년에서 어엿한 스타트업 CEO로 만들어주었다. 나도 이 책의 저자처럼 이제부터 누군가의 길이 되어주는 삶을 살아보려 한다.

'장보고 스튜디오' 대표 **김태진**

하고 싶은 것에만 몰입해 균형이 깨진 줄도 모른 채 지내다가 이 책을 만났다. 마라톤에 비유하자면, 페이스메이커가 생긴 기분이었다. 한계를 모르는 바쁨을 열심으로 포장하던 내 모습을 객관적으로 살펴보는 것을 시작으로, 전반에 걸쳐 가이드라인을 잡아볼 수 있는 시간이었다.

이 책은 입체적 관점을 갖출 수 있는 방법을 제시한다. 그 방법들을 따르다 보면, 나의 비전을 이뤄갈 수 있는 균형잡힌 태도가 길러지는 것을 알게 된다. 그러니 그저 책을 읽는 것에서 그치지 않길 바란다. 책이 던지는 질문에 관해 생각한 것을 글로 옮기고, 삶에서 적용하며 변화를 만들어나가야 의미가 있다.

주식회사 '매치워크' 대표 **권수연**

프롤로그
개정 & 확장판을 펴내며

'그제뭘되(그래서 제가 뭘 하면 되나요?)를
읽고 질문 몇 가지 드립니다!'

'책 내용에 대한 생각을 함께 공유합시다'라고 책에서 언급했지만 사실 이런 제목의 메일을 받을 때마다 기대보다는 두려움이 앞섭니다. 혹시 해서는 안 될 실수를 한 것은 아닌지, 의도치 않게 누군가에게 상처를 준 것은 아닌지 두렵습니다. 그래서 메일 제목에 마우스를 올리는데 며칠, 요리조리 굵어지는 제목을 피하다 며칠을 보내고 나서야 딸깍 내용을 읽어봅니다. 그렇게 장문의 메일을 읽으며 책을 읽어본 분들의 진솔한 피드백과 미처 언급하지 못했던 고민도 알게 됩니다.

다행인 것은, 제가 염려한 것보다 추가적으로 궁금하셨던 부분이나 크리스천의 입장에서 책의 내용을 어떻게 해석하고 적용하면 되는지를 묻는 분들이 많았습니다. 저 역시 이 책이 교회 청년들에게 더 많이 읽히기를 원했기 때문에 출판사와 협의해서 기독교적인 가치를 조금 더 드러내기로 했습니다.

사실 이런 결정은 조금은 바보 같은 선택입니다. 지금의 출판 시장은 중쇄는커녕 1쇄를 다 팔기도 어렵기 때문입니다. 하지만 애초부터『그제뭘되』책을 시리즈로 기획하고 출판하는 과정은 그 목적이 수익이나 유명세를 위한 것이 아니라, '교회 청년들을 위해 필요한 글을 전달하자!'는 것이었기 때문에 이렇게 결정하기까지 많은 시간이 필요하지는 않았습니다.

교회 청년들에게 필요하지만, 지금의 교회나 대학에서 제공하지 못하는 것. 저는 이것이 진로와 직무, 경제, 창업의 네 가지 영역이라고 생각합니다. 그래서 연구소에서도 이 네 가지 영역을 2년씩 총 8년 동안 배울 수 있게 만들어 교육하고 있습니다. 무엇보다 사회적으로 자립할 수 있는 주체적 인간을 양성하는 것만큼, 그 교육 과정과 목적에 십자가의 사랑이 있게 하는 것이 더 중요합니다. 그래서 공부하는 이유, 돈을 버는 이유, 회사를 창업하는 이유가 모두 하나님을 잘 전하는 것이 되게 교회 청년들을 양육해야 합니다.

이웃 사랑. 청년들이 이 네 글자를 실천하며 살아가게 만드는 것이 지금 우리가 해야 하는 교육의 최종 목적이 되어야 합니다. 그리고 이런 고귀한 가치를 지켜내며 현실의 문제를 동시에 해결하기 위해서는 분명 필요한 역량들이 있습니다. 그래서 이번 개정판에서는 교회 내에서 청년들이 그루핑(Grouping)을 통해 이 역량들을 스스로 키워낼 수 있게 하는 데 초점을 두고, 수정하고 내용을 더했습니다. 또한 기본적으로 플립 러닝(거꾸로 학습, Flipped Learning) 방식의 기획을 반영한 책입니다. 책에 대한 나눔을 하기 전에 청년들이 먼저 읽어 보고 미션까지 해보면 더욱 좋습니다. 실제로 미션까지 해본 경험과 생각을 토론으로 나눴을 때 효과가 극대화 되도록 설계했으니, 꼭 권하는 방식으로 책을 읽어보셨으면 합니다. 물론 혼자서 이 책의 내용과 미션들을 해보셔도 무방합니다.

15년 전, 교회 청년들에게 진로 교육을 해보겠다고 선언했을 때는 열심히 논문을 뒤지고, 노하우를 아는 사람들에게 고개 숙여 배우는 방식이 가장 효과적이었습니다. 하지만 이제는 AI가 대신 자료를 찾아주고, 분야별 멘토에게는 DM을 보내 편하게 질문을 주고받습니다. 이렇게나 시대가 좋아졌으면 청년들의 삶도 안정화되고 건강해져야 했습니다. 하지만 현실은 정반대의 신호를 나타냅니다. 기술의 발전과 우울증 인구가 정비례하고 있고, 20~30대 청년들이 겪는 문제는 10년 전보다 무려 70배나 증가했다고 합니다.

이런 상황에서 믿는 사람으로서 청년들을 위해 할 수 있는 최선의 선택은 두 가지입니다. 하나는 청년들이 스스로 건강한 주체성을 가진 인간으로 살아가게 돕는 것, 다른 하나는 그 주체성을 복음을 위한 방식으로 쓸 수 있도록 길을 열어주는 것. 저는 이 두 가지 목적성을 가지고 이 책을 다듬고 또 다듬었습니다. 하지만 워낙 방대한 내용을 책의 분량에 맞추다 보니, 미처 설명하지 못한 부분들이 있어 아쉬움이 남는 것도 사실입니다. 그래서 이 책과 연결점이 많은 『12-POWERS』책도 읽어보시고, 이 책을 교재로 제작한 연구소의 '온라인 비전스쿨 과정'도 꼭 경험해보시길 바랍니다. 무엇보다 오프라인으로 이어지는 크리스천 독서 모임 '북크북크'와 무료 강연도 꼭 한 번 나오셔서 멘토링연구소가 지금 교회 청년들의 문제를 어떻게 풀어가는지, 함께 고민하고 정보를 공유해 보시길 바랍니다. ※ 자세한 내용은 네이버 카페(www.mentoring-lab.com)에서 확인하실 수 있습니다.

  이 책을 통해 실력과 신앙, 이 둘을 동시에 갖춰내는 청년들이 많아지고 그들이 교회 문턱을 넘어 직장과 사업체에서도 자랑스러운 그리스도인으로 살아내는 역사가 일어나길 소망합니다.

멘토링연구소장 윤성화

목 차

추천의 말 · 4
프롤로그
- 개정 & 확장판을 펴내며 · 6

1부. 자아 발견

Step 1. 과거로부터 자유로워지세요 · 14
Step 2. 당신은 충분히 괜찮은 사람입니다 · 24
Step 3. 나는 생각보다 나를 잘 모릅니다 · 40
Step 4. '가치관'을 알아야 나답게 살 수 있습니다 · 56
Step 5. 남들과 같아지려 애쓰지 마세요 · 68

2부. 비전 발견

Step 6. 약점을 보완하지 말고 나만의 강점을 창조하세요 · 82
Step 7. 좋은 습관은 당신을 구해줄 어벤져스입니다 · 103
Step 8. 시간을 통제하지 못하면 모든 것을 잃습니다 · 121
Step 9. 무언가를 잘하고 싶다면 무엇이든 읽어야 합니다 · 140
Step 10. 남들과 다르게 생각하는 습관을 가지세요 · 162

3부. 멘토 발견

Step 11. 살고 싶은 인생을 공개적으로 선언하세요 · 180
Step 12. 하고 싶은 것과 해야 할 것의 비율을 스스로 정하세요 · 198
Step 13. 작은 성취가 지속되어야 성장할 수 있습니다 · 224
Step 14. 지속적인 성장구조를 만드세요 · 243
Step 15. 미래를 이야기하는 사람들과 인생을 함께 하세요 · 282

에필로그
- 지극히 개인적인, 하지만 모두와 나누고 싶은 이야기 · 312
참고문헌 · 315

1부
자아 발견

> "
> 나에 대해 잘 알수록
> 과시해야 할 필요성을 덜 느끼게 돼요.
> "
>
> - 로버트 핸드

Step 1
과거로부터 자유로워지세요

한여름의 중학교 점심시간. 인원 초과로 먼지가 밤안개처럼 피어나는 운동장에서 실컷 농구하다가 이제 막 들어가려는 참이었습니다.

"야, 음료수 하나 마시고 들어갈래?"
"그래…."

퉁명스럽게 대답했지만, 사실 저는 가진 돈이 하나도 없었습니다. 용돈이라는 걸 받을 수 있는 형편이 아니었기 때문이었죠. 그래서 가게 밖에 서서 친구들이 얼른 나오기만을 기다렸습니다. 겨우 1분 남짓한 시간이 어찌나 길던지요. 발끝으로 땅을 발로 툭툭 차면서 지나가는 자동차를 보면서도, 온 신경은 가게 안에 들어간 친구 녀석들에게 쏠려 있었습니다. 그러다가 음료수를 고르던 한 녀석과 눈이 마주쳤습니다. 아차….

"안 마시냐?"

 슬쩍 웃는 걸 보니, 녀석은 분명 조금 전 파울 상황에 대해 앙 갚음하려는 것입니다. 역시나 녀석은 필요 이상의 큰 목소리로 말했습니다.

"음료수 사 먹을 돈도 없나? 거지도 아니고."

 가게에 같이 있던 친구들도 키득키득 웃기 시작했습니다. 말로 표현할 수 없는 분노를 느꼈지만, 이를 악물고 묵묵히 발길을 돌려야 했습니다. 가난. 참 무겁고 아픈 말이지만, 그것 또한 제 삶의 한 부분이었다는 것을 인정하는 데 꽤 오랜 시간이 걸렸습니다. 어린 나이에 너무 과하게 치부를 숨기려고 했기 때문일까요. 그 일이 있고 난 뒤부터 저는 작은 일에도 쉽게 화를 냈고, 주변의 친구들은 시간이 갈수록 하나둘 멀어졌습니다.

 그리고 어느 날부터 등교해 보면 제 책상이 복도 밖에 나와 있거나, 실내화가 화장실 변기통에 빠져있었습니다. 점심시간에 도시락을 꺼내놓고 짧은 식사 기도를 할 때면, 밥에 모래를 뿌리고 도망가기도 했습니다. 그런데 누구도 선뜻 나서서 도와주려고 하지 않았습니다. 49 대 1의 게임이 시작된 거였죠. 그만두라고 버럭 화를 내면 이내 "장난이야~"라며 저를 속 좁은 사람 취급하고 웃어넘기기 일쑤였습니다. 모든 것이 음료수 하나 사 먹을 돈도 없는 '가난한 집' 때문에 벌어진 일 같았습니다. 돈 없는 집 자식이라는 게 그렇게 원망스러울 수가 없었죠.
 그리고 엎친 데 덮친 격으로 가슴 아픈 사건이 터졌습니다.

하굣길에 평소 막노동을 하시던 아버지께서 일하시는 걸, 학교 바로 앞에서 보게 된 것입니다. 아버지는 시멘트 가루투성이에 땀 범벅인 티셔츠를 입고 수레로 모래를 나르고 계셨죠. 그러다 아버지와 눈이 마주치고 말았습니다. 순간 어쩔 줄 몰라 하다가 저도 모르게 고개를 푹 숙인 채 아버지 옆을 지나쳐버렸습니다.

그리고 수년이 흘러 직장인이 되고 나서야 알았습니다. 그날 저녁, 어머니가 보는 앞에서 아버지가 정말 많이 우셨다는 것을요. 사춘기 시절 가난은 제게 자괴감과 분노, 따돌림, 아버지와의 오랜 단절을 가져다주었습니다. 하지만 지금은 그 가난 덕분에 다른 사람을 돌아볼 줄 아는 눈이 생겼고, 화를 다스리는 방법을 알게 했으며, 누구보다 아버지를 존경하는 멘토가 되었습니다. 어떻게 이런 일이 가능했을까요?

흔히 아픈 과거, 수치스러워서 숨기고 싶은 과거의 사건 때문에 현재의 삶에서도 부정적인 영향을 받는 것을 '트라우마'라고 합니다. '트라우마' 이론을 주장한 심리학자 프로이트는 과거의 어떤 일이 현재의 선택에 항상 영향을 미치고 이는 곧 미래로 연결된다고 생각했습니다. 이것이 그 유명한 '원인론'입니다.

이와 반대로, 심리학자 아들러는 우리가 그 사건을 어떻게 인식하고 받아들이거나 선택하는지가 중요하다고 생각했습니다. 과거의 사건 때문에 지금의 내가 고통받는 것은 과거를 트라우마로 여겨 고통받기를 선택했기 때문이라는 겁니다. 이것이 바로 '목적론'입니다.

프로이트	아들러
원인론	목적론
고정형 사고방식	성장형 사고방식
과거를 바꿀 수 없으니 미래도 크게 다르지 않을 것이다	과거를 바꿀 수 없으나 과거를 받아들이는 목적에 따라 미래는 달라진다
예) 나는 과거에 왕따당한 경험이 있다. 그 과거는 바꿀 수 없다. 그러니 그 트라우마를 평생 내 것으로 인정하며 살아야한다.	예) 과거를 바꿀 순 없지만 과거를 받아들이는 내 생각에 '그 사건으로 더는 힘들어 하지 않겠다'라는 목적은 가질 수 있다. 이런 목적을 갖게 되면, 내가 선택하는 대로 미래를 바꿀 수 있다.

    수 세기에 걸쳐 이어온 심리학자들의 싸움에 끼고 싶은 생각은 없습니다. 하지만 과거를 과거로 인식하는 법을 배울 필요는 있어 보입니다. 흘러간 과거 사건 속 내 모습은 지금의 내가 아니니까요. 여러분은 그때보다 훨씬 더 강해졌고 성숙해졌으며, 유연해졌습니다. 모든 경험은 항상 유의미한 값을 가집니다. 이것을 인정하면 '과거의 나'와 '현재의 나'를 다르게 볼 수 있는 통찰이 생겨납니다.
    그때, 우리는 비로소 과거로부터 자유로워질 수 있습니다. 이

제 실수했던 기억이나 부끄러웠던 기억, 너무 수치스러워 잊고 싶은 기억을 과거의 것으로 인정하고 현재에 집중할 방법을 알려드리겠습니다. 바로, 아픈 과거들을 내 머릿속이 아닌 '기록'으로 남겨서 '분리'하는 작업을 하는 겁니다. 처음 기록하면서는 마주하게 되는 아픈 과거가 더 선명해진다고 느끼겠지만, 자꾸 읽어보고 되뇌다 보면 과거가 아닌 현재에 초점을 맞추며 살아가게 된다고 확신합니다.

심리학에서는 이러한 과정을 '투사'라고 합니다. 투사는 개인의 성향이나 태도 혹은 특성의 원인을 무의식적으로 다른 사람에게 돌리는 방어기제 중 하나입니다. 흔히 어떤 결정을 하기 전에 조언을 구하지만, 그 결과가 좋지 않으면 조언을 해준 사람을 탓하는 방식이죠. 하지만 방어기제도 잘 활용하면 나를 조금 더 건강하게 만들 수 있습니다.

이를테면, 기록을 통해 못난 내 과거의 기억을 '미성숙했던 나'에게 투사하는 겁니다. 이렇게 과거와 현재를 분리하는 글쓰기 과정에서 '지금의 나는 과거의 나보다 성숙한 사람'이라는 사실을 잊지 않는 것이 중요합니다. 사람은 자의든 타의든 시간이 갈수록 경험의 농축을 통해 신체적 성장과 정신적 성숙에 이르게 되어 있습니다. 여러분의 시간이 지나가는 것이 신체적 성장에 그칠지, 정신적 성숙에 이를지는 사람마다 다릅니다. 우리가 정신적 성숙에 이르기 위해서 과거에 머물러 있던 시선을, 현재를 지나 미래를 바라보게 하는 훈련이 필요합니다.

제게 과거에서 현재로 삶의 시선을 옮기는 데 꽤 중요한 역할을 한 것은 바로 SNS(Social Network Service)입니다. 저는 블로그부터 페이스북, 인스타그램, 유튜브에 이르기까지 꽤 많은 채널을 관리하고 있습니다. 진로를 교육하는 사람답게 10대, 20대와 소통하기 위함이죠. SNS가 주는 여러 유익 중 하나는 연락이 끊어진 과거의 친구나 지인과 다시 연락할 수 있게 해 준다는 것입니다.

오랜만이라는 인사로 시작한 옛 친구와의 대화는 여느 때처럼 과거의 추억을 끄집어내는 데까지 이어졌습니다. 그러다가 키보드를 누르던 제 손을 멈칫하게 만드는 단어가 컴퓨터 화면에 보입니다.

"너 지금은 왕따 아니지? ㅋㅋㅋ"

추억이라는 말로 꺼낸 단어가 아직 아물지 않은 타인의 상처일 수도 있다는 것을 그 친구는 모르나 봅니다. 덤덤하게 눈치 없는 녀석과의 대화창을 닫고 나니, 그렇게 단 것만 찾던 입이 갑자기 쓴 커피를 찾습니다. 서재를 나와 주방에 가서 블랙커피 한 잔을 들고 나옵니다. 예전 같으면 과거의 힘든 기억으로 며칠 동안 괴로워했을 텐데, 이제는 아들러의 목적론을 열심히 공부하면서 적어둔 한 문장 덕분에 이렇게 쓴 커피 한 잔으로 다시 '오늘'에 집중할 힘이 생깁니다.

'괜찮아. 지금의 너는 예전과 다르니까!'

왕따당했던 중학생 시절에서부터 강사와 연구소 소장을 거쳐 교수가 되기까지 삶의 장면들이 머릿속에 자연스럽게 펼쳐

지는 것 같습니다. 과거의 경험이 온진히 과거로 머물게 둘 수 있는 힘이 생겼고, 아팠던 과거로부터 현재의 내가 되기까지 이뤄온 '노력'에 더 집중할 눈이 생긴 결과입니다.

그렇게 느긋하게 10분 정도 쓴 커피 한 잔을 마시고 나면 마법처럼 다시 '오늘'에 집중할 수 있습니다. 과거의 트라우마를 극복하는 많은 방법이 있지만, 기록을 통해 부정적인 과거의 기억과 현재의 삶을 분리하는 것이 건강한 자아상 형성에 도움이 되는 것은 분명합니다. 여러분도 꼭 한 번 도전해 보시기 바랍니다.

심리치료 기법 중에 '아이휴어센틱 치료(Eye Movement Desensitization and Reprocessing, EMDR)'라는 것이 있습니다. EMDR기법은 주로 외상 후 스트레스 장애(PTSD)를 치료할 때 쓰이며, 기억의 재처리 과정을 통해 정서적인 고통을 감소시키고 건강한 심리 적응을 돕습니다.

EMDR 기법은 과거 트라우마에 대한 기억을 통합하고 재처리해서 새로운 관점을 형성합니다. 즉, 내담자가 같은 기억을 다르게 해석하게 하면서 '아, 이건 상처라고 생각하지 않을 수도 있구나….'를 알게 하는 것이죠. 더불어 기억을 재처리하는 과정은, 무의식중에 가지고 있던 부정적인 신념을 객관적으로 보게 하면서 그 반대에 있는 긍정적인 신념을 추구하게 만듭니다. 그렇게 신념이 변한 사람은 예전과는 다른 행동을 하게 되죠.

즉, 가치관의 변화가 행동의 변화를 끌어내는 것이죠. 지금 우리가 살아가는 사회는 크고 작은 문제 수억 개가 매일 태어나고 있다고 해도 무방할 정도로 복잡계를 이루고 있습니다. 그 속에 살면서 익숙한 한 가지의 방식으로만 문제를 바라보려는 것은 분명 무리가 있습니다. 우리의 생각은 유연하게 바뀔 수 있어야 하고, 그 유연한 생각에 맞게 행동 또한 변할 수 있어야 하는 것이죠.

제가 이 책을 쓴 이유가 바로 독자분들의 삶에 '실제적 변화'가 있는 것입니다. 저도 꽤 책을 좋아하는 사람이지만, 행동의 변화가 없는 공부와 독서는 아무런 의미가 없습니다. 그래서 공자는 논어에서 이렇게 말한 것 같습니다.

學而時習之, 不亦說乎(학이시습지, 불역열호)
"배우고 때때로 그것을 익히면 역시 기쁘지 아니하겠는가!"

많은 사람이 배우는 시간과 익히는 시간이 동일하지 않아서 좌절합니다. 그래서 '나는 학위를 땄는데 왜 아무것도 모르지?', '왜 공부해도 내 것이 아닌 것 같지?'와 같은 자기비하적 생각을 하죠. 아는 것을 체화하고 그것을 온전하게 나의 것으로 변환시키는 과정에도 시간이 걸린다는 것을 기억하길 바랍니다.

이 책에서는 장마다 책의 내용을 체화하는데 도움이 되는 미션과 토론 주제가 있습니다. 미션은 개인적으로 해보시고 토론은 주변 사람들과 함께 이야기해 보시기를 권합니다. 저는 여러분이 이 책을 완독하는 데 목적을 두지 않으셨으면 합니다. 이 책의 참맛을 느끼려면, 글을 쓰거나 생각을 곱씹어보는 아주 작은 행동이라도 시도해 보는 과정이 병행되어야 하기 때문입니다. 그리고 보통은 책 내용을 체화하는데 짧아도 1~2주 정도 걸리더군요. 그러니 읽는 시간보다 미션을 해결하는 시간이 더 오래 걸려도 이상한 일이 아닙니다. 다음 내용이 너무 궁금하겠지만, 미션부터 차근차근 해보시길 추천드리며 2주 뒤에 뵙겠습니다. (갑자기 신구 선생님이 된 것 같군요.)

다른 사람들의
미션 제출 엿보기

진로 멘토의 Q&A _ 1

Q. 나를 계속 과거에 머물게 하는 당신만의 사건은 무엇인가요?

Q. 이 미션을 하면서 나에 대해 무엇을 알게 되었나요?

Step 2
당신은 충분히 괜찮은 사람입니다

'아… 난 왜 이정도 밖에 안 될까…?'

20대 중반까지 제 머릿속을 가득 메웠던 생각이었습니다. 가진 것 없고, 소심하고 체격까지 왜소하다 보니 진득하게 관계를 유지할 친구 한 명 사귀기도 힘들었죠. 부모님 형편에 맞춰 어렵게 구한 반지하 단칸방에서 혼자 아침을 맞이하면, 아직 아무것도 해보지 않았지만 이미 실패한 기분이 들곤 했습니다.

그런 시간이 쌓이고, 정체 모를 우울함까지 더해지니 자연히 한창 유행하는 게임에 빠졌습니다. 게임 속에서만큼은 몇 시간 내에 쉽게 성장할 수 있었거든요. 애써 친구들과 친해지려고 노력하지 않아도 몇 번의 클릭으로 저를 레벨 10의 사람으로 만들었죠. 무엇보다 게임 속에서 만난 사람들에게서 현실에서 듣지 못했던 '대단하다!' '멋져요' '우와~' 같은 말들을 들으니 저를 인정해주는 것 같아 너무 좋았습니다.

그러다 보니 식사를 잘 챙겨 하라고 부모님이 보내주신 용돈을 단 며칠 만에 PC방에서 탕진해 버리기 일쑤였습니다. 그렇게 밤을 지새우고 PC방 문밖을 나설 때면, 마치 밤새 도박판에서 전 재산을 탕진한 타짜의 '고니' 같았습니다. 짤랑. 본능적으로 왼쪽 주머니를 흔듭니다. 마치 마술사가 되어 동전 소리 짤랑 몇 번이면 다시 만 원짜리 지폐가 솟아나길 바라면서요. 금요일 오후. 짤랑거리는 동전들을 손바닥 위에 올려놓고 한참을 넋 놓고 바라보다 나도 모르는 한숨이 새어 나옵니다.

'에휴… 내가 그렇지 뭐.'

집으로 돌아갈 차비조차 남지 않은 상태라 부모님께 '이번 주에도 못 갈 것 같습니다'라는 거짓 문자를 보냈습니다. 그러면 늘 어머니께서 '아들 밥 잘챙 겨먹어. 사 랑한다..'라는 서툰 띄어쓰기로 문자 메시지를 보내셨습니다. 사실 그때 저는 길 잃은 망아지처럼 무엇을 어떻게 시작해야 하는지를 몰라 방황하는 중이었습니다. 길을 모르니 앞으로 나아가지도 못하고, 그렇다고 가만히 있자니 '나'라는 존재가 너무 보잘것없게 느껴져 분노에 휩싸였습니다. 그래서 움직이는 것도 아니고 그렇다고 멈춘 것도 아닌 부자연스러운 시간을 보내고 있었죠. 거기에 부모님의 기대에 미치지 못하는 내 모습에 대한 실망은 덤이었죠. 그날 오후 문자 한 통을 받았습니다.

'성화 씨~ 왜 안 와요? 오늘 조별 수업 준비하는 날인데?'

모든 걸 내팽겨쳐 버리고 싶은 날이었지만, 조별 과제를 불참하면 누군가에게 피해를 줄 수 있다는 생각에 대충 준비해서 모임에 나갔습니다.

"늦어서 죄송합니다. 오늘이라는 걸 깜빡했습니다…."
푹 눌러쓴 모자 사이로 조원들의 눈치를 살피며 죄송하다고 인사를 드렸습니다.

"괜찮아요, 이리 앉아요. 지금까지 회의한 거 알려줄게요."
언뜻 봐도 선배인 듯한 조장의 표정에서 여유로움이 넘쳐 보였습니다. 깔끔하게 빗어넘긴 머리, 정장 수트에 어울릴 법한 흰 셔츠에 체크 넥타이, 구두까지 챙겨 신은 걸 보니 꽤나 패션에 신경쓰나 봅니다. 조별 회의를 진행하는 그의 모습을 보니 어찌나 자신감 있고, 사람들의 마음을 잘 움직이는지. 회의가 끝날 무렵에는 모두 그와 이야기를 더 나누고 싶어 했습니다.

"그럼, 이제 마지막으로, 발표할 사람만 정하면 되겠네요. 혹시 하고 싶은 사람 있나요?"
'발표'라는 말에 사람들끼리 눈치싸움이 시작되려는 찰나, 저도 모르게 손을 들었습니다.

"지각도 했으니, 발표는 제가 준비해 봐도 괜찮을까요?"
의외라는 표정으로 제 손과 얼굴을 번갈아 살피는 걸 보니, 다들 놀란 모양이었습니다. 아니, 정확히 말하면 믿고 맡겨도 될지 의심하는 것 같았습니다. 하지만 조장 선배는 웃으며 제게 자료를 건네주었습니다.

"왠지 이번 조별 과제 느낌이 좋은데요? 보통 조별 시간에 늦으면 안 오거나, 오더라도 사과 한마디 없거든요. 이렇게 손을 들어서 발표하겠다는 사람도 잘 없고요. 고마워요~ 기대할 게요!"

 학교에서 누군가에게 고맙다거나 기대한다는 말을 들은 것은 그때가 처음이었습니다. 무슨 마음이었는지 저는 그날 바로 집에 가지 않고 도서관을 찾았습니다. 생전 처음 보는 것 같은 경영학원론을 이해하기 위해 비슷한 제목의 책들을 펼쳐 읽기 시작했습니다. 나름의 요약도 해보고 유사한 책 리스트를 노트에 옮겨 적기도 했습니다.
 아마 그때가 제 인생에서 '진정한 공부'를 처음으로 해 본 순간이 아닐까 싶습니다. 화장실 한 번 가지 않고 그 자리에서 무려 4시간 동안 자료를 찾았거든요. 어둑해진 창밖을 보다가 안 되겠다 싶어 책 뭉치를 가슴에 가득 안고 기분 좋게 도서관을 나서려는 데, 갑자기 삐용 삐용 울리는 경보음에 수십 명의 사람들이 저를 쳐다보는 광경이 펼쳐졌습니다.

"학생, 그 책 대출 신청은 한 거가?"
"네? 대출⋯ 신청이요?"
 네, 그렇습니다. 저는 그 흔한 도서 대출증도 만들지 않은 대학 생활을 하고 있었던 것이었죠. 퇴근이 10분 밖에 남지 않은 도서관 사서분께서 가방을 툭 내려놓으며 퉁명스럽게 말했습니다.

"학생증~"

저는 '죄송하다'는 인사를 몇 번이나 하며 지갑에서 학생증을 찾아 건넸습니다. 5분도 걸리지 않아 제 손에 제 사진이 박힌 도서 대출증이 쥐어졌습니다.

'이렇게 간단히 만들 수 있는 거였구나….'

계단을 내려오며 도서 대출증에 써진 제 이름 석 자를 까끌하게 만지작거렸습니다. 누군가에게는 별거 아닌 경험이겠지만, 오랜 방황 중이던 저에게 그 도서 대출증은 남다른 의미가 되어 주었습니다. 그렇게 시작된 독서 인생이 저를 진로 교육 회사의 대표로 만들어 주었으니까요 (연락이 닿을 수는 없지만 그 사서분께 감사하다는 말 꼭 전하고 싶네요).

그날부터 저는 수시로 도서관을 넘나들며 자료를 수집하고, 발표 대본을 준비하기 시작했습니다. 직감적으로 이 발표를 잘 해내는 것이 엉망진창인 지금의 삶에서 벗어나는 길이라는 것을 알아차렸나 봅니다. 그래서였을까요. 저는 마치 고시 공부를 하는 사람처럼 발표 자료를 파고들었습니다. 그때부터 제가 무언가를 배우고 정리하고 나만의 자료로 만드는 데 기쁨을 느낀다는 것을 알게 되었나 봅니다.

그렇게 약 2주를 준비했더니 발표 대본이 머릿속에 거의 다 들어가 있을 정도로 내용이 익숙해지더군요. 역시 공부를 못하는 게 아니라 안 한 거였나 봅니다. 준비한 자료는 조별 과제의 주제를 넘어 연관된 것까지 다 섭렵할 정도로 준비한 자료가 방대해졌습니다. 사실…. 딱히 다른 할 일도 없었거든요. 그저 열심히 할 무언가가 있다는 것만으로도 저는 만족스러웠습니다. 발표하는 날, 시험을 대체하는 발표인 만큼 강의실 안에는 약간의 긴장감마저 느껴졌습니다.

"이제 너한테 달렸어, 잘해봐~"

조장의 말이 떨어지기 무섭게 모든 시선이 저에게 쏠렸습니다. 부담스럽기도 했지만, 조장한테 잘 보이고 싶은 마음과 준비한 것을 잘 해내고 싶은 욕심이 묘하게 일어났습니다. 연습을 많이 한 덕분에 자연스럽게 발표할 수 있었고, 이내 학생들은 제 이야기에 귀를 기울이기 시작했습니다. "감사합니다" 15분 정도의 짧은 프레젠테이션을 마치며 인사하고 보니, 강의실에 이상한 정적이 흘렀습니다.

"제가 뭐… 잘 못한거라도….."
짝짝짝. 교수님의 박수 소리가 짧은 침묵을 깼습니다. 갑자기 박수와 함께 칭찬이 쏟아지니 어쩔 줄 몰라 어색하게 웃고만 있는 제게 교수님이 물으셨습니다.

"잘했어요. 그런데 후반부에 있던 통계자료는 어디서 구했어요? 교재에 없는 내용일 텐데?"
"책 뒤에 있는 참고문헌들을 따라가다가 다른 문헌에서 발견한 내용입니다."
"나중에 그 문헌 좀 알려줄래요? 수고했어요. A+ 드리죠."

강의실 앞에서부터 자리에 앉을 때까지 박수를 받던 그날의 경험은 평생 잊지 못할 기분 좋은 추억으로 남아있습니다. 발표 시험을 무사히 끝내고 모인 저녁 회식 자리. 조장 선배가 제 어깨를 툭 치며 옆자리에 앉았습니다.

"성화야, 난 너처럼 사람들 앞에서 말 잘하는 사람이 참 부러워. 2~3명 모인 곳에서는 나도 늘 자신감 있게 무언가를 하는데, 대중들 앞에서는 그게 너무… 무섭다고 해야하나…?"
"네? 저는 선배가 부러운데요? 늘 자신감 넘치고, 패션 센스도 있어서 주변에 늘 사람이 많잖아요. 그리고 무엇보다 집에서도 부모님이 많이 지원해주시고…."
"아, 너 몰랐구나? 나 부모님 안 계셔…. 두 분 다 일찍 돌아가셨어. 그러고 보니 주말마다 보러 갈 가족이 있는 것도 부럽다야."
"아, 죄송해요. 제가 실수했네요…."

말없이 미소 짓던 선배의 모습이 참 기억에 남습니다. 유복하게 자라, 부족함 없는 줄 알았던 사람이었으니까요. 지금껏 저는 그런 사정도 모르고 상상 속의 인물을 부러워하고 질투하고 있었다는 것을 알고 나니 그동안 밤마다 혼자 속앓이 했던 시간이 너무 허무하기까지 했습니다.

'나는 도대체 뭘 부러워했고 그렇게 고통스러워했을까?'

 우리는 태어나면서부터 죽을 때까지 다른 사람의 삶을 부러워하며 사는 것 같습니다. 마치 제가 했던 것처럼, 상상 속의 인물을 부러워하면서요. TV나 인터넷 매체에서 재벌들의 삶이나 글로벌 스타들의 하루를 보고 있으면 자기도 모르게 자괴감에 빠지기 쉽습니다. '나는 뭐 하고 살았나….'싶거든요. 저 역시 누구보다 그런 마음을 많이 느껴 봤습니다.
 하지만 우리가 알아야 할 것이 하나 있습니다. 제 이야기에서처럼 사실 이 부러움은 실체가 존재하지 않거나, 실제로는 그렇지 않은 상황을 그럴듯하게 상상하다가 시작되는 경우가 많다는 것입니다. 무엇보다 SNS에서는 대부분 가장 빛나는 순간만을 자랑한다는 것을 기억해야 합니다. 어린 나이에 쉽게 성공을 이룬 사람 혹은 적은 노력으로 많은 것을 얻어낸 천재들의 삶을 보면 현실을 꾸역꾸역 살아가는 '나'를 보잘 것 없는 사람으로 만듭니다. 주어진 환경도 좋지 않고, 아무리 노력해도 안 되는 사람으로 말입니다.

 심리학에서는 이것을 '천재효과(Genius Effect)'라고 합니다. 자신보다 뛰어난 사람이 대단한 일을 해내거나 유명해졌을 때, 성공 과정에서의 노력이나 열심을 외면해 버림으로써 경쟁의 결과를 원래부터 정해진 필연으로 여기려는 인식 도피의 한 유형입니다. '저 사람은 원래부터 천재니까', '저 사람은 원래 부자니까'라고 생각해버리면 자기 노력의 부족이나 게으름이 정당화된다고 생각하기 때문입니다.

물론 실제로 좋은 환경과 재능을 타고난 사람도 있습니다. 하지만 자신이 그렇지 않다고 해서 곧바로 '내 인생은 불행해질 거야'라고 생각해서는 안 됩니다. 사람마다 쓰임 받는 '때'와 '장소'가 모두 상이하다는 사실을 알아야 합니다. 제가 조별 과제를 포기하고, 그저 일반적인 암기 시험에서만 좋은 점수를 받으려고 애썼다면, 저는 지금 전국의 대학과 기업에서 강연하는 '기업 강사'가 되지 못했을 겁니다.

지금 사회는 단 몇 가지 기준으로 사람들을 줄 세우려는 것 같습니다. 뿐만 아니라, 다양한 미디어 콘텐츠를 통해 하나의 목표를 향해 달려야 한다며 집단 최면을 걸려고 하는 것 같습니다. 이것은 마치 '나무타기' 시합에서 원숭이보다 코끼리나 악어가 나무를 잘 타지 못한다는 이유로 패배자 취급을 하는 것과 같습니다. 하지만 우리의 인생은 대학 이름이나 연봉, 아파트 평수로 인생의 등급을 간단히 매길 수 있을 만큼 단순하지 않습니다. 이렇게 보면 인생에 예상치 못하는 변수가 있고 사람마다 느끼는 가치가 다른 것이 다행입니다.

저는 진로 교육과 이직 교육, 창업 교육을 하면서 각계 각층의 다양한 사람들을 많이 만날 수 있었습니다. 60평형 아파트에 살면서 매일 죽을 것 같다고 하는 사람도 있고, 아직은 인생을 조금씩 계획하면서 아르바이트하는 매일이 행복하다는 사람도 있습니다. 저는 종종 '소유(所有)'가 인류 행복의 척도가 아니라는 것이 참 다행이라는 생각이 듭니다. 만약, 많이 가진 사람들만 행복할 수 있다면 인류의 약 1%만 진정한 행복을 누리며 살았을 테니까요.

역설적으로 전 세계에서 행복지수가 가장 높은 나라는 선진국인 미국이 아니라 핀란드입니다[1]. 좀 전에 '행복의 가치는 상대적이다'라고 했는데 이들은 어떻게 행복지수를 표준화해서 지표로 만들었을까요? 자료를 살펴보니 이렇게 정의되어 있습니다.

세계 행복지수 순위 (세계 행복 보고서, UN World Happiness Report, 2022)

1	Finland	7,741
2	Denmark	7,583
3	Iceland	7,525
4	Sweden	7,344
5	Israel	7,341
6	Netherlands	7,319
7	Norway	7,302
8	Luxembourg	7,122
9	Switzerland	7,060
10	Australia	7,057
11	New Zealand	7,029
12	Costa Rica	6,955
13	Kuwait	6,951
14	Austria	6,905
15	Canada	6,900
16	Belgium	6,894
17	Ireland	6,838
18	Czechia	6,822
19	Lithuania	6,818
20	United Kingdom	6,749
21	Slovenia	6,743
22	United Arab Emirates	6,733
23	United States	6,725
24	Germany	6,719

---

1. 세계 행복 보고서, UN World Happiness Report, 2022

'행복지수(Happiness Index) : 국내총생산(GDP) 등 경제적 가치 뿐 아니라 삶의 만족도, 미래에 대한 기대, 실업률, 자부심, 희망, 사랑 등 인간의 행복한 삶의 질을 포괄적으로 고려해서 측정하는 지표.'

표를 보면 세계에서 가장 높은 행복지수를 나타내는 나라가 핀란드 입니다. 10점 중의 7.804점이네요. 그 뒤를 덴마크, 아이슬란드, 이스라엘, 네덜란드, 스웨덴 등이 있습니다 (우리나라는 겨우 59위네요). 특이한 점은, 상위권 국가들이 모두 유럽국이라는 것입니다. 보고서 원문에서는 행복지수에 영향을 미치는 6가지 핵심 요인으로 1인당 GDP, 사회적 안전망, 출생 시점 대비 건강 기대수명, 삶에 대한 선택의 자유로움, 너그러운 시민의식, 부정부패에 대한 인식 등을 이야기합니다. 하지만 아마도 한국 사람들은 GDP 외 다른 요인들을 부정할지도 모르겠습니다.

중요한 것은, 자신만의 명확한 행복 기준을 알고 살아가야 한다는 점입니다. 저는 다른 건 몰라도 주체적인 선택으로 누릴 수 있는 최소한의 자유가 바로 '행복'이어야 한다고 생각합니다. 누군가는 100평이 넘는 집에 살아야만 행복하다고 하고, 누군가는 집 대신 버스 한 대를 사서 전국을 여행할 때 행복하다고 하니까요. 그러니 남은 문제는 다음 한 문장입니다.

'그래서 나는 언제 행복한 사람인가?'

제가 가르치는 멘티들에게 이 질문에 대한 답을 찾아오라고, 과제를 내주면 상을 받았던 기억, 칭찬받은 기억 등을 찾아서 제출합니다. 그럼 저는 묻죠.

"그건 다른 사람이 네게 무언가를 주거나 인정받아야만 하는 거잖아? 그럼, 너 혼자서는 행복할 수 없는 것일까? 타인의 인정 없이도 행복했던 순간을 더 고민해 봐. 거기에 진로에 대한 힌트가 있어."

통과하지 못한 과제를 되돌려 보내면 그제야 많은 멘티들이 앨범 속 사진을 찾아보거나 기억을 더듬어가며 자기가 느끼는 행복에 대해 생각하는 시간을 가집니다. 네, 그렇습니다. 행복은 타인의 인정과 사회의 평가로만 완성되는 것이 아닙니다. 그 속에도 '나만의 무엇'이 최소한 절반 이상 포함되어 있어야만 진정한 나의 행복이라 할 수 있죠.

그런 의미로 저의 '행복'을 정의해보면, 저는 제가 공부한 어떤 콘텐츠를 통해 사람들이 직업을 찾게 되고, 자신에게 맞는 직업으로 이직해서 일로서 행복함을 누리거나 혹은 자신에게 꼭 맞는 회사를 창업하게 돕는 것입니다. 이 과정을 통해서 뭔가 제가 인류에 작은 기여를 하는 것 같은 기분이 들기 때문입니다.

나를 행복하게 하는 항목을 구체적이고 세세하게 알아내려면 기록을 붙들고 고군분투하는 시간이 필요합니다. '내가 언제 행복을 느꼈지?', '아, 그건 타인의 인정이었네', '이건 사람이면 누구나 행복해하는 거였네' 등 다양한 피드백이 나올 때까지 끈질기게 기록을 관찰해서 기억을 찾아내야 하는 것이죠. 단언하건데 이 작업만큼은 자기 스스로 해야 합니다. 한 사람의 기억과 감정은 가족을 포함한 누구에게도 온전히 전달될 수 있는 것이 아닙니다. 때문에 자기 자신만이 이 질문에 대한 답을 할 수 있습니다.

  저와 같이 자아상을 연구하고 직업을 교육하는 사람들은 그저 질문에 대한 답을 조금 수월하게 해볼 수 있도록 도와드릴 뿐입니다. 자기만의 답을 갖기 위해서는, 먼저 모든 사람이 다른 재능과 흥미를 가지고 있다는 사실을 기억해야 합니다. 심지어 아직 당신의 재능과 관련된 일이 현재 '직업'으로 명명되지 않았을 수 있습니다. 저도 머릿속으로 구상하는 바를 담아낼 직업이 우리 사회에 없어서 '멘토링연구소'라는 진로 교육 기관을 창업(!)해 버렸습니다.

  그러니 당장 기회와 역량이 없다고 너무 실망하지 마세요. 아니, 오히려 기뻐하셔도 좋습니다. 사람들이 만들어 놓은 기준에 부합한 사람이 되려고 노력하면서 인생을 낭비하지 않아도 되니까요. 인생은 결승 지점이 모두 다른 마라톤과 같습니다. 무엇보다 나의 결승 지점을 찾으면서 오래 달려야 하기 때문에 자신만의 속도를 찾는 것이 무엇보다 중요합니다. 자신만의 속도와 방향으로 살아가는 것을 두려워하지 마세요.

  명확한 기준을 가지고 그 뜻을 따라 살아가는 사람에게는 누구도 함부로 평가하지 못합니다. 운 좋게도 지금은 자신만의 기준을 사회의 기준보다 중요하게 생각하는 사람이 필요하다고 인식하는 시대입니다. 지금부터라도 자신이 가장 재미있어하는 것 혹은 가장 행복했던 순간들을 찾아 나서길 바랍니다. 그 기억과 기록의 끈이 당신을 당신만의 행복의 길로 인도해 줄 겁니다.

잊지마세요.
당신은 충분히 괜찮은 사람입니다.
다만, 아직 그 적합한 때와 장소를 만나지 못했을 뿐입니다.

다른 사람들의
미션 제출 엿보기

진로 멘토의 Q&A _ 2

Q. 내 인생에서 가장 가슴 벅찼던 순간들을 시기 별로 나눠서 구체적인 글로 적어보세요. 자세하게 묘사해 볼수록 좋습니다.
(유아-초등-중등-고등-대학/성인-최근)

유아	

초등	

중등	

고등	

대학 / 성인	

최근	

Q. 이 미션을 하면서 나에 대해 무엇을 알게 되었나요?

Step 3
나는 생각보다 나를 잘 모릅니다

 벚꽃이 만개한 대학 캠퍼스에서의 어느 날. 저는 따스한 봄날만큼 반가운 문자를 받았습니다.

'휴강!'

 도살장에 끌려가던 소가 새 생명을 얻은 것처럼, 다들 눈에는 없던 활기가 돌고 표정이 한껏 밝아집니다. 친구 녀석들은 게임 방을 갈까, 영화를 보러 갈까 혹은 미뤘던 데이트를 할지 즐거운 고민에 빠진 듯했습니다. 하지만 저는 오히려 이렇게 갑자기 주어진 시간에 괴로워졌습니다. 지금껏 그래왔던 것처럼 누군가가 '이 시간에 이걸 해라'라고 콕 집어줘야 마음이 편할 텐데, '하고 싶은 걸 해라'라고 풀어주니 더 스트레스가 되었습니다. 저는 그때 정말로 하고 싶은 게 없었거든요.
 게임 방으로 몇 명, 데이트하러 몇 명, 영화를 보러 몇 명. 그렇게 벚꽃이 흩어지듯 친구들이 사라지고 난 뒤, 저는 별로 좋아하지도 않는 축구를 하러 운동장으로 갔습니다. 뛰어나게 잘하는 것도 아니었지만 그렇다고 친구들과 어울리지 못할 정도도 아니어서 적당히 호흡을 맞춰가며 운동을 했죠. 튀지 않고 적당히 인원이 모자랄 때마다 함께 해주면 친구 녀석들이 좋아한다는 것을 경험으로 알았거든요. 그런 식으로 축구, 당구, 볼링, 게임까지 적당히 하다 보니 어느 순간 '딱히 좋아하는 것 없이 색깔 없는 사람'이 되어 있더군요.

그날도 한 친구 녀석과 게임 방에 들렀습니다. 한창 유행하던 RPG 게임을 같이하며 빼놓을 수 없는 쫄깃한 라면도 한 그릇 시켜 놓고 즐거운 오후를 보내는데, 글쎄 이 녀석이 그날따라 이상한 이야기를 하는 겁니다.

"야, 니는 뭘 해도 이래 미지근하게 하노?"
"어? 갑자기 무슨 소리고?"
"니 게임 별로 안 좋아하제? 그라믄 안 좋아한다 캐야지. 맨날 앉아서 그라고 있노?"
"아이다. 내, 게임 좋아한다."
멋쩍어진 저는 음료수를 한 모금 들이켜며 대답했습니다.

"거짓말한다, 쌔끼. 마! 내는 이 게임, 와 하는 줄 아나? 내가 나중에 이런 게임 만들끼다. 그래서 요래조래 다 해 본다 아이가."

생각 없이 게임에만 빠져 있는 줄 알았던 녀석의 말이라 믿지 않으려 했지만, 가방에서 꺼내 보여주는 게임 캐릭터 스케치를 보니 진심이라는 걸 알 수 있었습니다. 꽤 많이, 그것도 제법 훌륭한 실력으로 게임 캐릭터를 그려놓은 연습장을 자랑스럽게 보여주는 녀석이 어찌 그리 멋져 보이던지요. 사실 속으로는 '내가 이 녀석보다는 괜찮은 사람'이라고 생각하고 있었는데, 제대로 뒤통수를 맞았다고나 할까요. 그러고 보니 녀석은 게임이 한 판 끝날 때마다 무언가 계속 끄적이며 기록했었던 것 같습니다. 아마 캐릭터에 대한 메모였나 봅니다.

집으로 돌아오는 길. 주머니에 잡히는 2천 원을 만지작거리면서 괜히 캠퍼스를 한 바퀴 돌아봤습니다. 어둑해진 캠퍼스 곳곳에 무언가를 하는 학생들이 눈에 들어옵니다. 조명이 꺼져서 축구공이 잘 보이지 않는데도 열심히 슛 연습을 하는 사람, 벤치에 앉아 시끌벅적하게 이야기를 나누는 사람, 도서관에서 책을 보며 혼자만 아는 미소를 짓는 사람 등.

'나는 뭘 좋아하지…?'

평범한 성적으로 무난한 대학에 와서 범상하게 살고 있는 저에게 '자신만의 것 한 가지'를 생각해 내는 일은 너무나 어려운 일이었습니다. 한 번도 해보지 않은 젓가락질로 콩을 집으려 하는 기분이랄까요. 될 듯 될 듯 해결되지 않는 답답한 생각들이 꼬리에 꼬리를 물기 시작했습니다. 그렇게 때아닌 방황을 하다가 집에 도착해 펜과 종이를 꺼내 들었습니다.

'내가 좋아하는 것…?'

일단 떠오르는 것을 모두 적어보기로 했습니다. 통닭, 피자, 사람, 영화 보기, 혼자 있기, 친구들과 하는 축구…. 이렇게 적어 나가다가 '나만의 것'이 아니라고 생각하는 것들은 지웠습니다. 생각해 보니, 피자나 통닭은 친구들이 워낙 좋아하니까 따라 먹는 것 같고, 영화는 사람들과 같이 할 수 있는 게 한정적이라 분위기에 휩쓸려 보기 싫은 장르까지 보러 가는 것 같고…. 그렇게 정리하고 남은 건 '즐겁게 축구하는 것' 하나뿐이었습니다.

그날부터 저는 게임에 빠진 친구 녀석처럼 축구 한 가지만 계속해 보기로 했습니다. 조기 축구부터 점심때 잠깐 한다는 축구도 빠지지 않았고, 추운 겨울밤에 하는 축구에도 이를 악물고 참여했습니다. 예전과 달라진 점이 있다면 축구화와 함께 종이와 펜을 항상 챙겨 나갔다는 점입니다. 그리고 축구 경기를 하는 틈틈이 뭐가 좋은지, 또 뭐가 좋지 않은지를 적었습니다. 또한 함께 경기하는 친구들에게 축구가 왜 좋은지 끊임없이 물어보기 시작했습니다. 그렇게 기록하다 보니 이런 결과가 나왔습니다.

1. 나는 친구들과 사이가 틀어지는 축구 경기는 좋아하지 않는다
2. 나는 축구 경기 후에 무언가를 같이 먹으러 가면 좋다
3. 나는 축구 경기에서 이기는 것보다 새로운 친구를 사귀는 게 더 좋다

이 세 가지를 한 단어로 요약하니 '관계성'이라는 단어가 나왔습니다.

'아… 나는 축구 경기의 승패보다 사람들과의 관계를 더 중

요하게 생각하는구나….'

 짜릿했습니다. 막막하던 인생길에서 한 줄기 빛을 본 것 같았습니다. 생전 처음으로 '나만의 것'을 알아차리는 순간이었거든요. 정말 신기하게도 친구들에게 같은 질문을 던져보면 누군가는 골을 넣을 때, 누군가는 팀이 승리할 때, 누군가는 유니폼을 갖춰 입을 때가 좋다면서 저마다 다르게 대답하는 겁니다.

 '같은 축구를 하면서도 이렇게 다양한 것을 느낄 수 있구나….'

 하나가 깨달아지니 그다음은 쉬웠습니다. 그렇게 정보를 탐색하기 시작했고, 박지성 선수와 이영표 선수의 기사를 보게 되었습니다. 박지성 선수는 왜소한 체구에도 불구하고 월드 클래스의 실력을 갖춘 인재 중의 인재입니다. 그는 축구가 언제 가장 즐겁냐는 질문에 '공간 패스가 동료에게 연결될 때'라고 대답했습니다. 박지성 선수는 자신이 골을 넣고 관심이 집중되지 않아도 괜찮다고 합니다. 그는 골이라는 목표를 이루기 위해 수많은 패스의 연결로 쌓아가는 과정 그 자체가 행복했기 때문입니다.
 축구 해설가로 활동 영역을 넓힌 이영표 선수는 동일한 질문에 '노력의 성과가 경기장에서 나타났을 때'라고 대답했습니다. 그에게 노력은 '재미없는 반복의 순간을 견디는 끈기'였기 때문입니다. 그 끈기의 시간을 지나왔기 때문에 경기장에서 자신 있게 '헛다리 짚기 기술'을 할 수 있었던 거죠.

저는 이처럼 즐거운 활동을 통해 자신만의 관점을 발견하는 시각을 '탤런트 포인트(Talent-point)'라고 부릅니다. 우리에게 위로가 되는 것은 이런 자기 발견의 과정이 엄청난 재능이나 많은 자원이 필요한 일이 아니라는 점입니다. 축구에서 시작된 탤런트 포인트에 관한 성찰은, 제가 즐겁게 해왔던 대부분의 활동으로 확대되었습니다. 그러다가 북유럽 국가들의 '갭이어(Gap-year)'를 알게 되었습니다.

갭이어(Gap-year)는 삶에 잠깐의 틈을 만들어 학문적, 직업적인 성찰을 해보는 기간을 말합니다. 1960년대 영국의 전통학교에서 시작되었지만, 지금은 세계 각국의 많은 나라에서 자기 발견이나 자원봉사, 성찰의 시간으로 갭이어를 권장합니다. 독일의 '자율연수', 캐나다의 '섀도잉' 등이 그렇습니다. 특히 캐나다의 '섀도잉'은 우리나라에서 일-학습 병행제라는 단어로 바꾸어 적용했습니다. 관련한 자료를 좇다보면 진정한 진로탐색이 무엇인지, 조금 더 생각해보게 됩니다.

캐나다의 섀도잉은 학생들이 특정 직업분야의 전문적 업무를 가까이에서 지켜보기도 하고 간단한 보조업무를 직접 경험해볼 수 있는 제도입니다. 우리나라의 인턴제도와 비슷하죠. 다른 점이라면, 고등학생 때부터 이런 제도를 통해 자신의 진로를 고민하도록 지역사회와 기업이 나서서 그들에게 길을 열어준다는 점입니다. 우리나라 인턴제도가 취업을 위해 넘어야 할 관문이라면, 캐나다의 섀도잉은 경험을 통해 학생이 진로 결정에 필요한 방향 설정을 돕는 것에 초점이 맞춰져 있다는 것입니다.

저는 우리나라의 진로 교육제도가 캐나다의 섀도잉처럼 안정화되기를 기다릴만큼 여유부릴 시간이 없다고 생각했습니다. 그래서 나라별 갭이어와 유사한 제도들을 찾아보며 어떤 프로그램을 진행하는지, 그것을 통해 어떤 유의미한 진로 데이터를 쌓아가는지를 공부했습니다. 그리고 그 결과를 저만의 데이터로 변환해서 채워나가는 시간을 보냈죠. 분명 바빠졌는데 머리는 맑아지는 것이 신기했습니다. 피곤하지만 집중력이 최고조에 이르는 놀라운 날들이 계속되었습니다. 시간이 갈수록 '내가 진정으로 원하는 것'이 안개가 걷히듯 선명해지기 시작했습니다. 그렇게 찾은 저만의 탤런트 포인트는 다음과 같습니다.

1. 사람들과의 교류가 많은 것
2. 내가 공부한 것을 알려주는 것
3. 사람들에게 도움을 주는 일
4. 남들이 하지 않지만 사회적으로 필요한 것

위의 4가지 탤런트 포인트를 합쳐서 만든 회사가 바로 크리스천 진로교육기관인 '멘토링연구소'입니다. 10년이라는 오랜 시간에 걸쳐 수많은 검증이 필요했지만, 제 평생을 놓고 본다면 30대 초반에 '나의 길'을 알 수 있었던 것은 결코 늦은 발견이 아니었습니다. 아직 진로를 고민하는 제 주변 친구들을 돌아보면 오히려 빨랐던 것 같기도 합니다.

오래도록 저는 부모님이나 선생님 혹은 친구들이 저를 더 잘 안다고 생각했습니다. 그러나 곰곰이 생각해보면 부모님은 집에서의 제 모습만, 선생님은 학교에서의 제 모습만, 친구들은 함께 놀 때의 제 모습만을 보고 '너를 전부 안다'라고 생각하더군요. 사실은 집에서 학교에서, 친구들과 있을 때나 혼자 있을 때의 모습이 다 다른 데 말입니다. 제가 이중인격자인 걸까요? 아닙니다. 우리는 모두 사회적 역할에 따라 본디 자아 이외의 '페르소나(가면)'를 가지고 살아갑니다. 미국의 심리학자 조셉 루프트(Joseph Luft)와 해리 잉햄(Harry Ingham)은 페르소나에 대해 '조하리의 창(Johari's windows model)'을 통해 설명합니다.

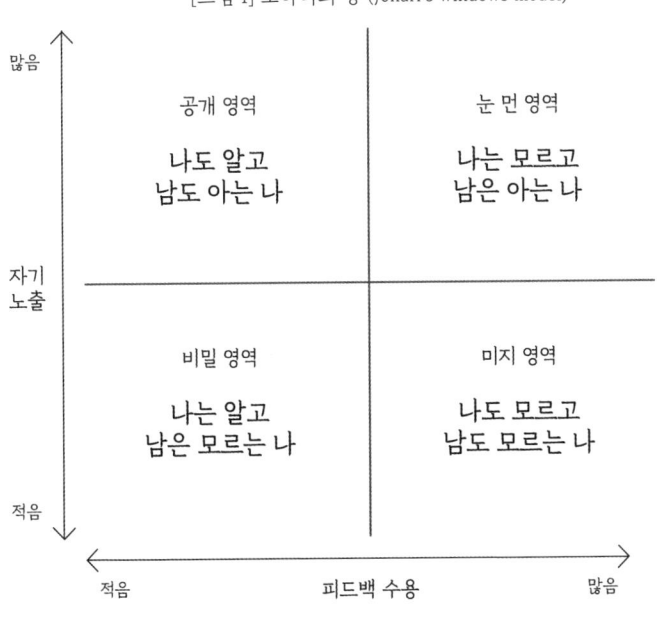

[그림 1] 조하리의 창 (Johari's windows model)

조셉 루프트와 해리 잉햄은 자기 노출과 피드백의 수용이라는 두 가지 척도를 기준으로 공개 영역, 눈먼 영역, 비밀 영역, 미지 영역의 4가지로 자아상을 구분했습니다. 그리고 다시 공개 영역과 비밀 영역을 '의식 영역', 눈먼 영역과 미지 영역을 '무의식의 영역'으로 나눴죠. 조하리의 창 이론을 하나씩 천천히 살펴보면 내가 왜 나에 대해 잘 모르는지 이해할 수 있습니다.

먼저 '공개 영역'은 나도 알고 남도 아는 나의 모습입니다. 이 영역의 자아는 사람들 사이에서 드러나는 내 모습이라고 생각하면 이해하기 쉽습니다. 잘 보이고 싶은 사람 앞에서 보이는 내 모습이나 주어진 역할을 잘 해내기 위한 행동들이 나를 정의합니다. 그래서 내성적인 사람이 리더가 되기도 하고, 혼자 있기를 좋아하는 사람이 '인싸'처럼 살기도 합니다.

그러다가 집에 혼자 있게 되면 비로소 나는 알지만 너는 모르는 '비밀 영역'의 나를 마주합니다. 이때는 누군가에게 잘 보일 필요도 없고 주어진 역할도 없으니 오롯하게 나 자신으로 존재할 수 있는 순간이죠. 대부분 비밀 영역의 나를 만날 때, '행복하다'라고 느끼는 것도 이 때문입니다. 그때 '띠링' 한 통의 문자가 옵니다.

"야, 내일 떡볶이 먹고 서점 갈래?"

친구 녀석은 내일 제가 하고 싶던 것을 정확히 짚어 냅니다. 마치 제 마음을 읽은 것처럼 말이죠. 바로 여기가 나만 모르고 너는 아는 '눈먼 영역'입니다. 인간은 기본적으로 사회적 동물이라 친밀한 관계를 유지하고 싶어 합니다. 그래서 다른 사람의 원하는 것을 주의 깊게 듣고 그 필요를 채워주고 싶어 하죠. 그래서 부모님이나 가까운 친구들은 내가 굳이 말하지 않아도 나의 무의식적 반응을 다 알고 느끼는 겁니다. 거울로 매번 들여다볼 수는 없어서 내가 보이는 반응을 나는 모르지만, 그들에게는 보이거든요.

하지만 늘 즐겨 하던 것이 더 이상 즐겁지 않은 순간을 만납니다. 새로운 놀이를 해봐도 잠깐뿐입니다. 그러면 무언가 한 단계 높은 수준의 즐거움이나 성취가 내 인생에 필요하다는 생각이 들지만, 그것이 정확히 무엇인지 알지 못합니다. 깊이 생각해 본 적이 없기 때문이죠. 그래서 나도 모르고 너도 모르는 '미지 영역'이 존재하는 것입니다.

간단하게 조하리의 창 이론을 들여다봤습니다. 중요한 것은 모두에게 4개의 자아상이 공존한다는 것입니다. 삶의 성장 과정을 통해 그 사람만의 적절한 자아 균형점을 찾아가는 과정을 '자아상의 성숙'이라고 합니다. 저는 조하리의 창 이론을 이렇게 적용했습니다.

공개 영역의 제 모습에서 역할과 의무감 때문에 억지로 하는 선택을 줄였습니다. 비밀 영역의 제 모습에서 가까운 사람들에게 드러나도 괜찮은 것은 개발하고, 숨길 것 같은 모습을 삭제했습니다. 또한 눈먼 영역에 있는 자신을 객관화하기 위해 저를 잘 아는 사람들에게 "내가 어떨 때 행복해 보여?", "네 생각에 나는 뭘 싫어하는 것 같아?"라고, 수시로 질문하며 제가 모르는 제 모습을 알기 위해 노력했습니다. 아무도 알지 못하는 '미지 영역'의 저를 하나씩 정의하기 위해 '내가 정말로 하고 싶은 것이 무엇인가?'라는 질문에 대한 답을 적어보고 그 글을 단어와 단어, 문장과 문장으로 뜯어 보며 저에 대해 사색하는 시간을 가졌습니다.

그 결과, 지금의 저는 진로 교육회사의 15년 차 대표가 되었고, 출판사의 대표이자 작가가 되었으며, 누군가에게 꿈과 비전을 심어줄 수 있는 멘토링 대학을 설립하겠다는 인생의 목표를 찾았습니다. 이 모든 것은 친구들의 잔소리에도 축구장에서 펜과 메모를 들고 저에 대해 기록했기 때문에 생겨난 일입니다. 그 천 원짜리 메모장이 없었다면 지금의 제가, 지금의 제 비전이 존재하지 않았다는 건 분명한 사실입니다. 그래서 저는 나에 대해 잘 모른다고 느낄 때마다 이 문장을 되새기며 다시 펜을 잡습니다.

'정확한 과거는 명확한 미래를 만든다.'

물론 '나'를 알아가는 '자아 발견'에 정답은 없습니다. 그렇다고 해서 막살아도 된다는 것은 아닙니다. 이것을 분명히 구별할 줄 알아야 합니다. 내키는 대로 살아버리는 것과 분명한 기준을 가지고 나답게 사는 것은 분명 차이가 있으니까요. 무엇보다 우리에게 주신 사명이 있고, 그 사명을 감당하기 위해 달란트를 발견하고 계발해서 세상에 하나님의 사랑을 전하는 통로가 되어야 하는 소명이 있습니다. 그래서 나를 잘 알고 나의 달란트를 잘 이해하는 사람이 된다는 것은 곧 하나님을 향한 나의 비전 있는 삶을 산다는 것을 뜻하기도 합니다.

동일한 맥락에서 저는 『그제뭘되』 시리즈를 통해 여러분만의 '삶의 기준'을 찾을 수 있는 프로세스를 소개해 드리고 싶습니다. 그렇게 어렵지도 않습니다. 제가 각 장마다 드리는 미션들을 충분히 고민해 보고, 그 결과물을 주변 지인이나 연구소 카페에서 함께 미션하는 분들과 공유해 보세요. 그러면 각 미션을 통해 무엇을 어떻게 느껴야 하는지, 그리고 나에 대한 발견을 어떻게 하나님을 향한 비전으로 확장해야 하는지 보일 겁니다.

많은 경우, 자기 성찰 과정을 경험하기 전에는 위에 언급한 조하리의 창에서 하나의 자아상만 보고 '나 자신의 전체'라고 생각하는 경우가 많습니다. 제가 분명히 말씀드릴 수 있습니다. 그러니 미션들을 과제 하듯 하기보다 그것에 대해 주변 사람들과 대화하면서, 하나님께서 여러분을 어떤 사람으로 만드셨는지를 돌아보면서 미션을 해보길 권합니다.

나를 지으신 원리를 잘 이해하게 되면 해야 할 일과 하지 않아도 될 일이 구분되기 시작합니다. 물론 이 과정이 단번에 해결될 정도로 쉬운 과정은 아닐 겁니다. 그래서 함께 고민하고 서로 도울 동역자들이 필요한 거죠. 제가 그 첫 동역자가 되어 드릴 테니, 미션을 하다가 궁금한 것이 있거나 해석이 필요한 지점을 만나면 언제든 편히 연구소 카페에서 질문해 주세요. 질문할 수 있는 용기만 있다면 이미 이 과정을 거쳐 간 수많은 교회 청년처럼 자신의 비전 덕분에 가슴이 두근거리는 아침을 마주할 수 있을 겁니다. 자, 그러면 이제 미처 몰랐던 나를 알아보러 가볼까요?

다른 사람들의
미션 제출 엿보기

진로 멘토의 Q&A _3

Q. 내가 좋아할 것 같은 3가지, 싫어할 것 같은 3가지를 주변 사람 5명에게 각각 물어보고 받은 대답을 정리해보세요. 나에 대해 무엇을 알게 되었나요?

내가 생각하는 답 기록하기	
좋아하는 것 3가지	1.
	2.
	3.
싫어하는 것 3가지	1.
	2.
	3.

응답자 이름:	
나와의 관계:	
좋아하는 것	싫어하는 것
6개 응답 중, 동의하는 것은 몇 개인가요?	

Step 3. 나는 생각보다 나를 잘 모릅니다

응답자 이름:	
나와의 관계:	
좋아하는 것	싫어하는 것
6개 응답 중, 동의하는 것은 몇 개인가요?	

응답자 이름:	
나와의 관계:	
좋아하는 것	싫어하는 것
6개 응답 중, 동의하는 것은 몇 개인가요?	

응답자 이름:	
나와의 관계:	
좋아하는 것	싫어하는 것
6개 응답 중, 동의하는 것은 몇 개인가요?	

응답자 이름:	
나와의 관계:	
좋아하는 것	싫어하는 것
6개 응답 중, 동의하는 것은 몇 개인가요?	

Q. 이 미션을 하면서 나에 대해 알게된 것은 무엇인가요?

Step 4
'가치관'을 알아야 나답게 살 수 있습니다

"하고 싶은 일을 찾았다. 바로 붕어빵 장사. 그런데 장사를 시작한 첫날, 대기업에서 연봉 10억에 나를 스카우트 하러 왔다. 당신은 붕어빵 장사를 계속하겠는가? 아니면 스카우트 제의를 받아들여 대기업 사원이 되겠는가?"

저는 대학에서 강의할 때마다 수강과목에 관계없이 이 질문을 가장 먼저 프레젠테이션 화면에 띄워 놓습니다. 그리고 학생들에게 둘 중 어느 쪽을 선택할지 손을 들어보라고 합니다. 대부분 어떤 선택을 할까요? 네, 맞습니다. 여러분의 예상대로 학생들 약 90% 정도가 '대기업 사원'을 택합니다.

"왜 대기업에 들어가려고 하는지 말해줄 수 있을까요?"

저는 수십 명의 학생 중에서 유난히 손을 꼿꼿하게 든 몇 명을 콕 집어 마이크를 전해줍니다.

"연봉이 10억이니까요…. 다른 이유가 더 필요한가요?"
"붕어빵 장사하는 사람보다 대기업 사원이 되는 걸 부모님이 더 기뻐하실 것 같아요."
"일단 연봉 10억 받고 1년 뒤에 붕어빵 장사하죠, 뭐."
학생들은 너무 당연하다는 듯 목소리에 힘을 주어 자신 있게 대답합니다.

"그러면 반대로 붕어빵 장사를 계속하겠다는 분도 이유를 말해볼래요?"
몇 안 되는 학생들을 찾아가 마이크를 건넵니다. 그러면 조금 전에 발표한 학생들과는 달리 기어들어가는 목소리로 이렇게 대답합니다.

"하고 싶은 것을 찾았으니 그걸 해야 제대로 사는 거죠."
"대기업에 들어가면 아마 10억 원어치 일을 시킬 것 같아요…."
"정말 제가 좋아하는 일이라면, 처음에는 힘들겠지만 언젠가 연봉 10억을 넘는 사업으로 키울 수 있을 것 같은데요?"
이렇게 양쪽의 의견을 충분히 나누게 한 뒤 저는 질문한 의도를 들려줍니다.

"사실 이 질문에서 옳고 그른 선택은 없습니다. 대기업 사원이 되든 붕어빵 장사를 하든, 그건 여러분의 선택이니까요. 대신 그 선택의 기준이 무엇이었는지 돌아볼 필요가 있습니다."
소란하던 학생들이 '선택의 기준'이라는 말에 조금은 자세를 고쳐 앉으며 귀를 기울입니다.

"먼저 '대기업'이라는 단어를 진로 키워드로 변환하면 '타인의 인정'이라고 할 수 있습니다. 다른 사람들이나 부모님에게 인정받는 사람, 뛰어난 사람, 존경받는 사람이 되고 싶은 욕구를 반영한 거죠. 두 번째로 '연봉 10억'을 진로 키워드로 변환하면 '안정감'이 됩니다. 삶의 리스크가 적은 상태에서 안정적으로 여유를 누리고 싶어 하는 욕구를 반영한 겁니다."

몇몇 학생들이 '타인의 인정', '안정감'이라는 단어를 적고 있는 것은, 움직이는 볼펜 꼬리만 봐도 알 수 있었습니다.

"사실은 제가 이 질문에 함정을 하나 파놓았습니다. 잘 보면 가장 중요한 것이 빠져 있어요. 눈치챈 분들이 있을지 모르지만, 이 질문에 '대기업에서 어떤 일을 하는가?'가 나와 있나요? 네, 없습니다. 무슨 말인가 하면 지금 우리는 자신이 어떤 일을 하게 될지 아직 모르면서 덥석 손부터 들었던 겁니다. 나를 부르는 곳이 아무리 대기업이라 해도 자기가 하는 일이 무엇인지는 알아야 합니다. 이런 분들 중에는 '타인의 인정'이나 '안정감'을 우선순위에 둔 사람이 많습니다. 이 '어떤 일'에 해당하는 직무의 기준을 '직업 가치관'이라고 합니다. 진로를 결정할 때 우리가 가장 먼저 찾아야 할 것이 바로 이 '직업에 대한 나 자신의 가치관'입니다."

휴대전화를 만지작거리던 학생들도 하나둘 고개를 들어 제 다음 말을 기다렸습니다.

"만약 이렇게 되면, 이야기가 달라지겠죠. 붕어빵 장사를 그냥 시작한 것이 아니라, 여성이나 아이들이 쉽게 먹을 수 있는 미니 붕어빵 틀을 제작해서 특허를 내고 사업을 시작하는 겁니다. 그리고 대기업의 마케팅 전략부에서 제 '아이디어'를 긍정적으로 평가하고 저를 마케팅 부서로 스카우트하겠다고 하면 맥락이 연결되죠. '직무의 연결성'이 생기는 겁니다."

한국의 청소년과 대학생들이 진로를 결정하는 데 있어서, 가장 중요한데도 취약한 부분이 직무 연결성과 같은 '가치관의 정립' 부분인 것 같습니다. 심리학자 빅터 브룸(Victor Vroom)은 1964년에 직무 연결성에 대한 중요성을 '기대이론(Expectancy Theory)'으로 정리했습니다. 기대이론은 개인이 선택과 행동을 결정하는 데 기대 요인으로 작용하는 것을 확신의 정도, 성과기대, 보상 기대의 3가지로 정리한 이론입니다. 한 마디로, 이 3가지 요인들이 명확하게 가시화되면 선택과 결정이 쉬워진다는 것이죠. 이 기대이론을 역으로 거슬러 올라가 보면 우리가 어떤 결정을 할 때 선택에 대한 확신이 있어야 하고, 그 결정에는 성과나 성취가 따르고 그 성취로 인한 보상이 있어야 직무 연결성이 있는 의사결정을 할 수 있다는 말이 됩니다.

위에 언급한 '붕어빵 장사와 대기업 사원' 예시를 보면, 누구나 알 법한 대기업에 입사하기 위해 붕어빵 사업을 포기한다는 것은 성취와 보상이 있지만 자기 확신이 없는 결정이라 할 수 있습니다. 나아가 대기업에 입사해서 자질구레한 일만 해도 연봉 10억을 받는다면, 보상이 있지만 성취와 자기 확신이 없는 것이라 할 수 있습니다. 당장은 '꿀 직장'이라고 좋아하 겠지만 결국에는 돌고 돌아 '의미 있는 삶을 살고 싶다'와 같 은 갈증을 느끼게 됩니다. 매슬로우의 말처럼 인간의 삶의 목 적이 생존 자체보다 조금 더 고차원적인 것이기 때문입니다.

 하지만 문제는 지금의 시대가 '내가 예전보다 더 나은 사람 으로 바뀌고 있다'라는 개인적인 성장이나 '이 길이 나의 길이 다'라는 삶에 대한 확신이 없어도 물질적인 보상만 있다면 괜 찮다고 생각하는 것이 자연스러워지고 있다는 점입니다. 이 해는 됩니다. 요즘 젊은 세대는 노력해도 바뀌지 않을 것 같 은 절망감을 안고 살아가니까요. 어느 정도 노력했으면 뭔가 바뀌어도 진작 바뀌었어야 했는데, 실제로는 아무 일도 일어 나지 않기 때문에 삶의 가치관이 '성장'이 아닌 '만족'으로 조 금씩 바뀌는 겁니다. 그래서 점점 '욜로(Yolo)'나 '카르페디엠 (Carpe Diem)'처럼 오늘을 즐겁게 보내자는 선택을 하게 되는 것 같습니다.
 사실 '지금 삶에 만족하며 산다'라는 말은 꽤 멋집니다. 다 만, 불평과 불만보다 지금의 상황에 '감사'하는 의미로 만족이 라는 단어를 쓴다면 말이죠. 하지만 '만족'이라는 단어에 '포 기'라는 의미가 숨겨져 있다면 상황이 달라집니다. 할 수 있는 것도 스스로 하지 않습니다. 문제인 줄 알지만, 누가 먼저 나 서지 않으면 모른 척 외면합니다. 말도 안 되는 걸로 트집 잡 는 상사가 있어도, 그러려니 하고 출근하자마자 퇴근하는 오 후 6시만을 기다립니다. 이러한 태도는 '조용한 퇴사'라 부르 는데, 자주 회자되어 사전에서도 찾을 수 있다고 합니다. 이런 기업 문화가 만연한 조직에서는 주어진 것을 성실히 해내는 사람은 있을지 몰라도, 기업의 진짜 문제를 발견해서 시대를 앞선 아이디어로 새로운 장(場)을 만들어가는 사람들은 나타나기 힘듭니다.

저는 크리스천을 대상으로 진로와 직업을 가르치는 일을 15년째 하고 있습니다. 직업 컨설턴트 입장에서 보면 '조용한 퇴사'와 같은 문화들은 기업을 좀먹는 곰팡이 같습니다. 전염이 되거든요. 그래서 벽지를 뜯어내고 바닥을 뒤엎는 대공사를 하지 않는 이상 잘 없어지지 않습니다. 나아가 예수 그리스도를 전하는 신앙인의 입장에서 보면 이런 조직문화가 하나의 문화가 된 상황에서, 청년 세대가 자신의 직업과 달란트로 하나님을 전하는 것은 거의 불가능에 가깝다고 여겨집니다. 분명 무언가를 해보려고 할 때마다 '일 만드는 사람' 혹은 '어리석게 열심히 사는 사람' 취급을 당할 게 뻔하거든요.

돌고 돌아 저는 크리스천 청년들에게 '주체적인 인간'에 대한 교육이 필요하다고 진단했습니다. 기독교적 가치관을 기반으로 한 진로 교육이 더욱 중요해진 시대이기 때문입니다. 그러다 '왜 이런 일이 벌어졌을까?'라는 문장을 메모장에 적고, 한참을 노려보며 곰곰이 사색에 빠졌습니다. 그 엉킨 실타래의 끝을 잡고 하나씩 거슬러 올라가다 보니 알겠더군요. 대부분 교회 청년에게 사소한 선택과 결정을 스스로 해본 경험이 없었을뿐더러, 설령 그럴 기회가 있어도 주변의 평가나 지인들의 조언을 선택의 기준으로 삼는 경우가 많았기 때문입니다.

예를 들어 볼까요? 천만 관객을 동원한 유명 히어로 영화를 친구들과 함께 관람했다고 가정해 봅시다. 영화를 소개하는 여러 매체의 평가가 좋고, 관람객들의 긍정적인 댓글도 많고, 주변에서 먼저 본 지인들까지 극찬하는 상황입니다. 하지만 정작 저는 영화관에서 직접 보고 나니 별로 감흥이 없는 겁니다. 조금은 유치하기까지 합니다. 그런데 같이 본 친구 하나가 이렇게 묻습니다.

"야, 너무 재미있지 않냐? 대박이지?"
"어, 그래…. 재미있네."

시간이 아까울 정도였지만 동조해 주기를 바라는 간절한 그 눈빛을 거절할 용기가 없어서 고개를 끄덕이고 맙니다. 저도 친구들의 의견을 따르기는 했지만, 한 가지 다른 점이 있다면 그날 집에 와서 '나에 대한 한 문장'을 남겼다는 것입니다.

'나는 화려한 시각 효과보다 짜임새 있는 스토리텔링이 있는 영화를 더 좋아한다.'

개연성 없는 악당의 죽음이나 총을 맞고 또 맞아도 죽지 않는 너무나 막강한 히어로는 영화에 대한 제 기대치에 부합하지 않았습니다. 훗날 이 영화 후기 한 줄의 문장은 직업을 선택할 때 제게 '스토리 기획'이라는 진로 키워드로 자리 잡았습니다. 이렇게 자기만의 기준을 기록값으로 하나씩 가져보는 것은 진로 설정에 가장 중요한 일 중 하나입니다.

기억하세요. 20살에 꼭 대학을 가야 하는 것은 아닙니다. 20대 중반이 넘었다고 반드시 취업해야 하는 것도 아닙니다. 30대에 자기 집 한 채 없어도 살아가는 데 아무런 문제 없습니다. 40대가 넘어서 3천cc 이상의 수입차를 몰고 다니지 않아도 여러분을 보잘것없는 사람으로 여기는 사람은 없을 겁니다. 이런 것들은 모두 세상 사람들이 만들어 놓은 허수의 기준, 소비의 함정, 경쟁의 모순에 불과합니다. 우리는 세상의 기준보다 하나님의 기준으로 사는 사람들입니다. 그러니 가능한 이른 시기에 세상이 정한 기준들에서 자유로울 수 있는 가치관을 정립할 필요가 있습니다. 그래야 복음을 위한 흔들림 없는 비전을 추구할 수 있습니다.

우리 삶은 생각보다 그리 길지 않습니다. 아무리 의술의 발달로 기대 수명이 늘어난다고 한들 100년을 못 채우고 죽음을 맞게 될 겁니다. 실제로 한국인의 평균 기대 수명은 남녀를 통틀어 82.7세밖에 되지 않습니다. 그중에서 40년 가까이, 아니 어쩌면 평생을 다른 사람의 눈치를 보느라 자신을 알지 못하고 눈을 감습니다. 사실은 이조차도 질병이나 재해, 사고 등의 예상치 못한 일이 없다고 가정했을 때의 일입니다.

그러니 이제 다른 사람의 삶을 부러워하는 것은 그만두세요. 이미 많은 것을 이룬 사람들의 이야기를 SNS로 접하면서 불필요한 자괴감에 빠지는 것도 그만해야 합니다. 다른 누군가의 삶을 부러워하는 데 시간을 허비하는 것만큼 아까운 일은 없습니다.

흔히 인생을 마라톤에 비유합니다. 하지만 저는 이것이 틀린 비유라고 생각합니다. 마라톤은 달려야 하는 거리가 동일하고, 순위가 존재하며, 심지어 기록을 남기기 위해 지키거나 단축해야 할 제한 시간까지 있기 때문입니다. 우리가 살아가는 인생은 속도와 거리가 모두 다르기 때문에 순위가 존재할 수 없으며, '이것을 해내지 못하면 너는 실패한 인생이다'라고 규정할 기준도 존재할 수 없습니다. 그래서 많은 철학자가 인생을 '아인슈타인의 상대성 원리를 가장 정확하게 보여주는 현상의 집합체'라고 정의했나 봅니다. 삶을 가치 있고 행복하게 살아가기 위해서는 '나만의 기준'이 필요합니다. 사회에서 암묵적으로 요구하는 수많은 유형의 행복이 나의 진짜 행복과 일치하지 않는다는 사실을 하루빨리 깨달아야 합니다.

프란츠 카프카의 소설 「변신 Die Verwandlung」은, 주인공 '그레고리 잠자'가 어느 날 아침 벌레로 변해있는 자기 자신을 발견하는 장면으로 시작됩니다. 처음에는 이 기괴한 일을 본인은 물론 가족까지 부정합니다. 하지만 이내 현실을 받아들인 그와 가족들의 불편한 동거가 시작되지요. 그레고리를 볼 때마다 기절하는 어머니, 벌레로 변한 뒤 한 번도 그를 찾지 않는 아버지, 애완견처럼 밥만 챙겨주는 그의 동생 때문에 날이 갈수록 그들의 불행은 커집니다. 정체성은 변하지 않았지만, 사람의 기능을 잃어버린 그레고리는, 가족들에게 점점 진짜 벌레 취급을 당하다가 끝내 가족들의 외면으로 죽음을 맞게 됩니다.

카프카는 사르트르의 실존주의 사상을 소설에 녹여내며 "기능하지 않는 인간도 인간이라고 할 수 있는가?"라는 철학적인 질문을 우리에게 던져 줍니다. 그것만으로도 충분히 인류에게 의미 있는 문학 작품인 것 같지만, 저는 오히려 그레고리가 기존의 역할에서 벗어나면서 조금씩 자신의 본모습을 깨달아가는 변화에 더 집중해 봤습니다.

억지로 출근하지 않아도 되는 상황에서 하루하루 자기가 좋아하는 이것저것을 해보면서 자신이 정말로 무엇을 원하는지 깨달아가는 '벌레' 그레고리의 표정은 역설적으로 점점 행복하게 그려집니다. 반대로 생계를 책임지던 그레고리가 직장을 못 나가게 되면서 가장의 역할이 아버지와 어머니, 동생에게 넘어갑니다. 그들은 각각 바느질과 막노동, 판매원 활동을 시작합니다. 새로운 역할을 얻게 된 가족들은 예전보다 훨씬 더 불행해합니다.

이런 현상은 우리가 살고 있는 사회에서도 빈번하게 일어나고 있는 것 같습니다. '역할'이 주어지면 '나'라는 사람이 불행해지고, '나'답게 살기 위해서는 '역할'을 포기해야 하는 아이러니. 제가 가치관 교육이 10대, 20대 때부터 필요하다고 설파하는 이유도 '자아상'과 '역할'이 일치하는 삶을 설계하도록 사람들을 돕기 위해서입니다. 자아상과 역할이 일치하는 인생은, 내가 생계를 위해 하는 일이 곧 내가 좋아하는 일이고 좋아해서 자주 하다 보니 잘하는 일이 되고, 이것을 반복하다 보니 '나만이 할 수 있는 일'이 되는 삶을 말합니다.

글로 읽기만 해도 여러분의 설레는 하루가 그려지지 않나요? 이런 삶은 영화나 미디어에 나오는 특출한 사람들만 누리는 호사가 아닙니다. 일정한 훈련과 체계성을 갖추는 방법만 배우면 누구나 설레는 매일을 살아갈 수 있습니다. 그렇기 때문에 '가치관'에 관한 고민은 일찍부터, 그리고 오래 할수록 좋습니다.

 원래는 공교육이 자아상을 성찰하도록 인문학이나 철학 교육을 다양한 방법으로 오랜 기간 제공해야 하지만, 현실에서는 눈앞에 보이는 성적이나 월급과 관련된 것 외에 별다른 관심이 없어 보입니다. 그렇다고 살아가는 데 꼭 필요한 이런 과정들을 건너뛸 수도 없는 노릇입니다. 그러니 이제부터라도 차근차근 자신에 관한 공부를 이 책과 함께 이어가시기를 바랍니다.
 그렇다면 이제 가치관을 알아볼 미션을 하나 진행해 보겠습니다. 이 미션은 미루지 말고 하루에 하나씩 2주에 걸쳐 깊게 고민해야 효과가 있으며, 자신만의 기록으로 보관해 놓아야 궁극적인 가치관 형성에 도움이 됩니다. 익숙하지 않아서 조금은 어려운 공부가 될 수 있겠지만 "10권의 책을 읽는 것보다 자신에 대해 10시간 고민하는 것이 더 낫다"라고 말했던 '윤 모' 씨의 말을 믿고 과제를 꼭 해보시기를 바랍니다.

 '간절함은 부지런함을 가져오고 부지런함은 계획된 행운을 가져온다.'

다른 사람들의
미션 제출 엿보기

진로 멘토의 Q&A _4

Q. 만약 14일 뒤에 죽는다면, 당신은 그 14일 동안 무엇을 하며 보낼 것 같나요?

D-DAY	그날, 무엇을 할 건가요?	핵심 키워드
D-14		
D-13		
D-12		
D-11		
D-10		
D-9		
D-8		
D-7		
D-6		
D-5		
D-4		
D-3		
D-2		
D-Day		

Q. 이 미션을 하면서 나에 대해 무엇을 알게 되었나요?

Step 5
남들과 같아지려 애쓰지 마세요

제가 중학교에서 고등학교로 진학을 앞둔 시절의 이야기입니다. 중학교 때까지 저는 조금의 반항, 약간의 무지, 조금의 무관심으로 공부에 흥미가 없었습니다. 그러다가 성적이 조금씩 오르는 친구들, 집이 잘사는 친구들에 대한 선생님들의 대우가 조금씩 다르다는 것을 깨닫고 마음을 고쳐먹었습니다.

'나도 저런 대우를 받고 싶다….'

사실 제가 크게 차별 대우를 받은 것도 아니었지만, 공부를 잘하거나 부잣집 친구를 바라보는 같은 반 친구들과 선생님의 눈빛을 제 것으로 만들고 싶었습니다. 그래서 누가 시키지 않았지만 제 나름의 방법으로 정말 열심히 공부를 이어 나갔습니다. 그렇게 아주 조금 성적이 올랐지만, 거기까지였습니다. 공부하기 위해 필요한 기초가 없었기 때문이었죠. 하지만 더 잘하고 싶은 욕심에 평소 존경하던 국어 선생님께 진로 상담을 요청했습니다.

　이제 곧 고등학생이 되니 '지금이라도 열심히 해서 원하는 대학에 들어가고 싶다'라고 진로 상담을 요청한 제게 그 선생님은 콧방귀를 뀌시며 "이미 늦었으니 포기해라"라는 말로 단 5초 만에 상담을 끝내 버렸습니다. 지금도 어이없다는 듯한 선생님의 표정과 퀴퀴한 담배 냄새까지 생생하게 기억합니다. 그렇게 저보다 먼저 일어나신 선생님의 빈 자리를 멍하게 지켜보다 교실로 돌아와 책상 위에 놓인 교과서들을 바라봤습니다.

　그 순간에는 알 수 없는 분노가 치밀어 올랐지만, 조금 지나니 모든 것이 다 무의미하게 느껴졌습니다. 어차피 노력해도 안 될 것 같았거든요. 제 삶의 반경 안에서 가장 지혜롭다고 생각한 선생님의 말씀이니, 16살짜리 중학생이 어떻게 그 말씀을 믿지 않을 수 있겠습니까? 그리고 습관처럼 국어 교과서 맨 뒷장에 속마음을 적었습니다.

　'뭘 해도 안 되네, 정말.'
　'그냥 하지 말까….'
　'좋은 학원에 보내달라고 해볼까?'

　그때, 저만 알고 있던 낙서 공간에 누군가 해놓은 낙서를 발견했습니다. 필체도 다르고 선의 굵기도 다른 것으로 보아 분명 제 글씨는 아니었습니다. 누가 그곳에 그런 낙서를 했는지는 지금도 모르지만, 당시 적혀있던 그 문장은 너무 선명하게 기억납니다. 제 속마음을 적어놓은 낙서를 보고 누군가가 위로나 조언을 해주고 싶었나 봅니다. 새로운 넋두리를 적어 내려가다가 발견한 그 한 문장은 제게 오랫동안 큰 울림으로 남았습니다.

'다른 사람과 같아지려 애쓰지 마라.'

사실 열심히 공부해서 대학에 가려는 건 학구열이 있어서가 아니었습니다. 그저 부모님의 기대에 부응하려는 마음, 우리 집은 가난하니 공부라도 잘해보고 싶은 마음, 돈 많고 공부까지 잘하지만, 싹수가 없는 반 친구에게 지고 싶지 않은 마음 등 조악한 동기들이 뒤섞여 나온 결정이었습니다.

그러던 어느 날 제가 동경했던 부잣집 녀석이 전학을 간다는 소식이 들려왔습니다. 말로는 더 좋은 학교에서 공부할 거라고 하는데, 녀석의 어두운 표정이 그게 전부가 아니라는 것을 보여주고 있었습니다. 따라잡고 싶은 대상이 없어지는 것이 허무했지만, 같은 반 친구들의 반응이 저를 더 놀라게 했습니다.

"야, 이제 누가 우리 간식 사주냐?"

그랬습니다. 사실 그 친구가 주목받았던 이유는 늘 친구들에게 간식을 베풀기 때문이었고, 선생님조차 좋은 집안의 자제인 녀석의 비위를 맞춰주려고 했을 뿐 진심으로 위해준 것이 아니었습니다. 이런 상황도 모르고 제삼자인 저는 실존하지도 않는 존재에 질투를 느끼고 열등감을 품고 있었던 겁니다. 부끄러웠습니다. 그렇게 부러워했던 선망의 대상이 사실은 존재하지도 않았던 거니까요. 허구의 세계에서 자신을 몰아붙이고 스스로 힘들게 하면서 상처 입고 아파하던 제가 한심하게 느껴졌습니다.

그런데 어릴 적 제가 했던 실수를 지금의 청년들이 반복하고 있는 겁니다. 다만 그 장소가 SNS로 바뀌었을 뿐이죠. 14세부터 25세까지의 남녀 1,200명을 조사한 통계조사에 따르면 그들은 주로 게임이나 디지털 콘텐츠, 쇼핑을 하며 가장 많은 시간을 보낸다고 합니다[1].

사람은 누구나 자신만의 하나쯤 자기만의 거짓말을 품고 살아갑니다. 그중에서도 요즘 들어 가장 많은 거짓말은 SNS에서의 '나는 잘살고 있어'가 아닐까 싶습니다. 마음의 상처를 드러내지 않으려 활짝 웃는 모습으로 사진을 찍고, 외로움을 감추려 사람들이 많은 곳에 자기를 더 노출하고, 열등감을 덮으려 자신보다 명품에 시선이 더 가게 만드는 겁니다.

이런 현상을 사회학적으로 해석해 보면, 청년들의 현실에서 느끼는 스트레스와 노력해도 나아질 것 같지 않을 것 같은 절망감, 손쉽게 인생을 역전하고 싶은 욕망 등을 투영한 결과입니다. SNS에서는 이미 성공한 사람, 역경을 이겨낸 사람, 멋지고 예쁜 사람들만 존재하기 때문이죠.

그런데 유튜브나 인스타그램 같은 SNS 세상을 손가락으로 몇 시간이나 휘젓고 있다가도 결국 언젠가는 현실로 돌아와야 합니다. 이내 어지럽혀진 방, 쌓인 설거지, 어느 하나 해내지

---

1. 김수경, 「Z세대가 뽑은 2022년 주목할 만한 트렌드」, 브랜드브리프, 2022.03

못한 오늘의 체크리스트를 마주해야 하죠. 그러면 자연스럽게 이런 생각에 빠집니다.

'내 인생은 왜 이럴까…?'
'나는 왜 늘 이 모양이지?'

이미 많은 것을 이룬 사람들의 이야기를 계속 대하다 보면, 이렇게 자조적 생각에 빠지는 것은 당연한 일입니다. 그래서 저는 제가 가르치는 멘티들이 비슷한 상황에 놓일 때 이렇게 조언합니다.

"타인을 동경해야 할 때는 딱 하나, 나를 위한 배움이 필요한 순간이야. 그땐 겸손하게 그 사람의 이야기를 듣고 비슷하게 따라해 보려고 노력해야 해. 아마도 내가 경험하지 못한 지름길을 알고 있을 테니까. 하지만 아직 내가 어떤 인생을 살아가고 싶은지 정하지 못한 상태로 무언가를 이미 이뤄낸 사람들을 보면 동경하거나 존경하는 마음이 절망하거나 질투하는 마음으로 변질돼. 그러니 누군가를 보고 따라가기 전에 나 자신이 무언가를 배울 수 있는 사람이 되기 위한 준비를 위해 집중해야 해. 그게 먼저야."

물론 알고 있습니다. 젊을수록 부러움의 대상이 되는 것과 나 자신이 되는 것 중에서 후자를 선택하는 것이 어렵다는 것을요. 저 역시 그랬으니까요. 어리석게도 같은 실수를 반복했습니다. 중학교 때 그 사건 이후로도 저는 멘사 회원이 됐다는 친구 녀석에게 자극받아 비용을 들이며 하지 않아도 될 테스트를 받기도 했고, 헬스 트레이너처럼 보디 프로필을 찍은 회사 동료가 부러워 없는 돈을 긁어모아 6개월 치 후원금(!)을 헬스장에 헌납하기도 했습니다. 하지만 되돌아보니 그것들은 모두 '나다움'과 더 멀어지게 하는 선택이었습니다. 저는 특출나게 똑똑하지도 않았고, 왜소한 체격을 가졌으니까요.

그런데 조금 이상한 일이 일어났습니다. 바로 지금처럼 '글'과 관련된 일입니다. 교내 글쓰기 대회에서 30분 만에 써낸 글이 대상을 받았을 때, 아이들을 위해 참여했던 문예 창작대회에서 끄적였던 글이 장원이 되었을 때, '혹시나….'하는 마음으로 돌려본 출간기획서를 보고 몇몇 출판사에서 계약하자는 메일이 회신 됐을 때 저는 어리둥절했습니다. 그런데 그게 바로 저의 길이었던 것이죠. 친구의 멘사 회원, 직장 동료의 보디 프로필이 저에게는 작가였던 겁니다.

이렇듯 신기하게도 남들과 다른 선택을 하는 것이 오히려 나를 나답게 만드는 경우가 종종 있습니다. 이런 순간을 우연히도 만나본 사람은 운이 좋은 겁니다. 왜냐하면 제가 가르치는 '비전스쿨(크리스천 진로 수업)'에서는 이것을 의도적인 경험으로 끌어내기 위해 엄청난 노력과 시간을 투자하기 때문이죠. 적어도 약 2년이라는 시간을 나 자신에게 투자할 때, 비로소 '나'라는 사람을 조금 알 수 있게 됩니다. 나 자신이 된다는 것은, 우리의 시선을 외부에서 내부로 옮기는 과정이라 할 수 있습니다. 이것은 포장지보다 그 안에 든 것이 더 중요하다는 것을 아는 것이고, 눈에 담는 것보다 마음에 담는 것이 더 많아야 한다는 것을 깨닫는 것입니다.

　보이는 것에 집착하는 사회는 부와 가난으로 사람들을 쉽게 규정짓고 나누려고 합니다. 그래서 늘 가난한 자들에게 "부자가 되려고 애써야 한다. 그래야 너희도 저렇게 살 수 있다"라고 가르치게 됩니다. 이것은 인간에게 근원적으로 존재하는 권력과 소유, 통치에 관한 욕구를 자극하는 아주 영악한 수법입니다. 많은 사람이 그렇게 되기를 원해야 자본의 격차와 고용주·고용인 관계를 유지할 수 있기 때문이죠.

　이런 불합리한 레이스에 합류하고 싶지 않다면, 당장 나의 내면을 돌아보세요. 내가 정말로 원하는 것이 무엇인지, 무엇이 되고 싶은지, 어떻게 사회를 이롭게 할 것인지에 대해 고민하고 연구하고 성찰해야 합니다. 그리고 이 성찰의 길에는 지름길이 존재하지 않는다는 것을 기억하세요. 내면에 대한 성찰은 다른 사람이 답을 제시해 줄 수 없고, 점수나 순위로 평가할 수 없기 때문입니다. 그러니 성찰이 가장 필요하지만 오로지 자신만이 해낼 수 있는 인생의 과업이며, 그 출발점이 바로 '남과 같아지기를 포기하는 것'에 있다는 점을 기억하기를 바랍니다.

　겉으로 보이는 것과 그 실체를 구분하는 것은 시대를 막론하고 중요한 문답 주제였습니다. 그중에서도 소크라테스(기원전 469~399년) 이전의 철학자들에게서 특히 이 주제가 철학의 중심을 이루었습니다. 예를 들어, 탈레스는 모든 사물이 겉모습은 다르지만 근본적으로 물로 이루어져 있다고 믿었고, 헤라클레이토스는 만물을 끊임없이 움직이는 운동에너지의 결과라고 생각했습니다. 그 이후 플라톤, 스피노자, 라이프니츠 등의 철학도 만물에 대한 성찰의 실마리를 끊임없이 제공했습니다.

굳이 이렇게 위대한 철학자들의 이름을 거론하는 이유는, 대부분 '보이는 것'과 '보이지 않는 것'이 다르다는 것을 더 명확하게 하기 위해서입니다. 많은 사람이 '보이는 것'에 대한 오해 때문에 실존하지도 않는 것을 질투하고, 연민하며, 불필요한 자괴감에 빠집니다. 결론적으로, 삶을 메마르게 합니다.

마치 가질 수 없는 영생 초를 평생 쫓아다녔던 중국 황제 시종처럼요. 그리고 얼마 지나지 않아 현실에 초점을 맞춰 살아갈 힘을 잃어버리게 되지요. 그래서 매일 그때가 참 좋았다며 과거를 추억하거나, '저렇게 살면 너무 좋겠다'라고 하면서 허황된 미래를 상상하며 하루를 보내게 됩니다.

이런 연유로 우리에게는 내면의 질서를 잡아가는 훈련이 필요합니다. 바로 온전한 나 자신이 되기 위해 나에게 집중하는 훈련이 선행되어야 하는 것입니다. 그 과정을 거쳐야만 나만의 달란트를 기반으로 비전을 찾아가려는 훈련, 그 달란트를 통해 하나님의 사랑을 이타적으로 사회에 잘 전달하는 훈련의 과정으로 나아갈 수 있습니다.

설령 앞서 말한 위대한 사람들의 삶이 허상이 아니라 진짜라 할지라도 괜찮습니다. 그러면 겸손히 배움의 자세를 취하면 됩니다. 면밀히 관찰해서 내 것으로 만들기 위한 프로세스를 하나씩 밟아 나가는 데 집중해야 합니다. 그렇게 조금씩 우리는 우리의 인생을 살아가는 힘을 길러야 합니다. 누구도 이것을 대신할 수는 없으니까요. 그리고 그것이 우리의 존재 목적을 잘 이해하는 인생입니다.

그러니 부디 남과 같아지려 억지로 웃고, 무리에 속해 있고 싶어 관계에 매달리고, 누군가가 나를 우러러보게 하기 위해 더 비싼 명품을 몸에 걸치는 데 인생을 낭비하지 마세요. 이런 삶은 엄청난 시간과 노력을 투자해서 평범해지기 위해 애쓰는 꼴입니다. 무엇보다 이렇게 살아가기 시작하면 '진정한 나'를 발견할 수 있는 힌트가 가면(페르소나) 뒤로 숨어버리게 되는 문제가 생깁니다. 시간이 흘러 '가면 속 가면의 가면'을 들여다보려면 지금보다 더 큰 노력이 필요하게 될 겁니다. 아니 어쩌면 그 가면이 생각보다 더 두꺼워 평생에 걸친 노력에도 발견하지 못하고 죽을지도 모르죠.

더 이상 남과 같아지려 하지 마세요. 철저하게 나답게 살아가려고 애쓰고 또 애써야 합니다. "부럽지? 나랑 같아질 수 있겠어?"라고 묻는 어떤 대상을 만난다면 "축하해. 그렇지만 부럽지는 않아. 난 그거 별로거든"이라고 대답해 줄 수 있어야 합니다. 이런 자신감은 창조의 원리를 확신하는 신앙에서 흘러나옵니다. 하나님께서 나를 만드셨고, 나를 그 분의 의지대로 합당하게 쓰실 것이라는 확신이 있으니, 삶에 대한 자신감이 생기는 겁니다. 그제야 우리는 이런 질문에도 흔들리지 않는 사람이 됩니다.

"다들 가만히 있는데, 왜 너만 그렇게 따지냐?"

"왜 다른 사람들처럼 생각하려 하지 않니?"
"제발 좀 안정적으로 살면 안 되겠니?"

저도 이런 이야기를 아끼는 사람들에게서 처음 들었을 때는 마음이 흔들렸습니다. 그들이 나를 잘 안다고 생각했기 때문입니다. 하지만 가만히 내면을 성찰하는 시간을 보내고 나니 알겠더군요.

'나조차 나를 잘 알지 못할 때, 나를 안다고 착각하는 사람들의 조언이 내 인생을 결정하게 놔두는 것은 삶을 포기하는 것이나 마찬가지다'

오히려 이런 말을 많이 들어야 합니다. 자기 생각, 관점, 가치관 등을 갖기 시작했다는 증거이기 때문이죠. 우리는 모두 다른 존재인 건, 창조의 원리 때문입니다. 사회의 통념에 기초해 질서를 위반하지 않는다면, 그 안에서 자유롭게 하고 싶은 것을 모두 시도해 보면 좋겠습니다.

하나님이 만드신 세상에서 누릴 수 있는 자유와 행복을 마음껏 만끽하는 시절을 보내길 바랍니다. 그렇게 계속해서 시도하다 보면 분명히 특정 현상이나 과정, 결과에 대한 자신만의 색깔이 드러나게 될 겁니다. 그 색깔들을 하나하나 모아서 조금씩 '진정한 나'에 도달하는 과정을 쌓으면 우리가 그렇게 간절히 바라던 '비전 있는 삶'을 살아가게 됩니다.

당연하게 느껴지는 모든 레이스에서 벗어나 보세요. 낯선 환경에 놓인 생경한 자신을 자주 마주하세요. 당연히 미숙한 나를 마주하게 될 겁니다. 그 순간도 즐길 수 있는 용기를 내세요. 무언가를 못 하고 서툰 나를 숨기려 하지 말고 오히려 빠른 실패에 나를 던지셔야 합니다. 실수를 이겨내며 강해진 미래의 내가 결국 문제들을 해결할 테니까요. 그렇게 진정한 자기만의 색을 가지고 살아가다 보면 이런 메일을 받게 되는 순간도 반드시 옵니다.

"소장님, 저도 소장님 같은 사람이 되고 싶은데요. 조언을 좀 구해도 될까요?"

만약 여러분이 이런 말을 듣게 된다면 '내가 잘 가고 있구나….'라고 생각하고 스스로를 다독여주세요. 그리고 떡볶이를 마음껏 먹거나 휴가를 내서 낮잠을 푹 주무세요. 정말로 잘하는 거니까요. 가장 나다운 결정들이 모여, 떡볶이와 낮잠의 보상이 이어지는 날을 곧 마주하길 기도합니다.

다른 사람들의
미션 제출 엿보기

진로 멘토의 Q&A _5

Q. 최근 일주일의 나의 상태를 기록으로 남겨보세요. 나다운 하루가 되려면 어떻게 해야 할까요? 매일 해당하는 점수 위에 점을 찍고 선을 연결해서 그래프를 완성해 보세요.

마음

	월	화	수	목	금	토	일
10							
1							

체력

	월	화	수	목	금	토	일
10							
1							

Step 5. 남들과 같아지려 애쓰지 마세요

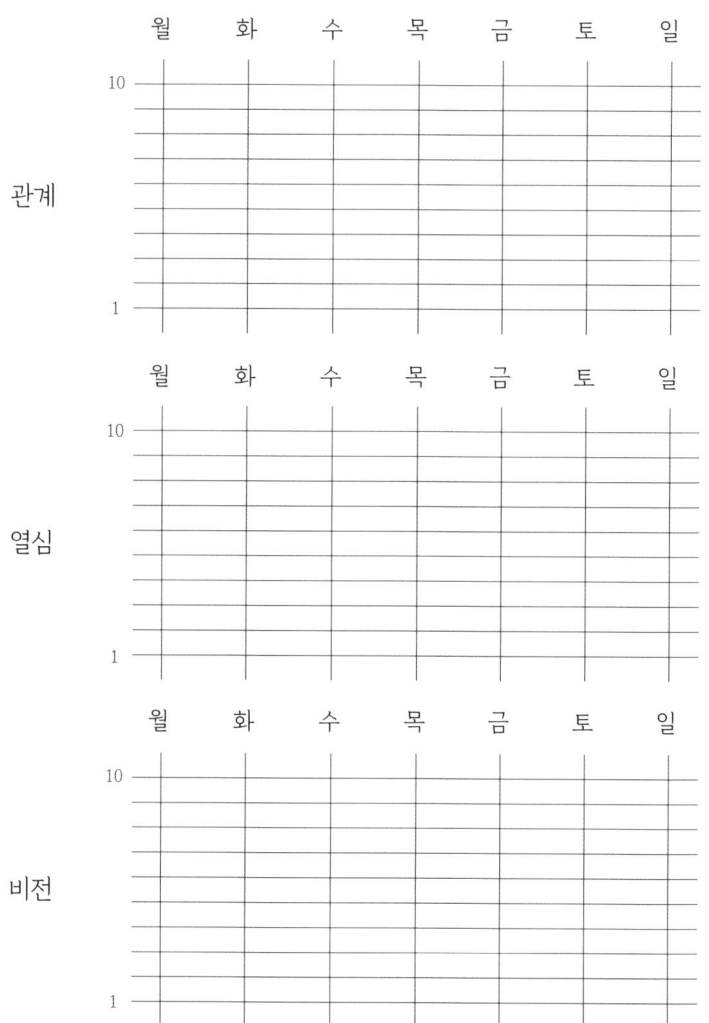

Q. 이 미션을 하면서 나에 대해 무엇을 알게 되었나요?

2부
비전발견

> 시간은 관리하지 않으면,
> 시간이 당신을 관리할 거예요.

- 빈스 로민보

Step 6
약점을 보완하지 말고 나만의 강점을 창조하세요

"저는 왜 이렇게 잘하는 게 없을까요?"

진로 상담을 위해 저를 찾아온 교회 청년은 상담을 시작한 지 5분도 채 되지 않아 뚝뚝 눈물을 떨어뜨렸습니다. 저는 미리 준비해 둔 휴지를 테이블에 올리면서 조용히 물었습니다.

"왜 잘하는 게 하나도 없다고 생각해요?"
큰 한숨을 내쉬며 닦아내는 눈물을 보니, 그것은 슬픔보다는 울분에 가까워 보였습니다.

"저는 언제나 나름대로 최선을 다했거든요. 그런데 늘 시간에 쫓겨요. 허둥지둥 마감 기한을 맞춰도 늘 어중간한 결과물만 남고, 당연히 직장에서의 평가도 좋지 않았어요. 이런 일이 반복되면서 '나도 잘하는 게 있기는 한 걸까?'라는 생각이 들어 속상해요…."

"그렇군요. 혹시 어떤 일을 한다고 했죠?"

"아, 저는 광고대행사에서 광고 기획 일을 하고 있어요."

"프로젝트가 자주 바뀌겠군요. 아이디어 회의도 많고요?"

"네, 그렇죠. 거의 매일 아침에 기획 회의를 해요. 클라이언트가 바뀔 때마다요. 거의 새로운 산업을 공부해야 하죠."

"혹시 아이디어 회의처럼 새로운 무언가를 제시하는 일을 할 때 편하고 즐겁나요? 아니면 불편하거나 어렵나요?"

"그게 제일 문제인데요…. 다른 팀원들처럼 새로운 아이디어를 내는 게 어려워요. 뭔가, 기획력이 좋은 사람들을 보면 신기할 정도로요."

"아이디어를 내는 데 주어지는 시간이 하루가 아니라 한 달이라면 어떨 것 같아요?"

"음…. 너무 좋을 것 같은데요? 자료도 충분히 찾아볼 수 있고, 아이디어에 대한 제 생각도 정리해 보고 그걸 요약할 수도 있을 것 같아요."

"좋아요. 하나만 더 물어볼게요. 만약 하나를 깊게 알아가는 직무와 얕지만 다양하게 알아가는 직무가 있다면 둘 중에 어떤 게 더 즐거울 것 같나요?"

"저는 고민하지 않고 하나를 깊게 알아가는 걸 선택할 것 같아요. 저는 어릴 적부터 한 분야를 끈질기게 파헤쳐 보고 사색하는 시간을 즐겼거든요."

"네, 감사합니다. 직업을 연구하는 사람의 입장에서 조심스레 말씀을 드려 보면, 지금 ○○씨는 자신에게 맞지 않는 회사에 다니고 있어요. 광고 시장은 트렌드에 발맞춰 가야 하는

데, 그 변화 속도가 갈수록 빨라지거든요. 그러니 속도를 중요시하는 기업문화가 발달할 수밖에 없죠. 하지만 ○○씨는 업무 하나를 파악하는 데 오랜 시간이 걸릴 겁니다. 일의 속성이나 본질을 알고 난 후에 일하고 싶어 하는 사람이거든요. 그래서 그 일을 왜 하는지, 이 일의 의미가 무엇인지, 어떻게 쓰이는지를 다 이해해야 일이 제대로 될 겁니다. 사실 이것은 제대로 일하고 싶은 마음인 거죠. 하지만 광고업계에는 시간적 격차를 기다려줄 회사가 그리 많지 않을 겁니다."

"소장님 말씀을 듣고 보니 맞는 것 같아요. 제가 일하는 속도가 느린 것도 맞지만, 맡은 업무에 대해 더 알고 싶어 이것저것 찾아보고 생각하느라 업무 속도가 느려지는 경우가 많거든요."
"제가 예상했던 부분과 비슷하다니 다행이네요. 먼저, 내가 직무의 특성 자체와 맞지 않는 걸 '나의 부족함'으로 인식하지 않는 게 중요합니다. 그건 나의 약점이 아니라, 나라는 사람과 맞지 않는 환경에 속한 것뿐이니까요."
어느새 상담에 집중하고 있던 청년은 무언가를 적어 내려갔습니다. 볼펜이 움직이는 동안 저도 흐뭇해하며 커피를 한 모금 마시고 이렇게 말했습니다.

"저는 제 멘티들에게 '가장 나답게 일해도 칭찬하는 일터를 찾아야 한다'라고 가르칩니다. 그게 바로 달란트의 영역이거든요. 그러니 지금처럼 나와 맞지 않는 환경에서 듣는 평가를 나에 대한 전체 평가나 인생의 실패로 느끼지 않아도 됩니다.

○○씨에게 맞는 직무가 어떤 건지 천천히 한 번 찾아봐요. 분명히 있을 겁니다."

청년은 생전 처음으로 연봉이나 먹고사는 문제에서 벗어나 '진짜 나다운 삶'에 대해 고민하는 시간을 가지기 시작했고, 지금은 이전과 전혀 다른 직무에서 일하고 있습니다. '천재 같다'라는 평가와 함께요.

저는 진로와 직업을 컨설팅할 때 '진짜 약점'과 '약점으로 오해하는 것'을 먼저 구분해야 한다고 알려줍니다. 이것을 먼저 구분해야 나를 갉아먹고 있는 환경에서 벗어날 수 있기 때문이죠. 나의 강점과 약점을 객관적으로 바라보는 시간을 갖는 것은 그다음 순서입니다. 저는 사전 작업을 잘해놓는 것만으로도 절반은 승리했다고 생각합니다. 최소한 잘못된 평가 때문에 소극적이고 위축되는 태도에서 벗어날 수 있기 때문입니다. 알베르트 아인슈타인 또한 약점과 태도에 대해 이렇게 말했습니다.

'태도의 약점은 성격의 약점이 된다.'

맞는 말입니다. 모난 성격은 잘못된 태도에서 비롯되고, 잘못된 태도는 자신에 대한 그릇된 평가에서 비롯되는 경우가 많습니다. 그래서 저는 강점과 약점에 관한 다양한 연구 중에서도 2018년에 인지심리학 학회에 등재된 M. K. Snyder, M. R. Striker, and T. L. Sanchez의 논문을 자주 읽어보는 편입니다. 왜냐하면 다른 수많은 논문에서는 약점을 '극복해야 할 대상'으로 봤지만, 이 논문에서는 '약점에 대한 자기방어적 선택이 자기성장에 어떻게 기여하는지'를 알려주기 때문입니다.[1]

그래서 T. L. Sanchez 교수는 약점을 당당히 드러내되 그것을 보완하는데 인생을 허비하지 말고 오히려 시간과 노력을 자신의 강점에 더 투자하라고 조언합니다. 저 역시 멘티들에게 자신의 부족함을 들춰내며 고통스러워하지 말고, 주신 달란트가 무엇이고 그것을 어떻게 사회 속에서 녹여 낼 것인지를 더 고민해 보자고 권하는 편입니다. 이쯤에서 제가 강점 연구를 본격적으로 시작하게 된 사건에 대해 말하지 않을 수가 없네요.

"TV 보면 바보 된다?"

어릴 적부터 부모님을 통해 귀에 딱지가 앉을 정도로 들었던 말입니다. "착하다 우리 아들~"이라는 칭찬 한마디를 듣기 위해 저는 어릴 적부터 TV를 멀리하려 애썼습니다. 그리고 제 아이가 태어나 TV 앞에 앉았을 때도 마치 녹음기를 틀어놓은 것처럼 그 말을 되풀이했습니다.

"TV 많이 보면 눈도 나빠지고, 바보 되는 거야. 알겠어?"
걱정하는 마음에 약간의 협박까지 섞어서 아이를 달랬지만, 녀석은 어릴 때 저보다 강했습니다.

---

[1] The Silver Lining of Personal and Group Defensiveness: Positive Effects of Defensive Responding(2018) – M. K. Snyder, M. R. Stricker, and T. L. Sanchez

"알았어요. 이것만 보고 바로 끌게요."

여느 부모가 그렇듯, 유명 애니메이션 「슈렉 Shrek」의 고양이 눈빛으로 쳐다보는 아들에게 백기를 들고 TV를 5분만 더 보기로 했습니다. 마침, 화면에는 별난 재주를 가진 사람들이 나와서 장기를 자랑하던 예전 프로그램이 재방송되고 있었습니다. 아무 생각 없이 지켜보고 있는데, 한 아이돌 가수가 나와 바이올린을 집어 들더군요. 그로부터 5분 동안 저는 충격에 빠졌습니다.

그 가수는 버클리 음대 출신의 실력 있는 아티스트였는데, 끼와 순발력을 인정받아 여러 예능 프로그램에서 활동하고 있었습니다. 웬만한 바이올리니스트들도 하기 힘든 마이클 잭슨의 노래 〈Smooth Criminal〉 도입부를 편곡해서 연주하던 그는, 바이올린을 연주하면서 마이클 잭슨의 춤을 추고 바이올린을 기타처럼 손가락으로 튕기며 연주하기도 했습니다. 저뿐 아니라 스튜디오에 패널로 나온 사람들도 충격에 빠졌습니다. 멋진 연주 그 이상을 보여준 환상적 무대였으니까요. 그 가수의 이름은 바로 헨리였습니다.

그 순간 머릿속에 스파크가 일어나며 며칠 동안 풀리지 않던 강의 원고의 실마리가 보이기 시작했습니다. '강점'을 다루는 강의를 앞두고, 어떻게 해야 어려운 개념을 최대한 쉽게 효과적으로 설명할 수 있을지 고민 중이었거든요. 가수 헨리 덕분에 멋지게 정리할 수 있던 강의 내용이 궁금하지 않은가요?

저는 탁월한 강점이 형성되는 과정을 4단계로 정의해서 진로교육과 창업 교육에 적용하고 있는데요. 여기서 그 4단계를 간단히 설명해 보겠습니다.

첫 번째 단계는 '어린아이' 단계입니다. 이 단계의 특징은 한 문장으로 요약하면 'I don't know, but enjoy'입니다. 뭔가 정확히 모르지만, 그저 즐거워서 해보는 단계입니다. 그래서 이 시기에는 '호기심, 흥미, 재미' 등이 주요 키워드가 됩니다. 바이올린 연주를 예로 든다면, 운지법이나 악기 잡는 자세도 모르는 아이가 손가락으로 현을 튕겨보고, 소리 나는 것이 재미있어서 이리저리 만져보는 단계라고 할 수 있죠.

저는 우리나라 교육에서 가장 아쉬운 부분이, '어린아이' 단계를 시간과 에너지, 자원을 낭비하는 시기로 여긴다는 것입니다. 잘하는 것이 탁월해지려면 적절한 시간과 노력을 들여야 하는데, 아이는 물론 주변에서도 그 시기를 진득하게 기다리지 못하고 금세 또 다른 환경으로 바꿔버리니 늘 새로운 자극만 좇게 되는 겁니다.

또, 이 단계에서 중요한 것은 흥미나 즐거움의 발견인데 이것을 단순한 호기심과 구별해주는 노력이 필요합니다. 바이올린을 재미있어한다고 바이올린을 시키고, 피아노를 재미있어한다고 피아노를 시키는 것은 제대로 된 진로 설정이라 보기 어렵습니다. 중요한 것은 그 과정 중 어떤 부분에 가장 흥미를 느끼는지 발견하는 것입니다. 바이올린 연주를 하다가 다음과 같이 알게 되었다고 해봅시다.

1. 새로운 것을 배우는 자체가 좋다.
2. 학습한 결과가 즉시 나타나는 것이 좋다.

3. 연주나 공연 등의 무대에서 검증받고 칭찬받는 것이 좋다.
4. 개인지도 이외의 시간에 혼자 연습하는 것이 재미있다.

이 4가지만 잘 살펴도 그 다음 진로 설정이나 강점 발견의 방향이 확연하게 달라집니다. 이 내용을 진로 키워드로 바꿔 보면 다음과 같이 정리할 수 있습니다.

1. 새로운 자극과 환경, 환경의 공통 분모 찾기, 문제 해결력
2. 시각화, 프로젝트형 직무, 적절한 보상
3. 관계성, 대중성, 타인의 인정
4. 연구력, 반복적인 노력, 기개

같은 바이올린 연주를 하더라도 진로 키워드를 만들어 보면, 이렇게 갈림길이 조금 더 명확하게 나눠집니다. 자기에 대해 고민하는 과정에서 이렇게 키워드를 찾아내기 위해 가장 중요한 것은 '기록해야 한다'는 것입니다. 무언가를 몰입해서 배우고, 즐거워하는 것을 발견했다면 그에 대해 느낀 점이나 생각들을 반드시 기록해야 합니다. 자신의 경험에 대해 기록하는 것만큼 진로 설정에서 중요한 것이 없습니다. 그 기록들이 모이고 모여 앞으로 우리가 나아가야 할 방향의 힌트가 되어줄 테니까요.

그러니 진로나 비전을 찾기 위해 가장 먼저 해야 할 일은 '자신의 즐거움을 아는 것'입니다. 대신, 즐거움은 상대적인 개념이니 다른 사람의 즐거움을 자기의 것으로 무조건 동일시하는 오류를 범해서는 안 됩니다. 아주 사소한 것이라도 좋습니

다. 즐거운 것을 찾아보고 그 이유를 자기만의 기록으로 정리해 보세요. 그런 기록이 쌓여야 자아 발견을 위한 다음 단계로 넘어갈 수 있습니다.

두 번째 단계는 '배움' 단계입니다. 이 단계의 특징은 한 문장으로 "I know, but not enjoy"라고 요약할 수 있습니다. 나에게 있는 즐거움을 발견했다 해도, 그것을 전문적으로 배우고 실력을 쌓아가는 과정은 즐겁지 않을 수 있습니다. 많은 사람이 이 부분을 오해해서 자신의 진로를 발견하고도 선뜻 움직이지 못하는 것 같습니다.

"더 이상 즐겁지 않아요…. 제 길이 아닌 걸까요?"

이 단계에 들어선 청년들이 가장 많이 하는 하소연입니다. 즐겁지 않다고 해서 여러분의 길이 아닌 것은 아닙니다. 제대로 된 실력을 갖추기 위해 누구나 거쳐 가야 하는 자연스러운 단계라는 사실을 알아야 합니다. 어느 직장, 어느 직무든 동일합니다. 저는 많은 사람 앞에서 강연할 때 살아있음을 느낍니다. 수백, 수천 명 앞에서 제 이야기를 하고, 그 이야기가 청중의 귀에 쏙쏙 들어가고 있다는 걸 그들의 눈빛을 통해 알게 될 때가 인생에서 가장 짜릿한 순간입니다.

하지만 그 짜릿한 순간을 계속 느끼기 위해서 제가 해야 할 일은 강연을 위한 '꾸준한 리허설'입니다. 저는 재능보다 노력을 믿는 사람이라, 강의 경력이 15년이 넘은 지금도 한 강의당 꼭 10번의 리허설을 합니다. 제 목소리를 녹음해 가며 강의에 적합한 내용으로 대본을 수정하고, 그것에 맞게 프레젠테이션 자료를 수정해서 사람들 앞에 섭니다. 모든 내용이 머릿속에 들어 있지만, 리허설을 반복하다 보면 더 좋은 아이디어들이 계속해서 떠오르는 경험을 하게 되거든요. 중요한 건 저는 이런 시간을 너무 힘들어하고 또 싫어하지만, 꼭 해내야 하는 과정이라는 겁니다.

아무리 싫고 고통스러운 시간이더라도, 정말로 하고 싶은 일을 위해 참고 인내하며 그것을 온전히 자신의 것으로 만들어야 합니다. 그래서 저는 진로를 결정하고 나서 그것이 자신의 길이 맞는지 확인하고 싶어 하는 젊은이들에게, 이 '배움' 단계를 최소한 1년 정도 경험해 보라고 조언합니다. 그러다 보면 싫어하는 일조차도 자기만의 스타일로 그것을 해내게 될 것입니다.

그 이후에 우리가 할 일은, 결과는 동일하되 중간 과정을 각자가 재미있어하는 방식으로 바꾸는 것입니다. 저도 글을 쓰고 강의 콘텐츠를 만들어 내는 일이 막힐 때마다 동영상, 게임, 퀴즈, 놀이 등으로 그 방법들을 바꿔가며 하고 있습니다. 이런 작은 아이디어들이 다음 단계로 넘어갈 수 있는 비결 중 하나랍니다.

그러니 무언가를 시작했는데 더 이상 즐겁지 않다는 이유로 너무 섣불리 길을 바꾸지 마세요. 1년을 지나 보니 그 길이 아니었다 해도 기록과 성찰로 그 시기를 견뎌냈다면 최소한 '끈기'와 일을 살피는 '통찰력'은 분명 전보다 자라났을 겁니다.

세 번째 단계는 '전문가' 단계입니다. 이 단계의 특징은 "I

know, and enjoy"라고 요약할 수 있습니다. 이제 그 어려운 배움 단계를 넘어 자타공인 전문가로 거듭날 수 있는 단계입니다. 이때는 일과 직무에 대한 이해도가 충분하기 때문에, 어떤 변수들이 생겨도 스스로 그것을 통제할 수 있습니다. 그런 모습 때문에 사람들의 눈에 더 여유로워 보이는 것이죠.

또한 그 일에 대한 자기의 즐거움을 '확장'할 수 있는 시기입니다. 처음에는 바이올린을 하는 자체가 너무 즐겁고 재미있었는데, 이 단계에 들어서면 바이올리니스트로 살아가면서 만나는 사람들과의 관계 속에서 알게 되는 안정감이나 공연과 연주를 통해 사람들에게 감동을 줄 수 있다는 기쁨, 다른 사람들에게 내가 알고 있는 것을 가르쳐 줄 때 느끼는 보람 등으로 그 즐거움의 영역이 확장됩니다.

하지만 애석하게도 이 단계는 정보화 사회를 넘어 공유 사회로 넘어가면서 사실상 사라졌다고 보는 것이 합리적입니다. 왜냐하면 흔히 전문가라고 인정받는 가장 큰 요소가 '희소성'이었기 때문입니다. 누구나 할 수 없는 일이었고 그 정도의 학력과 정보를 가진 사람이 극히 소수였기 때문에 어디를 가도 존경받고 인정받을 수 있었습니다.

하지만 PC와 스마트폰의 보급, SNS의 발달로 더는 희소성이 전문가의 요소로 작용하지 않게 됐습니다. 이제는 그들의 전문 지식조차 책이나 SNS 채널, 블로그, 기사 등으로 누구나 접근할 수 있는 시대가 열린 것입니다. 덩달아 소위 '전문가'라고 불리던 사람들의 수도 너무 많아졌습니다. 그래서 이제는 의사나 변호사가 되어도 명함을 돌리고 버스에 홍보물을 붙여가며 광고해야 일감을 가져올 수 있게 된 겁니다. 열심히 공부해서 전문가가 되어도 더는 경쟁력이 없다? 이보다 더 암울한 현실이 더 있을까요. 하지만 그 해답은 바로 다음 단계의 헨리 사례에서 알 수 있습니다.

네 번째 단계가 바로 '창조가' 단계입니다. 이 단계의 특징은 "I don't know, and enjoy"라고 요약할 수 있습니다. 다시 한번 헨리의 바이올린 연주를 떠올려봅시다. 일단 버클리 음대 출신의 연주 실력을 갖췄고 전주 부분을 스스로 편곡했고 마이클 잭슨의 댄스를 융합했고, 바이올린에 기타 주법까지 응용했습니다. 네 맞습니다. 우리가 해야 할 일은 실력을 다 갖춘 이후에 '편집과 융합, 연결'을 통해 '창조'하는 것입니다. 정말로 해 아래 새로운 것은 없는 듯합니다. 이제부터 생성되는 모든 재화와 서비스는 이전의 것을 편집, 융합하고 연결하고 보완해서 나온 재창조의 결과물이라고 할 수 있기 때문입니다.

진로와 직무도 마찬가지입니다. 같은 직무라도 자기 일로 편집하고 융합해서 색다른 결과물을 내놓는 사람이 인재로 인정받는 시대입니다. 그래서 기업에서 그렇게 '창의력~, 창의력~' 노래하는 겁니다. 한 가지 우려되는 것은, 한국의 교육과정이 이런 변수나 예외를 허용하지 않는 일괄적 교육방식을 채택해 왔기 때문에 학생들이 이런 변칙적 필요를 너무 어려워한다는 점입니다. 창의력 부분에 관해서는 뒤에서 다시 한번 다룰 예정이라, 청춘들이 '배워본 적도 없는 창의력을 발현해야 하는 시기'라는 정도만 알고 넘어가 보겠습니다.

허나 간과하지 말아야 할 것은, 일단 기본적으로 '배움'과 '전문가'의 단계를 거친 이후에 '창조가'의 역량을 발휘하게 된다는 점입니다. 단계마다 요약한 영어 문장을 잘 보면, 어린아이 단계와 창조가의 단계가 참 유사합니다. 둘 다 '무엇인지 모르지만 즐거워하는 것'이기 때문입니다.

그래서 호기심 단계의 즐거움인지, 아니면 창조가 단계의 즐거움인지를 구분하는 것이 중요합니다. 갓 바이올린을 잡은 학생이 헨리의 동영상을 보고 "나도 저렇게 춤추면서 바이올린 할래!"라며 춤 연습과 바이올린 연주를 병행한다 해도 소용없다는 말입니다. 중간에 있는 '배움'과 '전문가' 단계를 넘어서지 못했기 때문에, 그 학생은 춤을 추면서도 바이올린의 다음 운지법을 고민해야 하고 바이올린을 켜면서도 다음 동작을 고민하느라 부자연스러울 수밖에 없는 겁니다.

나만의 것을 만드는 일이 어느 시대보다 중요해졌습니다. 하지만 제대로 배우고 사회의 객관적 관점에서 전문가로 인정받을 만한 과정을 거치지 않는다면, 그것은 한낱 객기에 불과합니다. 자신의 강점을 창조하고 싶다면 '어린아이-배움-전문가-창조가'의 4단계를 차근차근 밟아야 합니다.

아직도 많은 청년이 주변 친구들보다 상대적으로 부족해 보이는 영어나 자격증, 학점 등을 따라잡기 위해 밤낮없이 애쓰는 것을 종종 목격합니다. 그런 취준생들이 저를 찾아와 "저는 왜 취업이 안 될까요?"라고 묻습니다. 그러면 저는 늘 "지금까지 평범해지려고 애썼으니까요"라고 대답해 줍니다.

예를 들어보겠습니다. 만약 여러분의 아이가 시험 성적을 받아왔는데, 국어가 100점, 영어가 100점, 수학이 20점이라고 해봅시다. 당신은 아이를 어느 학원에 보낼 것 같나요? 대부분 수학 학원에 보내서 아이가 모두 100점을 맞게 하려고 노력할 겁니다. 그러나 핀란드 부모들의 응답은 달랐습니다.

"100점을 받은 국어와 영어, 두 학원을 모두 보내서 둘 중 어느 영역에서 더 탁월한 재능을 보이는지 알아보겠다."

놀랍지 않습니까? 한국의 거의 모든 부모가 자녀의 부족함에 매달려 있을 때, 핀란드 부모들은 자녀의 강점에 초점을 맞춰 교육해 왔던 겁니다. 그래서 한국의 학생들은 핀잔과 경고, 비난을 들으며 공부하고, 핀란드의 학생들은 응원과 격려, 조언을 들으며 공부하는 겁니다. '2020 세계 행복 보고서(World Happiness Report)'에서 3년 연속 핀란드가 세계에서 가장 행복한 나라로 선정된 것은 우연이 아닌 듯합니다. 안타깝게도 우리나라는 OECD 국가 31개국 중 23위에 머물러있군요.

이제 약점은 과감하게 버려야 합니다. 약점을 보완하는 데 들인 노력을 오히려 강점을 강화하는데 쏟아부어야 합니다. 그래야 탁월해집니다. 수많은 직무 역량 중 몇 개 정도는 못해도 괜찮습니다. 모든 부분에서 완벽해지려고 하지 마세요. 제가 그랬던 것처럼, 그 '완벽한 인간'에 대한 암묵적 욕망이 수년 동안 당신의 발목을 잡을 겁니다.
　이 사실을 알면서도 '약점에 대한 보완'을 놓지 못하는 이유는 '상처받은 마음' 때문인 경우가 많습니다. 부끄럽고 수치스러웠던 경험을 다시 겪기 싫어서 사용하는 본능적인 방어기제라는 겁니다. 하지만 우리는 모두 완벽할 수 없는 존재라는 것을 인정해야 합니다. 실수를 드러내고 약점을 당당하게 말해야 합니다. 그래야 실수와 약점이 없는 부분을 찾아낼 수 있습니다.

혹 어떤 사람이 여러분의 선택에 대해 '실패'를 들출 수 있습니다. 하지만 여러분은 실패한 것이 아닙니다. 모두 '나에게 맞는 환경'을 고르는 중일 뿐입니다. 몇 주에 한 번만 물을 줘도 쑥쑥 자라는 선인장도 있지만, 지극 정성으로 보살펴도 자주 시들해지는 쟈스민도 있는 법입니다. 실패가 진정한 실패가 되려면, 실패의 순간에 머물러야 합니다. 그것이 결괏값이 되어야만 진짜 실패라 할 수 있습니다. 그러니 실패의 순간에 너무 오래 머무르지 마세요. 그것만 해내면 여러분의 인생에서 실패라는 단어를 만나기는 힘들 겁니다.

그러니 삶의 여정에서 '노력해도 안 되는 일'을 발견하는 것은 오히려 행운이라 여기셔야 합니다. 그것과 비슷한 영역에 속해 있는 일과 사람, 환경을 이제부터 쳐다보지 않아도 되니까요. 그렇게 여집합을 하나씩 찾다 보면 자신에게 맞는 영역, 즉 강점 영역을 만나게 될 겁니다.

그래서 저는 비전스쿨이라는 크리스천 진로 수업을 하면서 멘티들이 좋아하는 것을 찾기 전에 싫어하는 것을 먼저 찾아 정리하게 합니다. 무엇을 싫어하는지, 그것을 왜 싫어하는지 기록해 보게 하죠. 진로 수업의 첫 단계에서 싫어하는 것을 제

외하는 '소거' 작업을 하고 나면, 전보다 좋아하는 것을 찾아내기 훨씬 수월해지기 때문입니다. 그러니 편식하듯 좋아하는 것만 반복하기보다는 싫어할 법한 새로운 경험도 종종 해 볼 필요가 있는 거죠.

지금 우리가 해야 할 질문은 '어떤 직업이 유망할까?', '어느 직업군이 돈을 많이 벌지?'가 아닙니다. 그보다 먼저 '나는 무엇을 좋아하고 무엇을 싫어하는가?'와 같은 자기성찰적 질문에 답할 수 있어야 합니다. 이러한 일련의 자기 발견 과정이 선행되어야만 약점의 영역에서 멀어지고 강점의 영역에 가까이 갈 수 있기 때문이죠. 그러니 다른 무엇보다 자신이 상대적으로 잘하는 어떤 것을 일찍 발견해서 그것을 탁월하게 만드는 데 시간과 노력을 투입하는 것이 지금 시대에 맞는 역량 강화 전략입니다. 제가 멘티들을 가르칠 때 자주 활용하는 툴을 소개해 드릴 테니, 여러분의 강점 강화 영역에 활용해 보시기 바랍니다.

바로 'SWOT 분석' 툴입니다. 보통 제품이나 서비스에 접목해서 마케팅 전략을 수립할 때 많이 쓰이는 도구인데, 저는 이것을 진로 설정에 융합해서 가르치고 있습니다. SWOT의 'S'는 Strength(강점)를, 'W'는 Weakness(약점)를, 'O'는 Opportunity(기회)를, 'T'는 Threat(위협 요소)을 뜻합니다. 기억할 것은 'S'와 'W'는 자기에 대한 내부적 분석, 'O'와 'T'는 자신이 속해 있는 환경에 대한 외부적 분석을 일컫는다는 것입니다.

제가 훈련한 어느 멘티의 예를 들어보겠습니다. 그가 제가 진행하는 진로 찾기 과정인 '비전 스쿨'에 참여하면서 1년 동안 찾게 된 강점 중 한 가지가 'SNS를 잘한다'라는 것이었습니다. 이것을 앞서 말한 SWOT 분석에 적용해 보면, 다음과 같은 결과를 얻을 수 있습니다.

강점 제목 : SNS를 잘한다(희망 직종 : 기획, 마케팅)

S 강점	모든 기업이 재화나 서비스를 알려야 하는 시대에 SNS 마케팅에 대한 이해를 장착한 신입 사원은 채용 매력도가 높을 수밖에 없다. ⇒ S 전략 : SNS 시작 시점부터 팔로우 수와 트래픽을 시각화하고 자신의 포트폴리오로 만들어 보관한다.
W 약점	팔로우 수를 공신력 있는 마케팅 경력으로 인정받기에는 무리가 있다. ⇒ W 전략 : 지자체나 국가에서 진행하는 마케팅 공모전에 대비해 아이디어 기획서를 써본다.
O 기회	SNS 관리 능력은 꾸준함을 기반에 두기 때문에, 지속적인 아이디어 기획과 자기 관리가 가능한 사람으로 인식될 수 있다. ⇒ O 전략 : 그동안의 아이디어와 자기 관리 일지를 인포그래픽화하고 이력서와 자기소개서에 첨부, 마케팅 업무와의 연관성을 어필하는 포트폴리오를 만든다.
T 위험 요소	SNS 광고 및 마케팅에 대한 기본적인 신뢰도가 낮은 편이기 때문에 충성 고객을 만들어내기까지 시간과 비용이 많이 들 수 있다. ⇒ T 전략 : 시장의 반응에 맞게 세부 타깃을 추출할 설문지를 만들고, 설계할 수 있는 SPSS 프로그램을 익혀 마케팅에 활용할 수 있는 능력을 갖춘다. (3개월 프로젝트)

어떻습니까? 그저 시간을 도둑질하는 것처럼 생각했던 SNS 활동도 SWOT 분석을 통해 직무 분석으로 편집하면, 내게 부족한 부분과 앞으로 채워야 할 역량들을 산출할 수 있습니다. 미리 겁먹지 마세요. 절대 어렵지 않으니까요. 경영학과 인사관리의 기초이론을 조금만 익히면 누구나 할 수 있습니다. 이런 활동들은 참 중요합니다. 자신에 대해 고민하면서 삶의 시선을 '타인에게 멋있게 보이는 삶'에서 '진정으로 내가 살고 싶은 삶'으로 옮겨올 수 있기 때문입니다. 그리고 이것은 '복음을 기억하는 일'이기도 합니다.

여러분이 십자가의 사랑을 떠올리기만 해도 눈물이 핑 돈다면 '내가 살고 싶은 삶'이 곧 하나님의 사랑을 전하는 일이 될 테니까요. 저는 이제 단 하루를 살아도 헛되이 살고 싶지 않습니다. 몇 번의 큰 사건으로 '나도 죽을 수 있구나…'를 느끼고 난 후, 제게 주어진 시간이 더 소중해졌기 때문입니다. 이 글을 읽는 여러분의 삶이 고통스럽고 불행하게 느끼실지도 모르겠습니다. 흔히 쾌락과 평안으로만 삶을 채우면 모든 것이 해결되고 행복할 거라고 생각하지만, 사실은 그렇지가 않습니다. 그런 삶의 끝에는 오히려 깊은 우울과 긴 무기력이 기다리고 있는 경우가 많거든요. 그러니 부디 자신의 삶을 살아가세요. 그러려면 여러분에게 삶의 의미와 인생의 본질을 깨닫는 시간이 필요합니다.

결국 우리 가치관의 중심에는 '예수'가 있어야 합니다. 그것이 우리에게 진정한 삶의 의미이며 우리가 존재하는 이유입니다. 이것을 일찍 깨닫고 자기 삶에 녹여낼 수 있도록 나에 대해 치열하게 고민해 보시라는 겁니다. 자아 발견이 곧 달란트를 발견하게 되고, 달란트의 발견이 강점 개발로 연결되고, 그 강점으로 누군가를 도울 수 있는 사람이 되어야 합니다. 그리고 누군가를 돕는 순간에 십자가의 사랑을 어떻게 전달할 것인지 고민하고 또 고민하셔야 합니다. 그것이 진정한 크리스천의 삶입니다.

오늘은 소설가이자 비평가로 노벨문학상을 수상한 아나톨 프랑스의 행복에 대한 일침으로 글을 마무리하려 합니다.

'사람은 무지의 대가를 치르지 않고서는 결코 행복할 수 없다.'
— 아나톨 프랑스

다른 사람들의
미션 제출 엿보기

진로 멘토의 Q&A _6

Q. '나'라는 사람으로 SWOT분석을 해보세요.

· 책임감이 강하다 · 꾸준하다 · 대인관계가 원만하다	· 아이디어를 내는 것이 어렵다 · 상대적으로 업무처리가 느리다
Strength (강함)	Weakness (약함)
Opportunity (기회)	Threath (위협)
· 장기근속을 원하는 회사에 적합한 분야에서 전문성을 쌓기에 유리	· 효율성이나 속도감을 원하는 회사에는 지원불가 · 트렌드에 둔감하다

[예시] SWOT 분석표

Step 6. 약점을 보완하지 말고 나만의 강점을 창조하세요

Strength	Weakness
(강함)	(약함)
Opportunity	Threath
(기회)	(위협)

[적용] '나' SWOT 분석 해보기

Q. 이 미션을 하면서 나에 대해 무엇을 알게 되었나요?

Step 7
좋은 습관은 당신을 구해줄 어벤져스입니다

"열심히 준비한 시험 당일, 늦잠을 자서 시험장에 들어가지도 못했습니다. 저는 왜 이렇게 운이 없는 걸까요?"

이 청년은 자기에게만 힘든 시련이 반복된다고 주장합니다. 하지만 이런 고민으로 진로 상담을 요청하는 청년들을 만나온 제 생각은 조금 다릅니다. 저는 늦잠으로 중요한 시험을 놓쳐버린 청년과 진로 상담을 진행하는 내내 비슷한 질문을 던졌습니다.

"그래서 정말 중요한 문제가 뭐라고 생각하시나요?"

"시험장의 위치가 너무 멀었다", "그렇게 중요한 시험을 왜 아침 9시부터 급하게 시작하는지 모르겠다"라는 등 여러 핑계를 돌고 돌아 도착한 결론은 "사실은 나 자신이 준비되어 있지 않았다"라는 자기 고백이었습니다. 상담이 거의 끝나갈 무렵, 청년은 긴장감을 떨치려고 새벽 늦게까지 넷플릭스 드라마를 시청한 것이 늦잠의 원인이라고 털어놓았습니다. 그리고 시험뿐 아니라 평소 삶의 패턴까지 무너져 있어 아침에 치러야 하는 시험에 대한 부담감이 클 수밖에 없었습니다. 인생에서 불운과 시련은 늘 있으며, 그것을 피해 갈 수 있는 사람은 없습니다. 그저 불운을 감당할 넓은 마음을 단련하고, 시련이 반복되지 않도록 스스로를 지혜롭게 훈련하는 것이 우리가 할 수 있는 일일 겁니다.

1. 불운을 감당할 수 있는 너그러운 마음
2. 시련을 반복하지 않으려는 태도

늦잠으로 낭패를 본 청년처럼 위의 두 가지를 갖고 있지 않은 사람은, 늘 자신을 '운 없는 사람' 취급하게 됩니다. 결과에 영향을 미치는 변수를 '운'으로 돌리지 않으면 자신의 실수나 과오가 그대로 드러나기 때문이지요. 실패나 기대하지 않은 결과로부터 자유로운 사람은 없습니다. 그저 아무 일 없는 척 괜찮은 척하는 '페르소나'가 작동하는 것뿐입니다.

여러분은 남에게 잘 보이기 위해 매달리는 인생에서 벗어나기 위해 이 책을 읽고 있습니다. 이 책이 던지는 질문에 관해 글을 쓰고, 자신이 쓴 글에 대해서 스스로 생각하기를 반복하는 것도 같은 이유 때문입니다. 변화의 시작은 늘 '작은 용기'에서 비롯됩니다. 자신의 부족한 모습을 드러낼 용기, 괜찮지 않을 때 "도움이 필요하다"고 말할 용기에서부터 변화가 시작되는 겁니다. 그 용기의 실천적 행위를 저는 '좋은 습관'이라 부릅니다.

  채용 관련 일을 하면서 저는 자연스럽게 중소기업의 임원과 회사의 CEO를 자주 만나게 됩니다. 그런 사람들이 많은 직원을 거느리고 고급세단을 타고 다닌다는 이유로 '성공한 사람'으로 생각할지 모르겠습니다. 하지만 그들이 살아온 이야기나 과정을 들어보면, 대부분 책 몇 권은 족히 채우고도 남을 만큼 숱한 시련과 성장의 순간을 거쳐 왔음을 깨닫게 됩니다. 그리고 이런 사람들의 공통점은, 자신에게 맞는 '좋은 습관'을 만들어내고 체계화하는데 시간과 비용, 노력을 아끼지 않는다는 사실입니다.

  미국의 심리학자 윌리엄 제임스(William James, 1842~1910)는 '우리의 삶은 그저 큰 습관의 덩어리일 뿐'이라며 사상과 행동의 근원을 개인이 가진 습관으로부터 정의했으며, 나아가 개인의 습관 형성이 가정·사회·정책·국가의 의사결정에까지 영향을 미친다고 보았습니다.

  '삶은 그저 습관의 덩어리일 뿐이다.
  그것이 나쁜 습관이 될지 좋은 습관이 될지는 당신이 선택에 달려 있다.'

  뉴욕타임스 기자이며 하버드 경영대학원에서 MBA 석사 학위를 받은 찰스 두히그는, 그의 저서 『습관의 힘 The Power of Habit』에서 인생의 큰 변화 과정을 겪은 사람들의 가장 큰 공통점이 '짧은 시간 안에 나쁜 습관을 버리고 좋은 습관을 장착해 새로운 삶의 패턴을 만들어 낸 것'이라고 강조합니다.

그는 특히 습관을 'Cue(신호) - Rutine(반복) - Reward(보상)'라는 구조로 정리하면서, 사람들이 가진 보상 체계를 잘 이해하면 '반복'에 해당하는 행위를 부정적인 것에서 긍정적인 것으로 바꿔낼 수 있다고 주장합니다.

'일정한 시간에 쿠키를 먹는' 습관을 실제로 분석해 보니, 그가 정말로 원한 보상은 '동료와 대화를 나누는 것'이었다고 합니다. 그래서 쿠키를 먹지 않고 바로 동료들에게 찾아가 이런저런 대화를 잠시 나누는 것으로 반복 행동을 교정할 수 있었습니다. 자신이 원하는 정확한 보상을 알고 나서 나쁜 반복에서 좋은 반복으로 행동 체계를 수정한 것입니다.

1년 넘게 진행하는 길고 힘든 진로 발견 과정 중에서 가장 힘든 수업을 꼽으라면, 저는 주저 없이 '습관 교정' 단계를 꼽습니다. 이미 20년 넘게 신호와 반복을 통해 형성된 습관 체계를 한 번의 교육으로 수정하는 것은 불가능한 일이기 때문입니다. 그래서 개인의 성향과 관련 직무 등을 면밀히 분석해서 아주 조금씩 나쁜 습관을 드러내는 작업부터 시작합니다. 그렇게 해서 저는 589명의 멘티로부터 다음과 같은 나쁜 습관들을 찾아냈는데요. 여러분도 해당하는 것은 없는지 한 번 체크해 보시기 바랍니다.

	질문	점수 (1~10)
1	자려고 누워서 무의미하게 스마트폰을 들여다본다.	
2	스트레스 받았을 때 야식을 시켜 먹는다.	
3	귀찮아서 청결 관리를 게을리한다.	
4	쉬지 않고 울리는 메신저에 신경 쓰느라 해야 할 일에 집중하기가 어렵다.	
5	틈만 나면 자기도 모르게—특별한 이유도 없이—유튜브를 시청한다.	
6	이미 다 읽어놓고도 새로운 뉴스가 올라오지 않았는지 수시로 인터넷을 검색한다.	
7	딱히 살 물건이 없는데도 쇼핑 사이트를 둘러본다.	
8	집에 들어오자마자 TV를 켠다.	
9	늘 약속 시각에 딱 맞춰 도착하게 출발한다.	
10	여가나 일 때문에 자주 밤을 새운다.	
11	늘 운동해야겠다고 결심하지만 실행은 하지 않는다.	
12	여러 가지 이유로 식사를 자주 거른다.	
13	해야 할 일이 있을 때 더 놀게 된다.	
14	마감 기한이 코앞에 닥칠 때까지 미룬다.	
15	피곤하지 않아도 하루 1잔 이상 커피를 마신다.	
16	조금만 더 하면 더 나은 결과를 얻을 수 있지만, 그만두고 놀게 된다.	
17	자신의 실패를 다른 사람이나 환경 탓으로 돌린다.	
18	스트레스가 심할 때, 게임이나 술, 담배, 성욕 해소에 빠져든다.	

19	꿈이 '재능 있는 사람'들만의 특권이라고 생각한다.	
20	'어차피 노력해도 안 된다'라는 생각을 자주 한다.	
합계		

- 1단계(0~60점) : 좋은 습관을 형성할 준비가 된 단계
- 2단계(60~100점) : 생각 교정을 통해 나쁜 습관 줄이기를 생활화 하는 단계
- 3단계(100~150점) : 행동 교정을 통해 나쁜 습관을 줄여나가야 하는 단계
- 4단계(150~200점) : 당장 나쁜 습관 고치기를 시작해야 하는 단계

자신의 나쁜 습관을 이렇게 솔직하게 진단할 수 있다면, 변화와 성장에 대한 준비가 된 것입니다. 이제 남은 것은 위의 20가지 항목을 기반으로 자신이 정말로 원하는 것(보상 체계)과 나쁜 습관의 반복 행동을 좋은 습관의 반복 행동으로 바꾸는 과정(습관 교정)입니다.

1. 내가 가진 습관을 통해 나의 보상 체계를 안다.
2. 나쁜 습관의 반복 행동을 좋은 습관의 반복 행동으로 바꾼다.

여기서 중요한 것은 습관의 형성과 정착에 시간이 걸리며 습관 교정을 너무 성급하게 도전하다가는 '학습된 무기력'에 빠지기 쉽다는 점입니다. 학습된 무기력은 심리학자 마틴 셀리그만(Martin Seligman)이 동료 연구원들과 동물을 대상으로 회피 학습을 통해 공포의 조건 형성을 연구하던 중 발견한 현

상인데요. 피할 수 없거나 자기 능력으로 벗어날 수 없는 환경에서 자포자기하는 '습관'을 말합니다. '목줄은 끊을 수 없다'라는 사실이 머릿속에 각인되어 헐겁게 묶어 놓아도 벗어날 시도조차 하지 않는 서커스단 코끼리가 그 대표적인 예입니다. '좋은 습관을 지녀야 한다'라는 사실은 누구나 알지만, 많은 사람이 그렇게 하지 못하는 이유가 여기 있습니다. 습관 교정에 드는 시간과 노력을 과소평가하거나, 습관 교정의 목표를 처음부터 너무 높게 설정하는 '자신에 대한 과대평가'가 그 원인입니다.

■ 우리가 바뀌지 않는 2가지 이유
1. 습관을 바꾸는 시간과 노력을 과소평가한다.
2. 자신의 의지를 과대평가해서 습관 교정의 목표를 너무 높게 잡는다.

사람은 바뀔 수 있습니다. 나쁜 습관도 없앨 수 있습니다. 그러나 단번에 없애는 것은 불가능합니다. 습관의 원리들을 잘 이해하게 되면, 습관 교정의 목표를 자신의 수준에 맞게 설정하고 그것을 단계적으로 높여가야 한다는 결론에 이르게 됩니다. 그래서 제가 했던 방식 하나를 예로 들어 소개해 보겠습니다.

저는 아침에 일찍 일어나는 것이 너무 힘든 사람이었습니다. 아니, 정확하게 말하면 재미있는 것에 몸과 마음을 빼앗겨 늘 밤늦게까지 붙잡혀 있는 '유혹에 약한' 사람이었습니다. 저녁 10시에 게임을 시작해서 지루해질 때쯤 쫄깃한 스릴러 영화 한 편을 보고 잠들어야 제대로 보상받는 느낌이었습니다. 하지만 그런 생활을 반복하다 보니 오후까지 잠들어 있는 시간이 많아졌고, 생활 패턴이 무너져 있어 대인 관계에서도 고립되기 시작했습니다. 그런데 만날 사람이 없어지니 더 게임과 영화에 빠져들게 되었지요.

저 역시 습관 교정에 대한 이해가 없었기 때문에, '아침 6시에 일어나서 운동하기' 같은 목표를 정했다가 실패를 거듭하곤 했습니다. 이는 곧 '노력해 봤자 제자리걸음이네….'라는 실패 의식, 즉 학습된 무기력을 키웠고 결국 원래 모습으로 돌아가는 것이 일상이 되었습니다. 그렇게 허비한 세월이 무려 2년입니다.

A. Elberse, J. Eliashbert, and J. Villanueva 교수가 쓴 '성취'에 대한 논문에 두 가지 재미있는 사실이 있습니다.[1] 하나는 이 논문이 행동 교정이나 습관을 다루지 않고, 수학과 음악을 잘 융합하는 사람이 비즈니스 능률이 높다는 것을 증명하는 내용이라는 것입니다. 다른 하나는 음악, 수학, 비즈니스 모두 반복적인 작은 성취로 전반적인 성장을 이루어낼 수 있다는 것이었죠. 저는 이 논문을 읽던 중, 자연스럽게 한 인물을 떠올리며 무릎을 '탁' 쳤습니다.

'피타고라스!!'

---

1. A. Elberse, J. Eliashbert, and J. Villanueva, 〈Polyphonic HMI : Mixing Music with Math〉, Harvard Business Review, 2005.08.

피타고라스는 음악과 수학의 관계를 연구하면서 음률과 관련한 일부 원리를 발견했습니다. 그는 삼각형의 비율과 음의 높낮이가 관련 있다고 주장했죠. 그리고 피타고라스는 현악기가 가진 각 음의 비율이 단순하고 정확한 정수 비율로 나타날 때, 조화롭고 자연스러운 소리로 들린다고 주장했습니다.

이것은 현의 길이가 1:2, 2:3, 3:4 등의 비율을 갖출 때, 주파수 비율이 음악에서 매우 중요한 배수 관계에 있다는 것을 의미합니다. 이는 우리가 아는 화음의 원리로, '피타고라스 음계'라고 불렸습니다. 이후, 그의 주장은 서양음악의 기초를 형성하는 데 큰 영향을 미쳤지요. 한 분야에서 괄목할 만한 성과를 내는 것도 쉬운 일이 아닌데, 그는 한 시대를 대표하는 수학자이자 철학자이며 음악가로도 실력을 인정받은 사람이었습니다.

제가 피타고라스를 서양철학의 멘토로 삼는 것은 단지 그의 명성 때문만은 아닙니다. 그보다 수학과 철학, 음악을 넘나들며 하나의 이론을 정립하기까지 작은 습관들로 채워나간 삶의 태도를 본받고 싶었기 때문입니다. 무엇보다 그가 '피타고라스 정리'를 수학적 업적으로 남기고 피타고라스학파를 이룬 것은 아주 조금씩 작은 성취들이 쌓여서 된 것이라는 사실이 주목할 점입니다.

계속해서 성취를 이어가려면 반복된 습관이 필요합니다. '유행, 돈, 관계' 같은 모든 얕은 것들은 수명이 짧습니다. 반대로 '사랑, 가치관, 희생' 같은 모든 깊은 것들은 수명이 길지요.

이것을 역순해 보면 자신만의 가치관을 가지고 사랑과 희생을 전하며 살아가기 위해서는 작은 성취가 이어져야 하고, 작은 성취가 이어지려면 좋은 습관이 반복되어야 한다는 것을 알 수 있습니다.

저는 습관 관리가 '사랑을 전하기 위해 먼저 해야 할 일'이라고 멘티들에게 가르칩니다. 그 때문에 믿는 사람들은 습관 관리를 그저 '내가 오늘을 뿌듯하게 잘 살아내야겠다.' 같이 개인적인 것으로만 치부해서는 안 됩니다. 이것은 교회 밖에서 하나님의 사랑을 전하기 위한 초석이 되며, 복음의 도구로 쓰임 받기 위해 반드시 해내야 하는 '준비 과정'입니다.

제가 이렇게까지 좋은 습관을 강조하는 이유가 있습니다. 저는 한국 교회의 다양한 청년들을 많이 만나는 사람 중 한 명입니다. 전국 곳곳의 청년들에게 비전 강의와 진로 상담을 하면서 이것은 역량 부족의 문제가 아니라는 것을 알게 되었습니다. 전국의 크리스천 청년들에게 기업에서 하던 워크숍을 진행하면서 교회 청년들의 사고방식이나 기개, 열심의 정도가 어쩌면 사회에서 자리 잡은 믿지 않는 청년들보다 더 명석하고 뛰어날지도 모른다는 생각을 해봅니다.

하지만 왜 크리스천 청년들은 교회 안에서만 탁월한 걸까요? 사회에서는 왜 그렇게 살지 못할까요? 반짝이는 재능을 너무 믿기 때문입니다. 다시 말해, 모든 것이 준비되면 출발하겠다는 완벽주의 때문이고 잦은 실패로 쌓인 학습된 무기력 때문이며, '나에게도 달란트가 있기는 할까?' 같은 자조적인 의심 때문입니다.

이것은 마치 힘센 장수들에게 힘으로 싸워 이기려 하지 않고, 독한 술을 선물해 스스로 자멸하게 하려는 교활한 사단의 계략과 같습니다. 결국 우리는 하나님의 사랑을 전할 무기를 갖고도 유튜브나 음란물을 보는 것, 물질적인 성공이라는 나쁜 습관을 버리지 못해 복음을 교회 안에 가두고 있는 것입니다. 하지만 이것 또한 습관이 만들어지는 것과 닮아있기 때문에 빠져나올 때도 습관의 형태를 이루어야 함을 기억하십시오.

나쁜 습관에서 빠져나와야 좋은 습관으로 그 빈 자리를 채울 수 있습니다. 한 번의 결심으로 인생이 바뀌지 않는다는 것을 인정해야 합니다. 마음먹는 것 하나로 모든 문제를 해결하려고 하면 안 됩니다. 우리에게는 그 결의를 지속해나갈 시스템이 훨씬 더 중요하기 때문입니다. 그리고 그 시스템이 바로 '습관'입니다. 저는 무엇보다 이 습관의 영역을 청년들에게 완전히 각인시키는 데 집중하는 훈련을 합니다. 실력과 신앙의 균형을 위한 습관들을 하나씩 순차적으로 가르치고 스스로 깨치게 만들어야 청년들이 교회 문턱을 넘어서도 자기의 달란트를 발현하며 살아가는 진짜 신앙인이 될 수 있으니까요.

여기까지 생각이 이어지니, 제가 해야 할 일이 더욱 분명해졌습니다. 그러다가 '작은 성취는 작은 이점의 꾸준한 적용이다. 하나라도 작은 성취를 이루어 내면 또 다른 작은 성취를 유도하는 역학관계가 성립된다'라는, 미국 코넬 대학교의 어느 교수님이 1984년에 발표한 연구 결과를 읽게 되었습니다. 그래서 저는 '습관 토막 내기'를 논문의 적용점 삼아 나름의 양식을 만들고 저를 대상으로 직접 실험해봤습니다. 그렇게 습관을 면밀히 분석해 보니 '아침 6시 이전에 일어나 운동하기' 같은 간단해 보이는 습관조차 실로 엄청나게 많은 작은 습관이 뒷받침되어야 해낼 수 있는 걸 알게 되었습니다. 먼저 이것은 '아침 6시 기상'과 '운동하기'라는 2개의 개별 습관이 결합한 목표였고, '아침 6시'와 '기상'도 구분해서 생각해야 하더군요. 그렇게 찾아낸 더 작은 습관들의 실체는 다음과 같았습니다.

■ '아침 6시에 일어나 운동하기' 습관의 실체

1. 적어도 밤 12시 전에 잠들어야 6시에 일어날 수 있다.
2. 밤 12시 전에 잠들려면 11시에는 침대에 누워야 한다.
3. 밤 11시에 침대에 누우려면, 퇴근 후 활동(휴식과 운동 등)을 10시까지는 끝내야 한다.
4. 퇴근 후 활동을 밤 10시까지 끝내려면, 저녁을 6시~7시에는 먹어야 한다.
5. 밤 10시 이후에는 TV 시청과 게임을 하지 말아야 한다.
6. 밤 11시에 침대에 누울 때는 휴대전화를 거실에 두고 침실로 들어가야 한다.
7. 어쩌다 한 번 아침 6시 전에 일어나는 것은 의미 없다.
8. 결국 평소 기상 시간인 오전 8시에서 10분씩 줄여 기상하면서 습관을 형성해야 한다.
9. 습관이 형성되려면 그 행동을 21일 동안 지속해야 하며, 습관이 정착하는 데는 66일이 필요하다.

10. 아침에 일어나자마자 몸을 던지게 되는 소파에서 벗어날 방법이 필요하다.
11. 아침에 일어나자마자 물 한 잔을 마시거나 양치질을 하면 잠에서 쉽게 깰 수 있다.
12. 운동복은 전날 미리 챙겨놓아야 아침 운동의 성공 확률이 높아진다.
13. 일단 밖에 나가기만 하면 조깅은 즐거운 활동이 된다.
14. 나는 한 코스로만 다니는 것보다 요일마다 코스를 변경하는 것이 좋다.
15. 비가 오거나 눈이 오는 날에는 자주 포기하니 대체할 운동이 필요하다.
16. 평소 운동에 도움 되는 음악을 30분 정도 분량의 재생목록으로 만들어 놓아야 한다.
17. 코스 중간쯤 운동을 인증할 자신만의 표식을 해두면 성공 확률이 높아진다.
18. "나 요즘 아침 운동 시작했어"라고 주변에 알릴수록 성공 확률이 높아진다.
19. 한 번 알람을 못 듣고 잠들어 버린 날에는, 의지력을 다잡을 계기가 필요하다.
20. 한두 번의 실패를 완전 실패로 인식하지 않는 건강한 자의식이 중요하다.

그동안 아침 운동을 제 삶의 일부로 만들기 위해 적었던 메모들입니다. '아침 6시에 일어나 운동하기'라는 습관을 더 작은 단위로 쪼개보면, 그것이 무려 20가지 크고 작은 습관 사이 역학 관계의 산물임을 깨닫게 됩니다. 그러니 우리가 당장

해야 할 일은, 목표로 하는 습관의 세부 항목을 정리하고 항목별로 순서와 크기를 정한 후 가장 쉬운 것부터 시작하는 것입니다.

조금 어려워 보일 수 있지만, 이 과정의 신기한 점은 아주 작은 목표 하나만 성공해도 '이제는 제법 난도가 높은 것도 해낼 수 있겠다!'라는 자신감이 생긴다는 것입니다. 또한 좋은 습관 하나를 내 것으로 만들기 위해서는, 나쁜 습관을 두 가지 이상 제거하는 작업을 병행해야 한다는 사실도 기억하기를 바랍니다. 제 경험에서도 볼 수 있듯이, '아침 6시에 일어나기'라는 좋은 습관은 밤 10시 이후의 TV 시청을 포기하고, 침실에 휴대전화를 갖고 들어오지 않는다는 전제 조건을 요구하거든요.

또 한 가지 중요한 점은 이 같은 '습관 관리'의 목적을 분명히 해야 한다는 것입니다. '좋은 습관을 잘 지켜냈다'라는 자기만족에 머물면 삶의 규칙성은 얻을 수 있겠지만 삶의 방향성은 잃게 됩니다. 그래서 작은 습관이 모여 인생의 습관이 되게 하고, 좋은 습관을 통해 궁극적으로 자신이 나아가려고 하는 인생 방향과의 연결성을 찾아내 시스템을 유지하려는 노력이 필요합니다. 이렇게 만들어낸 저만의 좋은 습관과 그 연결성은 다음과 같습니다.

1. 매일 아침 조깅을 한다 ⇒ 체력을 길러 하고 싶은 일을 더 많이 할 수 있게 한다.
2. 매일 감사한 일을 적는다 ⇒ 긍정적인 관점을 유지해 슬럼프에 대비

한다.
3. 매일 1시간 독서를 한다 ⇒ 강의안을 꾸준히 업데이트해서 강사로서 경쟁력을 유지한다.
4. 매주 4시간은 즐겁게 논다 ⇒ 나의 보상 체계를 지속해서 찾아 누린다.
5. 매주 지인들에게 기프티콘 3개를 보낸다 ⇒ 사람들에게 감사의 마음을 자주 표현한다.
6. 매주 교육 관련 기사를 5개 읽는다 ⇒ 앞으로 세울 대안학교에 대한 아이디어를 얻는다.
7. 매월 1명 이상의 새로운 사람을 만난다 ⇒ 분야가 다른 사람들의 관점을 계속 배운다.
8. 매월 1개 이상의 새로운 카페를 찾는다 ⇒ 익숙하지 않은 상황에 자신을 자주 노출해 적응력을 키운다.
9. 매월 1개 이상 '화제의' 애플리케이션을 설치한다 ⇒ 트렌드를 읽는 통찰을 키워낸다.
10. 매년 2권 이상의 책을 쓴다 ⇒ 생각을 글로 정리하는 습관을 평생 유지한다.

이상 10가지 항목 중에는 완벽하게 제 삶의 일부가 된 습관도 있지만, 아직 시스템을 만들고 있는 습관도 있습니다. 분명한 것은, 이런 습관 형성 훈련을 반복하다 보면 삶의 목적성이 갈수록 명확해진다는 사실입니다.

가야 할 길이 분명한 사람의 특권은 수많은 선택의 순간에서 '빨리 선택하게 하는 힘', 즉 '삶의 기준점'을 얻는다는 점입니다. 기준점에 부합하는 것이면 선택해서 완전히 몰입한

후 내 것으로 만들면 되고, 그렇지 않은 분야는 완벽한 무지를 유지하면 되기 때문에 삶 자체가 간결해집니다. 'Simple is Best!'라는 말도 이런 관점에서 나온 표현이 아닐까요.

 습관이 갖는 힘을 얕잡아 보지 마십시오. 그것은 인생의 작은 조각이면서 또 완성입니다. 습관은 곧 성취의 발판이 되며 성취의 결이 모이면 나아가고자 하는 삶의 방향성, 즉 '가치관'이 됩니다. 가치관은 말과 행동에 영향을 끼치며, 개인의 말과 행동은 곧 주변 사람들의 삶에도 영향을 미칩니다.
 우리가 십자가 사랑을 전하기 위해 살아가는 사람들이라면, 사랑의 언어와 이타적 행동을 기반한 선한 영향력이 삶의 모든 방식에서 드러나야 합니다. 믿는 사람들의 선한 영향력은 그들의 좋은 습관에서부터 출발한다는 것을 꼭 기억하기를 바랍니다. 선한 영향력을 미치겠다는 사람들이 실제로는 엉망으로 살면, 우리가 전하려는 복음 또한 거짓이라 오해할 테니까요.
 저는 교육을 통해 왜곡 없이 복음을 전하고 싶습니다. 이것을 현실로 만들기 위해 필요한 노력이 있다면 수단과 방법을 가리지 않을 겁니다. 그래서 저는 오늘도 아침 일찍 일어나고, 독서를 하고 운동을 합니다. "뭘 그렇게까지 해?"라며 의아해하는 지인들의 만류에도 흔들리지 않고 매일 멘티들에게 도움되는 직무 정보를 찾고 글을 씁니다. 그것이 곧 제가 사는 이유이며 열심을 내는 근원적인 동기니까요. 무엇보다 이렇게 15년을 살아보니 확신이 생깁니다. 결국 '꾸준함'이 이 세상에 존재하는 가장 **빠른** 지름길이라는 것을요.

영국의 총리로, 영국 정치에 새로운 바람을 일으켰던 마거릿 대처의 일침으로 이번 장을 마무리하려 합니다.

'습관을 조심해라. 그것이 좋은 것이든 나쁜 것이든 곧 당신의 운명이 된다.'
- 마거릿 대처

다른 사람들의
미션 제출 엿보기

진로 멘토의 Q&A _7

Q. 나의 습관을 ABCM 등급으로 나눠서 설계해 보세요.

■ M루틴(Minimum-Routine) :
아무리 힘들고 엉망인 하루여도 지킬 수 있는 최소한의 좋은 습관
■ C-B-A루틴 :
M루틴에서 난이도와 빈도를 높여가며 가장 좋은 상태의 나를 유지하기 위한 단계별 습관 전략

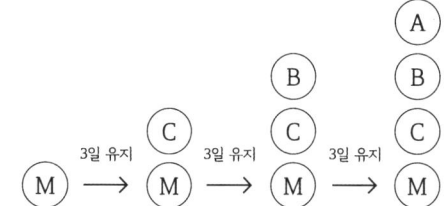

M루틴	
C루틴	
B루틴	
A루틴	

Q. 이 미션을 하면서 나에 대해 무엇을 알게 되었나요?

Step 8
시간을 통제하지 못하면 모든 것을 잃습니다

"해야 할 것은 너무 많은데, 시간이 턱없이 부족해요…."

청년은 대화 중에도 힐끗힐끗 스마트폰에 뜨는 메시지 알림을 확인하곤 했습니다. 진로 상담을 하겠다고 시간과 비용을 들여서 앉은 순간까지도 집중하지 못하는 모습이 안타까웠습니다. 아니나 다를까…. 상담을 진행해 보니 시간이 부족한 것뿐 아니라, 관계나 해야 할 일도 이미 혼자 감당하거나 통제할 양을 초과한 상태였습니다. 학점 관리, 아르바이트, 친구 관계, 공모전, 자격증 준비, 어학 점수, 거기에 다양한 취미 생활까지. 나열하면 끝도 없는 해야 할 일 속에서 어느 하나 제대로 해내지 못하고 있는 자신이 너무 초라해 보인다고 했습니다.

전국의 많은 크리스천 청년을 상담하고 진로 교육을 하면서, 이것이 비단 한 청년의 문제가 아님을 깨닫습니다. 이것을 사회학에서는 '시간 부족 현상'이라고 부릅니다.[1] 자료는 수면 시간, 식사 시간, 업무 시간, 공부 시간, 집안일 하는 시간, 그리고 나만을 위한 시간의 6가지 척도로 시간을 분류해서 평일과 주말의 시간을 어떻게 보내는지 조사한 겁니다.

  자료에서는 업무 시간과 집안일을 하는 시간, 그리고 공부 시간이 큰 비중을 차지하는 것으로 나타났습니다. 이것이 2017년의 자료인 것으로 볼 때, 아마도 지금은 더 비중이 증가했을 것입니다. 여기서 제가 집중해서 본 것은 바로 '나만을 위한 시간'입니다. 많은 현대인은 하루 중 3시간 정도를 자신의 시간으로 보낸다고 합니다. 문제는 그 시간을 끝나지 않는 유튜브를 보거나 아무것도 하지 않으면서 보낸다는 데 있습니다.

  죄송한 말씀이지만 아무것도 하지 않는 시간은 나만을 위해 보내는 시간이라 할 수 없습니다. 그것은 단순히 쉬는 시간이죠. 눈 앞에 펼쳐져 있는, 해야 할 많은 것 앞에 잠시 숨을 돌리는 시간으로서는 괜찮습니다. 하지만 시간이 날 때마다 시간을 그렇게 쓰는 것을 심리학에서는 '회피 본능'이라고 합니다. 눈을 감아버리거나 고개를 돌려 잠시 이 어렵고 불편한 현실을 잊어버리고 싶은 것이죠.

  물론 이해는 됩니다. 가정과 학교 그리고 교회라는 울타리 안에서 다 차려진 밥상에서 숟가락만 들어도 박수를 받고 살다가 갑자기 처음부터 끝까지 스스로 해내야 하는 상황들이 어렵고 힘들겠죠. 하지만 그렇다고 해서 다시 어린아이의 시

---

1. Embrain, 〈시간부족 현상과 관련된 소비인식 조사〉, 2017

절로 돌아갈 수는 없습니다. 심리적으로나 상황적으로나 진짜 어른이 되어야 할 때가 온 겁니다.

 그러니 예전처럼 다 차려진 밥상이 아니라는 사실에 불평하거나 속상해하지 말고 차근차근 상을 펼쳐보고 요리하는 법을 배우고 설거지를 해봐야 합니다. 그렇게 나의 편안한 시절이 누군가의 희생에 의한 것이었다는 걸 깨달아야 합니다. 그런 의미에서 한 인간이 인격적 주체로 단단해지는 과정은 사회화라는 단순한 해석보다 조금 더 광의적인 해석이 필요합니다.

 우선 우리가 이렇게 바빠진 이유를 이해할 필요가 있습니다. 이것은 급격한 산업화와 경제 발전의 부작용으로 보는 것이 가장 타당합니다. 쉽게 말해서, 우리나라는 너무 빨리 발전했다는 겁니다. GDP나 GNP로 보면 좋은 일이라 할 수 있지만, 해당 산업에 속한 사람들에게는 가혹한 상황이 따르는 불운이라 할 수 있습니다. 필요를 채우기 위해 배우기 시작했지만, 그 배움이 끝나기 전에 또 다른 것을 배워야 하는 '스펙 인플레이션'이 일어날 수밖에 없는 구조적 결함이 생기는 겁니다.

 조금 어렵게 말하면, 이것은 '산업의 복잡성이 증가했다'라는 겁니다. 기술이 급격하고 복잡하게 발전한 만큼 그것을 처리해 내는 고급 인력들이 많이 필요해졌지요. 여기서 문제가 있습니다. 낮은 난도의 기술력을 학습하고 적용할 때는 배움의 속도와 습득의 속도, 그리고 활용의 속도가 엇비슷합니다. 하지만 고난도 기술은 배움의 속도와 습득의 속도, 활용의 속도가 모두 느리게 작동하게 됩니다. 기술 인력을 키워낼 시간적 여력이 부족한 데도 불구하고 갑자기 고급 인력이 많이 필요한 사회가 된 겁니다.

이것은 곧 우리에게 1년이 채 안 되는 시간 동안 '전문가가 되어 사회에 나오세요!'라고 요구하는 것과 같습니다. 산술적으로 보면 우리의 하루는 24시간이 아니라 96시간이 되어야 맞습니다. 오로지 전문성을 높이기 위한 하루를 보냈을 때 말입니다. 여기에 신앙생활과 휴식, 수면, 자기 계발 등이 포함되면 4년보다 더 오랜 시간이 걸릴 겁니다.

면접관 활동을 하다 보면 기업에서는 뽑을 사람이 없다고 하고, 취업을 준비하는 청년들은 자기를 뽑아주는 회사가 없다고 합니다. 교육학에서는 이것을 '채용 간극' 즉 '미스매칭'이라 합니다. 처음에는 이것이 개인의 문제이거나 한 회사의 문제라 여겼습니다. 하지만 사회 전반에 걸쳐 동시에 이런 문제가 생기니 정부에서도 문제의 심각성을 인지하기 시작했습니다. 그래서 NCS 기반 채용, 블라인드 채용 등 '실무능력 위주의 채용'에 힘을 더 쏟기 시작했죠. 정부의 방향성이 잡히니 이제 기업과 대학이 반응하기 시작합니다. 정부의 방향성과 직접적으로 연관 없는 학과들은 없어지거나 실무학과와 통폐합이 되는 식으로 말이죠. 대학의 학과는 곧 초·중·고등학교 입시 과정에 영향을 주는데, 이것이 입시에서 수학과 과학의 비중이 높아질 수밖에 없는 이유입니다.

이러한 연역적 결론을 따라가 보면 알 수 있습니다. 우리가 지금의 사회적 요구에 응하기 위해서는 우리의 하루를 4일처럼 살아내야 하는 시대를 살고 있다는 뜻입니다. 물러설 수도 없고 회피할 수도 없는 것이 현실입니다. 그러니 우리가 찾을 수 있는 가장 합리적인 선택지는 '시간당 생산성'을 고민하는 것입니다. 그래서 집중해서 제대로 공부할 수 있는 환경과 방법을 찾아내야 한다는 것입니다. 그리고 한 번의 움직임으로 결과물이 볼링핀처럼 다른 결과물에 긍정적 영향을 주는 구조를 익혀야 합니다. 저는 이것이 크리스천들이 제대로 공부해야 하는 이유라고 생각합니다.

시간 관리가 왜 필요한지는 충분히 말씀을 드렸으니 이제 방법에 대해 함께 고민해 보겠습니다. 시간 관리에 관해서는 산업 사회 때부터 지금까지 여러 학자가 다양한 솔루션을 이야기하고 있습니다. 저는 그 많은 개념 중에서 청년의 시기에 꼭 알아야 할 2가지를 말하고 싶습니다.

첫 번째는 역시나 '우선순위'의 문제입니다. 여기서 소개하는 '아이젠하워 매트릭스'는 시간을 4사분면으로 나누고 할 일을 우선순위에 따라 배열하는데 유용한 도구입니다. 이것은 미국 34대 대통령 드와이트 아이젠하워가 매일 계획을 짤 때 사용한 것으로도 유명합니다. '시간의 4사분면'이라고도 불리는 이 분류는, 시간을 '중요성'과 '긴급성'이라는 두 가지 척도로 나눠 설명합니다.

이 기법이 사람들의 시간 관리에 좋은 영향을 끼친 것은 분명합니다. 그러나 늘 그렇듯 예외도 있습니다. 저도 그 예외에 해당하는 사람이었나 봅니다. 실제로 저는 '긴급성'을 '일에 드는 시간'이라는 개념으로 변환했을 때 더 정확한 시간 관리

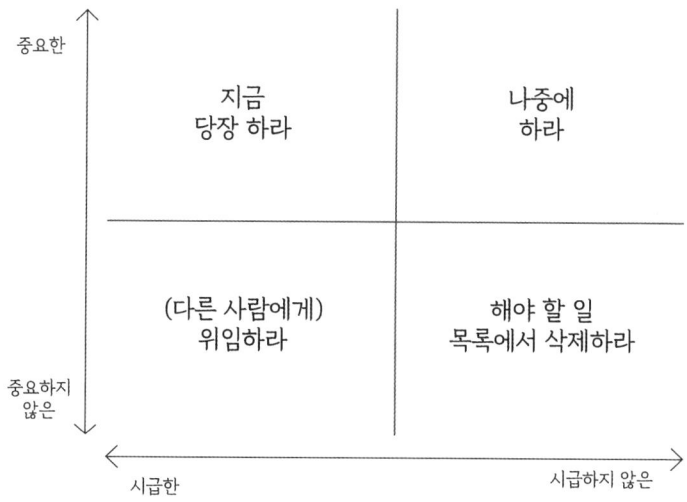

[그림2] 아이젠하워 시간 매트릭스

가 가능했습니다. 그래서 오늘은 '투여 시간'이라는 개념을 활용해서 시간 관리를 이야기해 보려 합니다.

 보통 우리는 과제 마감이 한 달 정도 남으면 '아직 시간이 많이 남았으니, 나중에 해야지….'라고 미루다가, 하루 이틀 뒤로 다가왔을 때 제출하는 데 목표를 두고 생각이나 아무런 배움 없이 후다닥 마무리하곤 합니다. '투여 시간'이란 이 두 가지 경우의 적정 중간 지점을 말하는데요. 너무 미루지도 너무 일찍 시작하지도 않는 시간이니, '내가 그 일을 하는 데 드는 시간'이라고도 부를 수 있습니다.
 투여 시간은 개인의 환경이나 성향, 인지 능력 등에 따라 값이 변하는 상대적 개념입니다. 다르게 말해서, '어떤 항목에 대한 나만의 투여 시간'을 이해하지 못하면 아무리 좋은 계획을 세운다고 한들 허사로 돌아가는 경우가 많습니다.

예를 들어, 남들이 자기 계발 서적 1권을 읽는 데 한 달이 걸린다고 해서 '나도 1년에 12권 읽어야지'라고 독서 계획을 세우는 것은 아무 의미가 없다는 말입니다. 이 계획이 실효를 거두려면, 관심 분야와 읽기 능력, 내용의 난도, 환경 최적화 같은 수많은 변수가 모두 동일해야 합니다. 평소 책을 꾸준히 읽어온 사람이라면 몇 시간 만에 그 책을 다 읽어버릴 수도 있고, 평생 처음 독서하는 경우는 아무리 쉬운 책이라도 완독하는 데 몇 달이 넘게 걸릴 수 있기 때문입니다.

투여 시간의 개념을 이해하고 나면, 시간 관리 영역에서 빠지기 쉬운 인지 오류를 조심해야 합니다. 보통 저명한 시간 관리학자가 제시하는 방법과 도구를 접하게 되면 사람들은 양가감정을 동시에 느낀다고 합니다.

"너무 좋은 기법이야. 정말 획기적인데? 나도 해봐야지!"
"많은 사람이 하는 것 같은데, 나는 이런 간단한 기법도 써먹지 못하는구나….'

이렇듯 시간 관리와 관련한 수많은 툴을 익히는 과정에는 기쁨과 기대도 넘치지만, 정작 그 툴을 자신의 것으로 소화하지 못할 때 느끼는 좌절감도 존재하는 겁니다. 그러나 생각해 보면 우리는 전혀 실망할 필요가 없습니다. 아무리 많은 사람이 사용하는 획기적 도구라 해도, 그 시스템을 면밀히 들여다보면 어떠한 기법을 모두에게 적용할 수 있는 '공통 적용 분모'와 사람마다 상이하게 적용하는 '개별 적용 분모'가 공존하기 때문입니다. 그러니 "시간을 소중하게 써야 한다"라는 식의 공통 분모는 받아들이되, "이러이러한 툴이 가장 좋다"라는 식의 개별 분모는 자신에게 가장 알맞은 방법으로 개선해서 사용하는 것이 현명한 태도입니다. 시간 관리 영역뿐 아니라 다른 지식 체계를 습득할 때 책을 통해 얻는 정보들의 무분별한 수용을 조심해야 하는 것도 이런 이유 때문입니다.

그래서 저는 많은 멘티에게 시간 관리를 교육할 때, '나'라는 사람이 항목에 따라 소요하는 '투여 시간'이 어느 정도인지 파악한 후에, 여러가지 시간 관리 도구를 사용해 보면서 최종적으로 자신만의 시간 관리 체계를 만들도록 도와주고 있습니다. 실제로 자신만의 관리 기법을 찾아낸 멘티일수록 한 달, 분기, 반기, 1년의 계획을 현실화하는 비율이 높았습니다.
그러면 아이젠하워의 시간 관리 매트릭스를 개별화해서 사용하고 있는 저의 시간 관리 기법을 함께 살펴볼까요?

	투여 시간이 긴	투여 시간이 짧은
우선순위가 높은	A Water Spot '물'의 영역	B IV(Intravenous) Spot '링거'의 영역
우선순위가 낮은	C Supplements Spot '영양제'의 영역	D Fast Food Spot '패스트푸드'의 영역

[그림3] 아이젠하워 시간 매트릭스 응용버전

구체적으로 이야기하기 전에 먼저 짚고 넘어가야 할 것이 있습니다. 여러분 생각에는 우선순위가 둘 다 높게 책정된 Water Spot과 IV-Spot 중에서 어느 영역의 일을 먼저 해야 할 것 같나요?

보통 시간 관리와 관련된 강연이나 일련의 프로세스에서는 우선순위가 높고 투여 시간이 짧은 IV-spot을 먼저 해결하라고 권합니다. 빨리 해결할 수 있기 때문이죠. 사실 몇 년 전까지만 해도 저 역시 그렇게 시간 관리 교육 과정을 설계해서 가르쳤습니다. 하지만 많은 시간 관리 기법에서 정해놓은 프로세스를 따라 실천해 본 학생들과 저는 심각한 문제에 봉착하고 말았습니다.

일반적 시간 관리 매트릭스에서 일의 우선순위를 정할 때 변수로 정의하지 않는 '필요 역량의 가지 수'가 기하급수로 늘어나기 시작한 겁니다. 사회에서 필요로 하는 역량의 종류가 늘어나는 시간이 개인이 어떠한 역량을 체화하는 데 걸리는 시간을 상회하기 시작한 겁니다. 예를 들어, 영어가 중요하다고 해서 1년 동안 열심히 준비했더니 막상 취업할 시기에는 중국어도 해야 한다고 하고, 또 중국어를 1년 동안 열심히 준비했더니 이제는 코딩 능력이 중요하다고 하는 겁니다. 개인이 특정 역량을 갖추려면 분명 시간이 필요한데, 사회는 우리가 준비하는 시간보다 더 빨리 변해버립니다. 어떻게 해야 할까요?

우선 위의 그림에서 언급한 4개의 시간 분류표의 특성을 잠시 살펴보겠습니다. IV-Spot과 Fast Food Spot에 속하는 일들은 이미 경험한 적이 있거나, 쉽게 투여 시간을 파악할 수 있는 업무입니다. 흔히 '경험 업무'라고 하지요. Water Spot과 Supplements Spot은 처음 해보거나 일의 전체 과정을 다 알지 못하고 시작하기 때문에 쉽게 투여 시간을 파악할 수 없는 업무를 말하며 '기획 업무'라고 부릅니다. 저는 어떤 일의 우선순위를 정할 때 '경험 업무'와 '기획 업무' 간 구분을 제일 먼저 해야 한다고 가르칩니다.

투여 시간이 길다 = 경험치가 적다 = 기획 업무
투여 시간이 짧다 = 경험치가 많다 = 경험 업무

저는 생활비를 벌기 위해 의도치 않게 잠시 일용직 노동을 한 적이 있습니다. 아버지가 보일러, 배관, 전기, 목공 등의 분야에서 전문 기술자이셨던 덕분에, 저는 친구들이 물놀이하거나 놀이동산에서 즐겁게 놀고 있을 때 공사판에 끌려 나가 아버지의 일을 도와야 했습니다. 평생 공부 말고는 사회생활을 해 본 적 없는 제가 공사 현장에 적응하려니 이만저만 어려운 것이 아니었습니다. 일의 순서와 맥락을 이해하지 못한 저는, 필요한 도구들을 제때 아버지께 건네 드리지 못해서 쉬는 시간마다 아버지의 반복되는 잔소리를 들어야 했습니다.

처음에는 제대로 가르쳐주지 않고 일만 시키는 아버지가 미웠습니다. 그러다가 다음에는 같은 실수를 반복하지 않으려고 인터넷에서 이런저런 정보들을 검색하기 시작했습니다. 공사 현장에 일일 아르바이트를 나갔다가 돌아온 사람의 블로그 글, 관련 자격증을 공부하는 사람이 올려둔 자료 등을 읽다 보니, 전부는 아니더라도 어느 정도 공사 현장의 순서를 머릿속에 그릴 수 있었습니다.

인터넷에 나오지 않는 것들은 같이 일하는 분들에게 물어보면서 일의 순서와 필요한 일, 필요한 도구 등을 차근차근 기록하기 시작했습니다. 그렇게 정리하다 보니 어느 순간에는 아버지께서 "오늘은 화장실 배관 작업을 할 거다"라고 말씀하실 때 머릿속에 필요한 도구들이 순서대로 떠오를 정도가 되었습니다. 그리고 3개월 뒤, 말하기도 전에 필요한 장비를 건네 드리는 저를 보며 흡족해하시는 아버지의 '1초 미소'를 볼 수 있었습니다. 지나고 나니 공사 현장에서 일했던 그 몇 년이 제게 큰 배움을 안겨 주었음을 깨닫게 되었습니다.

■ 공사 현장 아르바이트에서 배운 것들

1. 일의 순서를 정하는 것은, 순차적으로 해야 할 일과 동시다발로 할 수 있는 일을 구분하는 것에서부터 시작된다.
2. 일을 효율적으로 처리하려면, 필요한 장비와 작업 환경을 미리 알아 둬야 한다.
3. 일하며 이해되지 않는 것은 스스로 나머지 공부로 채워야 하며, 이것은 사회 구성원이 되기 위한 필수 과정이다.
4. 적절한 근력은 모든 일의 공통 분모이기에 평소에 꾸준히 운동해야 한다.
5. 돌발적인 상황도 자주 겪다 보면 일련의 패턴을 익혀서 통제할 수 있다.
6. 모든 일은 기록 문서(설계도)로 시작해서 몸과 머리를 거쳐 문서(감리)로 끝난다.

제 생각 노트에 적힌 이 기록들은 훗날 저를 직장인이 되게 해주었고, 단기간에 남들보다 더 많은 성과를 이뤄내는 사람으로 바꿔 주었습니다. 하나의 경험 업무를 또 다른 기획 업무를 성공적으로 해내기 위한 힌트로 삼은 덕분입니다. 즉 "업무를 잘한다."라는 평가를 받는 사람은, 바로 기획 업무를 경험 업무로 전환하는 속도를 높이는 비결을 소유한 사람입니다. 그래서 저는 지금도 종종 기획 업무를 주면 일련의 패턴을 잡아 기록하고, 그 패턴과 체계가 비슷했던 경험 업무 기록을 찾아 내용을 파악합니다.

이러한 일련의 과정을 자신의 것으로 소유하려면 업무에 대한 긍정적인 태도, 기록하는 습관 등 여러 요인이 필요하지만, 여기서는 무엇보다 시간 관리에 관한 부분만 이야기하려 합니다.

저는 보통 '3일' 정도의 시간을 기획 업무에서 경험 업무로 변환되는 타이밍으로 설정합니다. '작심삼일'이라는 말이 괜히 나온 것은 아닌가 봅니다. 저는 요즘도 3일마다 일하기 싫고 무기력해지고 게을러지고 싶은 욕망이 꿈틀댑니다. 그래서 저는 3일 주기로 시간표를 피드백하고 전략을 다시 짜고 기록을 되짚어 봅니다. 처음에는 조금 번거롭고 귀찮았지만, 이 과정을 통해 아끼게 된 시간 덕분에 생산성이 올라가고 마음 편히 놀 시간까지 덤으로 생기니 그 정도 번거로움은 감당할 만합니다.

그러고는 이번 주간 동안 할 일들을 항목화한 후, 앞서 말한 시간 관리 매트릭스 항목에 맞게 분류한 뒤에 다음과 같이 수행 전략을 짜 놓습니다.

1. 할 일의 항목화
- *지난주에 해내지 못했지만, 이번 주에는 꼭 해야 하는 항목*
- *이번 주에 새롭게 추가된 해야 할 항목*
- *고정적으로 매일 해야 할 항목*
- *주기적으로 해야 할 항목*
- *다른 사람과 함께 해야 할 항목*

2. 항목별 투여 시간을 분석

- 경험 업무부터 기획 업무 순으로 투여 시간 기록 후 평균 산출
- 투여 시간 이외의 환경 변수는 최대한 적게 설정
- 3일 계획표를 3개월 모아서 실효성 있는 항목과 투여 시간만 고정

3. 시간 매트릭스로 분류화
- *Water Spot* : 중요하고 시간이 걸리는 일 ⇒ 책과 사람을 통해 구조와 순서를 공부한다.
- *IV-Spot* : 중요한데 비교적 짧게 걸리는 일 ⇒ 가장 효율적인 환경에서 신속히 처리하고 남는 시간을 휴식으로 돌린다.
- *Supplements Spot* : 덜 중요하고 오래 걸리는 일 ⇒ 최대한 다른 사람에게 위임하고 여의찮을 경우, 그것을 잘하는 사람의 방법을 따라한다.
- *Fast Food Spot* : 덜 중요하고 짧게 걸리는 일 ⇒ 자투리 시간에 한다.

지금까지 시간 관리에 관해 공부한 부분을 정리하면 다음과 같습니다.

1. 투여 시간 : '나'라는 사람이 어떤 '일'을 해내는 데 소요되는 시간. 상대적이다.
2. 저명한 시간 관리법이라 해도 나와 안 맞을 수 있으니 잘 안된다고 해도 쉽게 실망하지 말자.
3. 기획 업무는 처음 해보거나 익숙하지 않은 일을, 경험 업무는 유사한 경험이 있거나 익숙한 일을 말하며, 기획 업무를 경험 업무로 전환하는 속도가 빨라질수록 업무 능력도 향상된다.
4. 시간을 계획할 때 처음에는 3일 주기로 피드백과 개선 전략을 점검하

고, 이후 변수가 줄어들어 시간에 대한 통제력이 자라나면 5일과 7일, 10일로 점차 늘려가는 것이 좋다.

진로 및 이직 상담을 하면서 많은 대학생과 직장인들에게 제가 가장 강조하는 것은 '계획 수립' 자체가 아니라 '계획에 대한 피드백'입니다. 경영학의 아버지라 불리는 피터 드러커가 "모든 시간 관리는 피드백으로 시작해서 피드백으로 끝나야 한다."라고 한 것은 결코 우연이 아닐 겁니다. 실컷 계획을 세우며 살고 있는데 그에 대한 제대로 된 피드백이 없다면, 사실은 같은 실수를 반복하고 있을 가능성이 큽니다. 저도 논문과 책을 통해 여러가지 시간 관리 피드백을 연구해 보니, 다음과 같은 질문 몇 가지가 핵심인 것 같더군요.

1. 계획을 완료하지 못한 이유는 무엇이라고 생각하는가?
2. 시간이 더 필요한 항목과 덜 필요한 항목은 각각 무엇인가?
3. 돌발 상황에 대처하기 위한 각 항목의 플랜B가 있는가?

이 3가지 질문을 놓고 지난 한 주 동안의 과업을 생선 발라 먹듯 하나씩 뜯어보니 본질적 문제들이 보이기 시작했습니다. 평소 3시간이면 완료할 수 있던 강의 콘텐츠 기획 업무를 3일이 지나도 완료하지 못한 적이 있었습니다. 아무리 자료를 찾고 편집해도 리허설을 하면 말문이 턱 하고 막히기 일쑤였어요. 그러다가 시간 관리 피드백을 통해 깨닫게 된 것은, 해당 강연의 대상이 청년이 아니라 노년층이다 보니 애초부터 제가 할 강연이 아니었다는 사실이었습니다. 시간 계획표를 보다 서둘러 담당자에게 전화를 걸어 "제가 할 수 있는 강연이 아닌 것 같습니다"라고 솔직하게 이야기하며 제 쪽에서 강연을 취소한 적이 있습니다. 화가 난 담당자의 항의를 고스란히 받아내고 강사로서의 신용도에 타격을 입는 리스크를 감수해야 했지만, 저는 제가 집중해야 할 대상이 누구인지 다시 한 번 확인하는 좋은 경험이었다고 생각합니다.

이렇듯 시간 계획의 피드백은 과거-현재-미래가 한꺼번에 기록된 보물 같은 과정입니다. 그래서 저는 계획을 세울 때 가장 먼저 토요일 아침 7~9시는 '시간 관리 피드백 타임'으로 설정해 놓습니다. 이 2시간 덕분에 정말로 많은 것이 바뀔 수 있음을 몸소 체험하며 살고 있습니다.

하지만 이렇게 저만의 시간 관리법을 체득해서 활용하기까지 꽤 오랜 시간과 노력이 필요했습니다. "그 첫 단추는 무엇입니까?"라고 물으신다면, 저는 '시간의 결산'이라고 대답하겠습니다. 흔히 시간 관리는 예산(계획)을 먼저 세우고, 그다음에 결산(피드백) 하는 순서로 진행합니다. 하지만 제가 가르치는 학생들과 여러 가지 방법을 활용해 본 결과, '자신이 시간을 어떻게 쓰고 있는지를 아는 것'이 출발점으로 삼는 것이 가장 효과적이었습니다. 그래서 저는 가계부와 시간 계획표의 공통점을 이렇게 설명합니다.

1. 결산이 없으면 의미 있는 예산을 알 수 없다.
2. 예산안은 곧 살아가는 방식을 투영한다.
3. 살아가는 방식에 맞게 돈과 시간을 쓸 수 있을 때 성숙한 인간이 될

수 있다.

※ 시간 계획표와 피드백 양식은 '멘토링연구소' 카페(www.mentoring-lab.com)에서 무료로 내려받으실 수 있습니다.

'무언가를 관리한다'라는 것은 다른 사람과 환경에 빼앗겼던 통제권을 내게로 되찾아오는 일련의 활동을 의미합니다. 물론 어렵고 힘든 과정입니다. 이미 습관이 되어버린 익숙함에서 멀어져야 하고, 편하게 살고 싶은 욕구를 참아내야 합니다. 하지만 이 '삶의 통제권'에는 그럴 가치가 충분히 있습니다. 여러분이 그토록 알고 싶어 하는 '나답게 사는 법'의 문을 열어주는 출발점이기 때문이고, 그리스도인이 왜 열심히 살아가야 하는지에 대한 대답이 되기 때문입니다.

무엇보다 시간을 아껴야 합니다. 우리에게 오늘 하루가 주어지는 것이 당연한 일이 아니라 감사한 일임을 알아야 합니다. 그래서 저는 '오늘이 마지막인 것처럼 나에게 맡겨진 복음을 전하자!'라는 마음으로 하루를 시작하고 마무리합니다. 금방 없어져 버릴 것이나 사람들에게만 박수받을 것에서 멀어져 진정으로 사회를 이롭게 하고, 교회의 복음이 세상으로 전해지는 데 도움이 되는 것들을 해내야 합니다. 그래야 우리의 열심과 노력이 의미가 있게 됩니다. 그러니 '미라클 모닝' 또는 '갓생'이라 불리는 것들을 너무 개인적인 것으로 여기지 않았으면 좋겠습니다. 우리가 사는 이유가 십자가의 사랑에 있는 것처럼, 오늘을 열심히 사는 것 또한 같은 이유여야 합니다. 그렇게 열심과 존재 이유, 복음적 사명이 일치되는 하루를 보내야 제대로 된 그리스도인의 인생이라 할 수 있을 겁니다. 시간은 하나님께서 우리에게 아침마다 모닝콜처럼 주시는 선물입니다. 유튜브나 스마트폰에 그 선물을 던져버리지 마세요. 부디 그것을 아끼고 가다듬어 지혜롭게 사용하세요. 당신의 하루를 통해 하나님이 왜곡 없이 전해지는 하루를 보내세요. 그것이 진정한 행복에 가까워지는 삶입니다.

다른 사람들의
미션 제출 엿보기

진로 멘토의 Q&A _8

Q. 당신만 하루 30시간을 살 수 있다면 추가로 얻게 된 6시간을 어떻게 쓰고 싶은가요? 그리고 왜 하필 그것을 하고 싶나요?

시간	추가로 얻게 된 시간에 하고 싶은 일	왜 그것을 하려고 하나요?
1		
2		
3		
4		
5		
6		

Q. 이 미션을 하면서 나에 대해 무엇을 알게 되었나요?

Step 8. 시간을 통제하지 못하면 모든 것을 잃습니다

Step 9
무언가를 잘하고 싶다면 무엇이든 읽어야 합니다

"책을 읽는다고 뭐가 달라지나요? 그럴 시간에 자격증이나 하나 더 따는 게 훨씬 더 효율적이지 않을까요?"

대학에서 학생들과 '독서의 필요성'에 관해 찬반 토론을 하다가, 조금 발끈하며 한 학생이 마이크를 잡았습니다.

"교수님을 포함해서 많은 어른이 '독서가 중요하다', '책 속에 답이 있다'라고 하시는데, 독서를 꾸준히 해온 친구들의 말을 들어보면 솔직히 신뢰가 안 갑니다. 시간은 절대적으로 동일한데, 교수님은 자격증이나 스펙을 공부하는 사람과 책을 읽는 사람 중에 후자가 더 성공할 것이라는 말씀인가요?"

그의 어조에서 억울함과 답답함이 느껴졌습니다. 하지만 이 토론의 승패에 따라 수업을 듣는 80명이 책을 읽거나 읽지 않게 될 것임을 알기에, 자세를 단단히 고쳐 앉아 대답을 이어갔습니다.

"먼저 성공의 기준을 단 하나로 보지 않는 관점을 갖는 것이 중요합니다. 학생이 말한 '성공'이 단 하나의 의미, 곧 '취업'이라고 한다면 책 읽는 것보다 스펙 쌓고 자격증 따는 것이 더 합리적인 노력일지 모릅니다. 하지만 흔히 말하는 '성공적인 삶'에 '취업'은 수많은 도구 중 하나일 뿐입니다. 노력한 결과의 수명이 짧다는 말입니다. 요즘 그렇게 'YOLO(You only live once)'를 외치던 젊은 세대가 정작 취업을 준비할 때는, 저희 부모님 세대의 삶을 그대로 답습하는 것 같아 안타깝습니다."

준비했던 수업의 진도를 나가는 것보다 지금이 더 중요한 순간임을 직감한 저는, 교탁을 벗어나 학생들이 저를 더 잘 볼 수 있게 교실 중앙으로 나아가 말을 이어 나갔습니다.

"예를 들어, 스펙과 자격증을 열심히 준비해서 취업에 성공했다고 가정해 봅시다. 실제로 그렇게 원하던 직장을 들어갔는데도 취업 후 1년 이내의 이직률 혹은 퇴사율이 40%가 넘는 건, 직장생활을 순탄하지 않게 하는 무언가가 있다는 방증 아닐까요? 실제로 통계청에서 나온 자료를 기반으로 그 이유를 조사해 보니, 1위가 '적성에 맞지 않아서'이고, 2위가 '생각했던 직무와 달라서', 3위가 '사람들과의 관계가 힘들어서'라고 합니다. 여기까지만 들으면 여러분이 애써 취업하는 직장이 '헬조선'의 이유인 것만 같잖아요? 그래서 저는 실제로 인사담당자들과 만나 신입사원들의 모습에 대해 들어봤습니다."

다음 이야기가 나오기를 80명의 모든 학생이 숨죽여 기다리고 있었습니다.

"여러분이 지금 열심히 준비하고 있는 학점, 스펙, 자격증 등은 준비 과정이나 그에 따른 성과, 평가 기준이 분명한 것들입니다. 점수에 따라 서열화하기도 쉽다는 말이죠. 하지만 사회에 나가 실무를 시작하게 되면, 지금껏 경험하지 못한 전혀 다른 세상이 펼쳐질 겁니다.

그때부터 우리가 해야 하는 일은, 주어진 범위를 열심히 외워서 시험 보거나 시험 점수로 평가받는 것보다 훨씬 복잡하고 예상하기 어려운 것들입니다. 매 순간 자신의 판단에 따라 신속한 결정을 내리고, 온전히 스스로 해낼 업무와 누군가의 도움을 받아야 하는 업무를 구분할 수 있어야 합니다. 그럼 질문을 한번 해보죠. 배운 적 없는 어떤 것을 해내야 하는 상황이 여러분에게 닥친다면, 해결 방법을 어떤 방식으로 배우는 게 좋다고 생각하시나요?"

"음… 인터넷이요."

한참을 스마트폰으로 딴짓하던 학생이 무심히 대화에 끼어들었습니다.

"네, 좋습니다. 그럼 천천히 논리를 구성해 봅시다. 방금 자신이 배우지 못한 어떤 것을, 인터넷을 통해 배우겠다고 했습니다. 그렇다면 몇 가지 상황을 만들어 보겠습니다.

여러분은 동네의 어느 카페에서 커피를 만드는 아르바이트를 하고 있습니다. 아이스 라테를 만드는 법은 여러분 말대로 인터넷 검색으로 배울 수 있을 겁니다. 단 5분이면 필요한 새 지식을 얻을 수 있겠죠. 이렇게 쉽고 간편하게 얻을 수 있는 지식을 —보다 쉽게 이해하기 위해— '단편 지식'으로, 그보다 복잡한 체계를 가진 지식을 '복잡 지식'으로 명명해 봅시다.

그럼, 복잡 지식을 예로 들어 봅시다. 비 오는 날마다 카페 매출이 상대적으로 감소하는 것을 알게 된 카페 사장님이 여러분에게 매출을 올릴 방법을 제안해달라고 요청합니다. 이 지식을 인터넷으로 찾으려면 어떻게 검색해야 할까요?"

"그냥… '카페 매출을 올리는 방법'을 검색하면 되지 않을까요?"

대답이 끝나기도 전에 몇몇 학생들이 스마트폰으로 해당 문구를 검색하기 시작했습니다.

"한 번 같이 찾아볼까요? 각자 가진 검색도구를 전부 활용해도 좋습니다. '카페 매출을 올리는 방법'에 대해 찾아보세요. 시간은 5분 드리겠습니다."

수업에 별로 흥미가 없던 학생들도 스마트폰으로 검색해 보라고 하니 손가락을 움직이더군요. 하지만 이내 여기저기서 미간을 찌푸리거나 고개를 갸우뚱하는 모습이 보입니다.

"자, 5분이 지났습니다. 여기에 정확히 80명이 있으니, 400분을 활용했다고 봐도 무방하겠죠? 여러분이 찾은 결과물을 살펴볼까요? 저는 여러분의 생각에 논리적 허점이 있다고 생각될 때 첨언하도록 하죠. 기억하세요. 지금 우리가 함께하고 있는 이 토론은 실효성 있는 대안을 찾기 위한 것이지, 다른 사람의 특정 아이디어를 비난하려는 것이 아닙니다. 그러니 토론을 마칠 때까지 매너를 지켜줄 수 있겠죠?"

이제는 거의 모든 학생이 고개를 끄덕이며 동의한다는 눈빛을 보내왔습니다. 맨 앞자리에 앉은 학생이 손을 들고 1등으로 의견을 말했습니다.

"일기예보를 보고 비 오기 전날 고객들에게 '비 오는 날 카페를 방문하면 할인해 준다'라는 내용의 푸시(push) 알림을 보내면 어떨까요?"

"좋은 의견입니다. 방금 말씀드렸듯이 몇 가지를 더 생각할 수 있게 문제점을 던져드릴 테니 추가로 고민해 보세요. 학생의 의견이 실효성을 갖추려면 다음과 같은 조건이 충족되어야 할 겁니다.

- 일기예보는 늘 정확해야 한다.
- 푸시 알림을 보내려면 애플리케이션이 필요한데, 개발비가 비 오는 날의 추가 수익보다 더 클 가능성이 있다.
- 할인 혜택만 받고 재방문하지 않는 고객이 존재한다면, 좋은 전략이라 할 수 있는가?

"인테리어를 프랜차이즈 카페와 차별화하고 SNS 채널로 '예쁜 카페'를 차별 요소로 계속 홍보하다 보면 날씨와 상관없이 단골이 많은 카페가 되지 않을까요?"

쭈뼛거리던 다른 학생이 자리에서 일어나 떨리는 손에 쥔 메모를 읽으며 말했습니다.

"좋은 전략입니다. 마찬가지로 몇 가지 생각해 볼 내용을 알려드릴 테니 더 찾아보세요."

- '모든 고객은 예쁜 카페를 찾는다'라는 성급한 일반화의 오류가 포함되어 있다.
- SNS 채널을 활용한 홍보는 누구나 하지만, 특정 카페들만 쟁점이 된다. 그 차이점이 무엇인지 알아야 실효성이 있다.
- SNS 홍보와 단골 고객 증가의 인과관계를, 논리적으로 입증할 근거 자료가 있어야 한다.

"비 오는 날에만 음료를 무료 텀블러에 담아 한정판 특별 메뉴로 팔면 어떨까요?"

말할 때도 펜을 손에서 놓지 않는 또 다른 학생이, 자신이 정리한 것 중에서 가장 괜찮아 보이는 아이디어를 신중하게 발표했습니다.

"좋은 아이디어네요. 역시 몇 가지 생각해 볼 내용들을 말씀 드릴 테니 추가 정보들을 모아보세요."

- 특별 메뉴와 한정판은 결국 마케팅이 전제되어야 알릴 수 있는데, 해당 메뉴를 알릴 방안은 무엇인가?
- 특별 한정판이 되려면 텀블러의 가치가 꽤 높아야 할 텐데, 비용 회수 기간을 얼마로 잡아야 할까?
- 텀블러가 희소성을 갖추려면 무엇이 필요할까?

이런 식으로 10명 정도의 학생과 질문하고 답하다 금세 강의를 마쳐야 할 시간이 되었습니다. 그래서 저는 학생들에게 오늘 알려주고 싶었던 부분을 정리해주기로 했습니다.

"오늘은 128페이지에 나오는 '창업 정보 관리'에 대한 수업이었습니다. 오늘 여러분은 총 3가지의 오류를 범했습니다. 그게 무엇이었는지 하나씩 살펴볼까요?

첫 번째로 여러분은 '검증의 오류'를 범했습니다. 제공된 명제 조건을 조금 더 면밀히 살펴봐야 했습니다. 무슨 말인가 하면, 조건부로 제시한 '동네 카페'에 관해 더 구체적인 조건부 정보를 물어야 했죠. 입지 조건이나 면적, 음료의 단가표 구성 등을 먼저 알아야 그 실정에 맞는 정보를 찾을 수 있겠죠. 하지만 누구도 묻지 않았습니다. 왜일까요?

바로 '동네 카페'라는 경험적 인식 오류가 우리 뇌 속에 이미 자리 잡고 있기 때문입니다. 즉, 내가 아는 범위에서 기초 정보를 구성하고 그 기초 정보를 활용해서 '동네 카페'를 형상화한 겁니다. 이렇게 형상화한 '동네 카페'는 일부분은 맞고 일부분은 틀린 정보를 수렴할 수밖에 없겠죠.

두 번째로 '인터넷에 모든 정보가 있다'라고 가정하는 '완전함의 오류'를 범했습니다. 처음 질문은 '카페 매출을 올리는 방법'으로만 검색해도 수십 가지의 정보가 나왔겠지만, 제가 제시한 의문에 대한 정보는 정확한 답을 찾을 수 없었을 겁니다. 상황이 더 복잡해지고 개인화되었기 때문입니다. 인터넷 정보는 누군가가 친절하게 텍스트와 이미지, 동영상 등으로 일련의 정보를 올려야 타인에게 공유되는 시스템입니다. 즉, 누군가가 편집해서 올리지 않는다면 내게 필요한 정보가 거기 없을 수 있다는 말입니다. 생각해 보세요. 인터넷에 공개되는 정보가 많을지, 우리 뇌에 담겨 있는 정보가 많을지.

마지막 세 번째로 여러분은 '상대성의 오류'를 범했습니다. 인터넷에 여러분의 문제 상황을 해결해 줄 정확한 정보가 있으려면, 여러분과 완벽하게 똑같은 상황에 부닥쳐있는 누군가가 여러분과 똑같은 방식으로 그 문제를 해결해야 합니다. 그래야 실효성 있는 정보라 할 수 있겠지요? 하지만 사실상 그런 경우는 거의 불가능합니다. 상황도 상황이지만 문제를 바라보는 관점이 사람마다 모두 다르기 때문입니다.

끝으로 '우리는 인터넷에 있는 정보들을 어떻게 받아들여야 할까?'라는 주제로 에세이 한 편씩 써서 다음 시간까지 제출해주세요. 다음 시간에는 정보의 특성을 공부하겠습니다."

여기저기서 과제를 받아 가는 학생들의 한숨이 들리지만, 저는 애써 그 모습을 외면합니다. 대학에서만큼은 학생들에게 생각할 기회를 주고 싶기 때문에 '과제 많이 주는 미운 교수' 역할을 자청했거든요. 저는 대학뿐 아니라 기업출강을 할 때도 이런 정보 관리 강의를 자주 하는 편입니다. 그럴 때마다 빠트리지 않고 언급하는 것이 있는데, 독자 여러분과도 공유하면 좋을 것 같아 적어봅니다.

제가 생각하기에 정보에는 크게 4가지의 특성이 있습니다.

1. 정보의 허구성

정보의 양이 많아질수록 그 정보의 참과 거짓을 분별하기가 어려워집니다. 참과 거짓을 분별하는 데 시간과 노력, 비용까지 들여야 한다면, 사람들은 그런 노력을 하느니 그냥 그것을 사실로 믿으려는 경향을 보입니다. 그게 마음이 더 편하니까요. 그래서 암묵적으로 거짓인 줄 알면서도 믿어버리는 'Double-Think' 현상이 일어나는 것이죠.

이 'Double Think'는 조지 오웰의 소설 『1984』에서 처음으로 소개된 개념으로, 서로 양립되는 두 가지 상반된 생각이나 개념을 동시에 믿거나 수용하는 것을 말합니다. 소설 『1984』에서는 주인공 윈스턴 스미스가 정부가 조작한 현실에 적응하려고 하는 과정에서 이런 모순적 사고를 역설합니다. 즉, 분별력이 떨어진 대중에게 모순적 사고를 강압적으로 주입하는 것이죠. 문제는 소설 속 상황처럼, 인터넷 정보를 다루는 현대인들이 시간 부족이나 전문가에 대한 맹목적 신뢰 등을 핑계로 이런 선택을 많이 한다는 겁니다. 그것이 사실이 아니라고 해도 정보를 생산한 사람에게 그 잘못을 돌릴 수 있다는 투사 심리가 반영되었기 때문입니다. 지금의 정보를 의심하고 또 의심해 봐야 합니다. 이왕이면 나와 관련한 정보를 스스로 검증해 보는 과정을 만들어두는 것이 현명합니다.

2.정보의 상대성

정보의 상대성이란 하나의 고정된 정보가 문자 해석의 차이나 개인의 성향 차이로 의미가 달라지는 것을 말합니다. '맛집 검색' 형태를 예로 들어보겠습니다. 보통 '뭐 먹을래?'로 출발한 검색이 리뷰 수가 많은 식당을 누가 빨리 찾느냐로 끝나는 경우가 많습니다. 이는 '많은 사람이 맛있다고 평가한 음식은 내게도 맛있을 것'이라고 생각하는 오류입니다. 인터넷에 올라온 리뷰를 잘 살펴보면 절반 정도는 광고일 가능성이 농후

하며, 분위기나 직원의 친절도, 음식이 나오는 속도 등의 변수가 작용한 결과일 가능성이 높습니다.

그런데도 불구하고 우리가 맛집 리뷰를 신뢰하는 것은 '대중의 선택을 받은 것에는 이유가 있을 것'이라는 맹목적인 신뢰가 깔려있기 때문입니다. 흔히 말하는 '맛(Taste)'은 크게 다섯 가지가 존재합니다. 단맛, 쓴맛, 신맛, 짠맛 그리고 매운맛입니다. 하지만 블로그 리뷰어들이 단지, 이 5가지 기준으로만 맛집을 평가하지 않을 겁니다. 우리가 맛을 느낄 때는 향이나 촉감, 청각, 시각 등이 반영됩니다. 그러니 이렇게 복잡한 맛에 대한 다른 사람의 평가가 나의 평가와 일치할 확률을 제로에 가깝습니다. 하지만 우리는 대중의 평가를 나의 성향이나 취향보다 우수하다고 평가하는 경우가 많죠. 맛집에 직접 가서 먹어봤더니 나에게는 맛이 없다면 "에이~ 나한테는 별로네."라고 할 수 있어야 합니다. 그런데 보통은 '내가 무슨 문제가 있나?' 혹은 '다른 사람들은 다 좋다고 하는 것을 나는 좋다고 못 느끼나?'라며 자기에 대한 불신이나 불안으로 연결해 버리는 경우가 많습니다.

3.정보의 변환 비율

전 세계 인구를 측정하는 월드오미터(Wolrd-ometer)에 따르면, 2020년 기준으로 전 세계 인구가 약 77억 명이라고 합니다. 출처 통계적 결함을 감안해도 약 80억 인구가 지구에 살고 있는 것이죠. 인터넷을 사용하지 않은 인구를 감안한다고 해도, 하루에 수 십억 개의 정보를 생산하고 있는 셈입니다. 하지만 중요한 사실은 우리가 문자나 그림, 동영상 등으로 생산하는 정보의 양보다 뇌 속에 그저 저장하고 있거나 느낌으로만 간직하는 정보의 비율이 훨씬 더 많다는 점입니다. 비록 고등교육을 받지 못해 논문이나 책으로 펴낼 수 없지만 자신의 업이나 기술에 대해 통섭한 재야의 고수들이 많기 때문에, 모든 정보를 인터넷으로 습득하는 것은 편협한 지식 체계를 갖게 할 수 있습니다.

무엇보다 정보다운 정보가 되려면 '정보가공 시간'이 필요합니다. 곁가지 같은 가십거리는 덜어내고 중요한 정보만 남기는 작업이 있어야 하죠. 거기다가 사용자에게 맞는 형태에 따라 글이나 그림, 동영상이나 통계자료 등으로 변환되는 과정도 거쳐야 합니다. 그러니 우리가 통계청에서 볼 수 있는 가장 최신 자료가 아무리 빨라도 1년 전의 것입니다. 이는 곧 가장 최신 정보는 검증이 안 된 것일 수밖에 없으며, 검증된 정보는 아무리 빨라도 과거 1년 전의 정보라는 말이죠. 앞으로 AI 기술이 더욱 발전할 처리 속도와 검증 과정을 단 하루로 줄일 수 있을지 모르겠습니다. 하지만 분명한 것은 지금 우리가 받아들이는 정보들이 우리가 알아야 할 전체 정보의 일부 조각에 지나지 않는다는 사실입니다.

4.정보의 희소성

제가 늘 강조하지만 진짜 중요한 정보는 인터넷에 없을 수밖에 없습니다. 정말로 중요한 정보라면 개인에게는 업무 노하우(Know-How)가 되고, 기업 측면에서는 대외비가 되기 때문입니다. 그런 정보를 일반 대중에게 공개하는 순간, 즉시 경쟁력을 잃게 되겠죠. 이를 다르게 말하면, '아무나 알아도 되는, 누가 알아도 상관없는' 것들이라는 의미가 됩니다. 정보의 희소성이 올라갈수록 디지털 파일이나 유료 서적, 유료 동영상, 세미나 강연, 특허권 등의 형태로 그 가치가 점차 상승하게 됩니다.

한번 생각해 보십시오. 모든 기업은 기술의 희소성이나 정보의 고유성으로 수익을 창출합니다. 기본적으로 비밀이 많아야 경쟁자가 적고 진입장벽이 높아지는 것이 자본주의 시장의 원리입니다. 그러니 정말로 중요한 정보를 인터넷으로 모두 알려주는 것은 기부 천사가 아니고서야 불가능한 일입니다. 그래서 기업에서는 내부정보를, 비용을 들여서라도 대외비 혹은 특허 등의 제도적 장치를 통해서 보호하려고 합니다.

비단 기업만 그럴까요? 아닙니다. 국가나 개인도 마찬가지입니다. 개인 역시 자신만의 노하우가 있어야 사회에서 경쟁력을 갖출 수 있는 존재입니다. 또한 개인의 경쟁력을 기반으로 하는 국가 경쟁력도 마찬가지죠. 그렇기 때문에 희소성이 있는 좋은 정보가 정반대 특성을 가진 인터넷에 노출되기는 어렵다는 걸 이해해야 합니다. 이런 희소성의 원리를 잘 이해하면 '미션임파서블' 시리즈 영화에서 왜 그렇게 '5초 뒤에 이 정보는 폭발합니다!'를 외쳤는지 아시겠죠?

이런 정보의 네 가지 특성은 우리가 읽고 사고하는 행위, 즉 독서를 되도록 빨리 시작해야 합니다. 독서의 효용성을 앞에서 언급한 정보의 특성과 연결 지어 생각해 봅시다.

첫 번째로 정보의 허구성에 대한 함정은 독서를 통해 무엇이 진짜 정보고, 가짜 정보인지 구분할 수 있는 분별력을 키워서 벗어날 수 있습니다. 대신 허구성의 함정에서 벗어난 독서가 되려면 독서가 무언가를 읽는 행위 자체로만 작용해서는 안 됩니다. 읽은 것에 대해 사고하면서 무엇이 순리대로 움직이는 정보인지, 무엇이 자극적으로 편집된 정보인지를 알아차릴 수 있어야 합니다.

 두 번째로, 정보의 상대성 함정은 독서를 통해 내 생각과 타인의 생각이 다를 수 있음을 이해하는 순간 벗어날 수 있습니다. 내 생각과 관념 그리고 상식이 타인과 다름을 이해한다면 반대로 다수의 타인이 동의한 관념일지라도 나와 맞지 않을 수 있다는 것을 수용할 수 있기 때문입니다. 상대성의 함정에서만 벗어나도 최소한 '우둔한 대중'에 속하지 않을 수 있습니다.

 세 번째로, 정보 변환 비율의 함정은 독서를 통해 우리가 알고 이해하는 것보다 아직 모르고 정리되지 않은 정보의 양이 훨씬 많다는 것을 이해하면서 벗어날 수 있습니다. 아직도 인류는 뇌의 작동 과정에 대해 단 3%만 이해한다고 하고, 자연생태계나 질병에 대해서는 단 17%만 이해하고 대처할 수 있다고 합니다. 즉, 우리가 경험한 정보보다 그렇지 못한 정보가 훨씬 많다는 것이죠. 그러니 어떤 것을 읽기 시작하면 '우리가 아는 것이 극히 일부분이구나….'를 인정하게 되고, 이것을 인정하면서부터 진정한 배움이 시작된다고 할 수 있습니다.

 네 번째로, 정보의 희소성에 대한 함정은 독서를 통해 나 자신이 정보의 생산자가 되면 탈출할 수 있습니다. 정보의 소비자 입장일 때는 누군가 기사를 쓰거나 블로그에 기록하거나 유튜브 영상을 인터넷에 올려주지 않으면 내가 알 길이 없습니다. 하지만 조각나 흩어져 있는 책 속의 많은 정보를 하나씩 조립해 가며 나만의 체계를 만들어 정보를 생산하는 사람, 즉 정보의 생산자가 되는 순간부터 희소성의 원리를 나의 것으로 가져올 수 있습니다. 정보를 가공할 줄 알고, 생산할 줄 아는 사람이 되어야만 나만의 정보체계를 가질 수 있으며 그것이 곧 우리 경쟁력의 근원이 되기 때문입니다.

 그러니 보이는 정보를 공유하거나 저장하는 것만으로는 안 됩니다. 오히려 이미 만들어져 있는 정보들을 연결하고 융합하고 편집해서 새로운 정보를 생산할 수 있는 사람이 되어야 합니다. 여기까지 보면 '그건 어떻게 해야 하는 건데?'라는 의구심이 드실 겁니다.
 정보를 연결하고 융합하고 편집하는 행위에는 '사고력'을 기반해야 한다는 사실을 기억해야 합니다. 사고력을 키우기 위해서는 '읽기, 쓰기, 생각하기'라는 일련의 과정을 반복하는 것이 가장 효과적입니다. 네, 곧 독서하고 읽은 것에 대한 생각을 곱씹어 보고 그 생각을 문자 형태로 써보는 활동입니다. 읽기만 해서는 안 됩니다. 리딩(Reading)은 자극이 되지만, 이해가 될 수는 없기 때문입니다. 그렇다고 생각만 해서도 안 됩니다. 인간은 늘 불안과 우울을 가슴에 품고 살아가기 때문에, 생각의 틀을 잡아줄 무언가를 만들지 않으면 망상 장애에 시달릴 가능성이 높습니다. 마지막으로, 쓰기만 해서도 안 됩니다. 읽지 않고 생각하지도 않은 채 쓰는 글은 구명조끼 하나 없이 내 아이를 바다에 던지는 것과 같습니다. 그만큼 위험하다는 말입니다. 그러니 진정한 독서는 이 세 가지를 하나의 활동으로 연결 지어 시스템을 이루는 것으로 봐야 합니다. 저는 이렇게 독서의 과정이 시스템을 이룰 때 '제대로 읽는 독서'가 시작된다고 가르칩니다.

  실제로 채용 현장에서도 독서를 기반한 채용 기준이 많이 등장합니다. 이제 더 이상 성적이 우수하다고 사람을 뽑지 않습니다. 요즘 채용 과정에서 반복적으로 나오는 여러 유형의 면접 질문들이 있지만, 그것을 모두 한 줄로 요약하면 "그래서 이것에 대한 당신의 생각은 무엇입니까?"를 묻는 것입니다. 우리가 대비해야 할 것은 해당 기업이 물어올 '이것'이 무엇이며, '내 생각은 어떠한지' 글과 말로 표현하는 것입니다.
  제가 만나본 크고 작은 조직을 운영하는 대표님들도 인재 채용에서 가장 중요하게 생각하는 부분이 바로 '업무 이해력', 즉 '일에 대한 개인의 사고 과정'입니다. 자신이 취업하기를 원하는 회사가 무슨 일을 하는 회사이고, 그 안에서 자신이 맡고 싶은 업무는 무엇이며, 그것을 해내기 위해 무엇이 필요하고, 그 필요한 능력을 어떻게 준비해 왔는지 논리적으로 설득하게 시켜야 합니다. 이 업무 이해력을 키우는 가장 좋은 방법도 '독서'입니다. 읽고 쓰고, 익힌 것을 다른 사람에게 왜곡 없이 제대로 전달하는 것이 직무의 기본 중 기본이기 때문입니다.

  간혹 독서를 많이 했는데도 별다른 효과가 없다고 하는 분들이 있습니다. 단언컨대 그것은 독서를 그저 '읽기'로 그쳤기 때문일 겁니다. 스타벅스 창가에 앉아 독서하는 모습을 불특정 다수에게 보여주고 싶어서 독서했기 때문일 수도 있겠지요. 그러면 제대로 된 독서를 하기 위한 전략에 관해 알아볼까요? 지금도 독서법에 관한 책을 쓰고 있기 때문에(가칭 '352 독서법'), 구체적 근거와 해석은 잠시 접어 두고 개론적 방법만 몇 가지 언급해 보겠습니다.

첫 번째, 독서 전에 해야 하는 것 중 가장 중요한 것이 바로 '책을 선정하는 기준 정하기'입니다. 베스트셀러라서, 스테디셀러여서 무조건 읽으면 안 됩니다. 앞서 말했지만, 모든 사람이 좋다고 하는 내용이 내게도 좋을 거라는 보장은 없습니다. 간혹 내용이 알차고 좋다고 해도 내 수준과 속도에 맞는 독서를 하기는 어렵습니다. 독서의 목적이 '지금보다 나은 삶'을 위한 것이라면, '지금 내 삶은 어떠한가?'라며 돌아보는 성찰의 시간이 선행되어야 한다는 말입니다. '내게 정말로 필요한 것이 무엇이고 이 책이 그것을 담고 있는가?'를 먼저 확인한 후에 책을 읽기 시작해야 합니다. 이 작업이 되어 있지 않으면 귀한 시간을 쪼개 독서를 해도 별다른 변화를 경험하지 못할 가능성이 큽니다. 예쁜 표지 디자인에 덥석 책을 사서 읽느라 돈과 시간을 낭비하는 것만큼 소모적인 일도 없을 겁니다.

두 번째는, '기준에 맞는 책 10권 선정하기'입니다. 하루에도 수천 권의 책이 출판되는 시대입니다. 쏟아지는 정보의 홍수 속에서는 많이 읽는 것보다 '분별하며 읽는 것'이 훨씬 더 중요합니다. 그러니 기준을 정했다면 그 기준에 부합한 책을 찾으러 서점과 도서관을 찾아다녀야 합니다. 인터넷에서 제목만 보고 책을 구입했다가, 예상한 내용과 전혀 달라 낭패를 보는 경우가 허다합니다.

  그러니 꼭 발품을 팔아서 '나만의 책'을 직접 만나야 합니다. 그리고 엇비슷한 책을 만났다면 책의 서론과 결론, 목차를 읽어보고 목차의 절반 이상이 내게 필요하다고 판단되는 책 10권을 정해서 읽어보세요. 처음에는 완벽하게 맞는 책을 고르지 못해도 괜찮습니다. 읽다 보면 더 좋은 책을 발견하게 될 테니, 나중에 수정한다고 생각하고 일단 선별하는 눈을 키우기 위해 목록을 만들어 보는 것이 좋습니다.

  세 번째는, '매일 분량에 맞게 습관적으로 읽기'입니다. 10권의 책을 골랐다면 그 10권의 페이지 총수를 합산해 보세요. 예를 들어, 250페이지의 책이 10권이라면 2,500페이지가 되겠죠? 이것을 365일로 나누면 약 6.9페이지가 나옵니다. 이 7페이지 정도가 우리가 1년 동안 매일 읽어야 하는 '독서의 양'입니다. 쉽게 접근하기 어려운 독서라도, 이런 식으로 잘게 나눠 보면 30분도 안 걸리는 비교적 쉬운 일이 됩니다.

  독서는 축적의 힘을 기반으로 성장하는 영역입니다. 한 달에 30권을 읽는다고 사고 체계가 급성장하는 것이 아니라는 말입니다. 간혹 어릴 적 책을 가까이했던 친구들을 30~40대가 되어 만나보면, 명확하게 설명할 수는 없지만 사람의 깊이가 달라져 있다는 사실을 깨닫게 됩니다. 독서를 통해 생각하는 법을 깨우친 덕분이지요. 그래서 저는 매일 29페이지씩, 1년에 10,585페이지를 목표로 독서를 이어가고 있습니다. 많은 사람에게 삶의 통찰을 전해주는 60대가 되고 싶어서 말이죠.

네 번째는, '읽은 책에 대한 내 생각 쓰기'입니다. 독후감은 꼭 책을 다 읽고 나서 쓰는 것이 아닙니다. 매일 써도 괜찮고 매주 써도 괜찮습니다. 지금 읽고 있는 책에 대한 생각이나 느낌이 떠오른다면, 당장 휴대전화든 손 글씨든 뭐라도 적어보세요. 독서와 쓰기의 '연속성'을 훈련하는 것이 무엇보다 중요합니다. 하나의 현상과 영역에 대한 생각의 연속성을 가질 때 남들이 쉽게 이해하지 못하는 것을 이해할 능력을 갖추고, 남들이 보지 못하는 것을 보게 됩니다.

그러니 생각을 드러내는 것을 겁내지 말아야 합니다. 완성된 생각만 말하려는 습관을 고쳐야 합니다. 그래야 자신의 부족함을 정확하게 깨닫고, 부족한 부분을 채우기 위해 무엇을 읽어야 하고 어떤 행동을 해야 하는지 알 수 있습니다.

다섯 번째는, '생각을 다른 사람에게 말하기'입니다. 생각하는 바를 글로 쓰는 단계까지 갔다면, 이제 그 생각을 사람들과 이리저리 교류해 봐야 합니다. 여러 가지 방법과 채널로 여러분의 생각을 드러내고 많은 사람에게 그에 대한 피드백을 받아야 합니다. 그러면 내가 잘못 생각하고 있던 부분이 무엇인지, 다른 사람을 이해시키기 위해 어떤 부분이 필요한지 스스로 깨달을 수 있습니다. 이만큼 좋은 배움이 없습니다. 이러한 일련의 과정을 반복하다 보면 또 다른 질문과 의문이 생기고, 그 빈 곳을 또 다른 독서로 채워나가는 '나만의 독서 루틴'을 갖게 될 것입니다.

■ 실용 독서를 하는 방법
1. 책을 선정하는 기준 정하기
2. 기준에 맞는 책 10권 선정하기
3. 매일 분량에 맞게 습관적으로 읽기
4. 읽었던 책에 대한 내 생각 쓰기
5. 생각을 다른 사람에게 말하기

지금까지 우리가 무언가를 잘 해내는 사람이 되려면 왜 먼저 읽어야 하는지 살펴봤습니다. 읽는 것이 전부가 아니라, 무언가를 읽음으로 생각하고 쓰고 삶에 적용해 보는 루틴을 만드는 것이 중요하다고 강조했습니다.

성장하기 위해 부족함을 드러내는 사람은 누구에게도 비난받지 않아야 합니다. 아니 오히려 그 용기로 인해 박수받아야 합니다. 설사 예상하지 못한 비난과 비웃음이 있다 해도, 그들의 미성숙함을 안타까워하며 흘려 넘겨 버리세요. 여러분을 잘 알지 못하는 사람의 말 한마디가 여러분의 삶을 흔들게 놔두지 마세요. 더는 같은 일로 상처받지 않기로 하세요. 지금부터 시작하면 됩니다. 이런 선택이 쌓이면 내면의 단단함이 되고, 외적으로는 자신의 업에 대한 통찰을 키워 나갈 수 있을 겁니다.

오늘은 미국의 설교자이자 시인이고 사상가였던 랄프 왈도 애머슨(Ralph Waldo Emerson, 1803~1882)의 말로 마무리하려 합니다.

'가장 발전한 문명사회에서도 책은 최고의 기쁨을 준다.
독서의 기쁨을 아는 자는 재난에 맞설 방편을 얻은 것이다.'
- 랄프 왈도 애머슨

다른 사람들의
미션 제출 엿보기

진로 멘토의 Q&A _9

Q. 나의 연간 독서리스트를 만들어보세요. (10권)
*30분 알람을 맞춰 놓고 비행기 모드에서 매일 독서를 해보세요!

	책 제목 · 선정 이유		전체 페이지	하루 독서량
1	책 제목			
	선정 이유			
2	책 제목			
	선정 이유			
3	책 제목			
	선정 이유			
4	책 제목			
	선정 이유			
5	책 제목			
	선정 이유			

그래서 제가 뭘 하면 되나요?

Q. 이 미션을 하면서 나에 대해 무엇을 알게 되었나요?

		책 제목 · 선정 이유	전체 페이지	하루 독서량
6	책 제목			
	선정 이유			
7	책 제목			
	선정 이유			
8	책 제목			
	선정 이유			
9	책 제목			
	선정 이유			
10	책 제목			
	선정 이유			
		A: 10권의 전체 페이지 합계	A	B
		B: 매일 독서량 (A/365일)		

Step 9. 무언가를 잘하고 싶다면 무엇이든 읽어야 합니다

Step 10
남들과 다르게 생각하는 습관을 지니세요

"미안하지만 자네 학점은 F가 맞다네…."

늘 엘리트 코스를 밟아왔던 그는 인정할 수 없었다고 합니다. 어릴 적부터 '영재'나 '천재'로 분류되어 왔던 그가 프랑스에 처음 받은 점수가 F라니요. 이것은 단순히 학점의 문제가 아니라, 지금까지의 그의 삶 전체를 부정당하는 것 같았습니다.

"교수님께서 가르쳐주신 내용과 다른 점이라도 있는 건가요? 그럴 리 없습니다. 분명 녹음까지 해가며 외운 내용들이라 만약 답안이 틀렸다면, 교수님이 가르쳐주신 내용에 오류가 있나 봅니다."

한껏 눈에 힘을 주며 말하는 그는 자신이 틀렸을 리 없다는 듯 확신에 차 있었습니다. 아니, 확신이라기보다는 분노에 가까웠습니다.

"잘 듣게."

다른 학생들보다 두툼하게 제출했던 그의 답안지를 손에 쥔 교수는 크게 숨을 한 번 내쉬며 말을 이어갔습니다.

"수업 시간에 내가 했던 말 그대로를 적어내는 것은 아무 의미가 없네. 그것은 그저 기록물을 한 번 더 받아쓰는 것에 불과하니까. 한국에서는 어떻게 공부했는지 모르겠지만, 프랑스에서는 사실의 기록보다 생각의 기록이 더 중요하다네. 다시 말해, 자네의 생각이 들어가 있어야 한다는 이야기일세. 이렇게 해서는 100장을 써와도 점수를 줄 수 없네."

이후 그 학생은 부모님까지 동원해 이의를 제기했지만 결국 F 학점을 바꿀 수는 없었습니다. 이 이야기는 제가 기관이나 기업에서 진로 교육을 할 때 종종 소개하는 어느 한국인 프랑스 유학생의 사례입니다. 한국 교육의 허점을 제대로 꼬집는 이야기여서 저도 늘 머릿속에 담고 다닌답니다. 실제로 대학에서 학생들을 가르쳐보면, 자기 생각을 써보라는 과제에 특히 불만을 표현하는 것을 자주 보게 됩니다. 무엇보다 정답이 명확한 문제가 아닐 경우, 어떻게 '객관적' 평가를 할 것인지에 대해 걱정이 많습니다. 제 생각에는 바로 이 부분이 한국 교육의 가장 큰 구조적 결함이 아닐까 싶습니다.

평가를 따지기 시작하면, 그것은 이미 제대로 된 생각이 아닙니다. 생각에 제한된 프레임이 있다면 그것은 가르치는 자와 듣는 자, 읽는 자의 생각을 하나로 통일하는 연결 고리에 불과하니까요. 생각의 표현에는 제한이 없어야 합니다. 그것이 진정한 생각입니다. 그 생각이 여물고 다듬어져 나오는 것이 사고력이고 창의력입니다. 지금 시대에 가장 필요하다고 하는 바로 그 '창의력' 말입니다.

우리나라의 예를 하나 더 들어봅시다. 이번에는 함께 시 한 편을 살펴볼게요.

> 아마존 수족관 열대어들이
> 유리 벽에 끼어 헤엄치는 여름밤
> 세 검정 길.
> 장어구이 집 창문에서 연기가 나고
> 아스팔트에서 고무 탄내가 난다.
> 열난 기계들이 길을 끓이면서 질주하는 여름밤
> 상품들은 덩굴져 자라나며 색색이 종이꽃을 피우고 있고
> 철근은 밀림, 간판은 열대지만
> 아마존강은 여기서 아득히 멀어
> 열대어들은 수족관 속에서 목마르다.

이것은 도시 문명에 갇혀있는 현대인을 열대어에 비유한, 최승호 시인의 「아마존 수족관」이라는 현대 시입니다. 현대인들의 삶의 역설을 희화화한 것만으로도 충분히 입에 오르내릴 작품이지만, 이 시가 더 유명해진 것은 2004년 10월에 고3 모의고사에 등장하면서부터입니다. 시를 읽고 느낌이나 해석에 대해 풀이하는 문제가 3개 정도 출제되었는데, 어느 다큐 프로그램에서 교육과 관련된 취재를 하면서 그 시를 쓴 시인에

게 직접 문제를 풀게 했더니 3문제 모두 틀렸다고 하더군요. 아니, 틀렸다기보다는—최승호 시인의 답변을 인용하면—"나는 그런 시각으로 이 시를 쓴 것이 아니다"가 더 맞을 것 같습니다.

다시 말해, 수능을 출제하는 저명한 교수님들이나 문학가들의 개인적인 해석을 마치 정답인 양 정해놓고, 응시생 중에서 그분들과 동일한 해석을 하는 학생들에게만 점수를 주고 있는 겁니다. 생각의 확장을 막은 채 하나의 기준만으로 수많은 학생의 각기 다른 역량들을 판단하고 구분하고 있습니다. 그래서 한국 학생들은 답이 정해진 문제를 풀 때는 높은 점수를 받지만, 정답이 정해져 있지 않고 자기 생각을 덧붙여 논리를 구성해야 할 때는 상대적으로 낮은 점수를 받는다고 합니다.

문제는 지금 시대가 '생각하는 법'을 요구한다는 데 있습니다. 진로 상담이나 진로 교육을 하면서 만난 전국의 수많은 청년에게서 가장 부족하게 느껴진 부분도, 바로 이 '스스로 생각하기'입니다. 지금까지는 누군가 정답을 미리 정해왔고, 그 정답을 누군가 가르쳐 주었고, 그것을 열심히 외우기만 하면 우등생 혹은 장학생이 될 수 있었습니다.

하지만 지금은 하나의 정답을 가르치고 학습하는 동안에 또 다른 해답이 나타나고 요구되는 시대입니다. 그러니 정답이라는 것 자체가 존재할 수 없고, 있다 해도 절대적 기준으로 받아들여지거나 가르칠 수 없게 된 것이죠. 이런 상황에서 가장 큰 피해자는 아마도 청년들 자신이 아닐까요? 취업을 준비하는 교회 청년들의 고민을 들어보면 '도대체 누구의 말을 들어야 할지 모르겠다'고 합니다. 찾아가서 조언을 구하는 저마다 다른 이야기를 하는 바람에 더 혼란스럽다고 합니다. 그러다가 이도 저도 아닌 선택을 하게 되고, 자신도 어느샌가 그저 그렇게 '묻어가는 인생'이 되어갈까 봐 불안해합니다.

저는 이런 시기일수록 더욱더 청년과 학생들에게 '스스로 생각하는 법'을 가르쳐야 한다고 생각합니다. 남과 같아지라고 강요하는 모든 것에 저항하는 청춘들이 있어야 지금의 이 심각한 혼돈의 시기를 견뎌낼 수 있기 때문입니다. 남에게 보여주기 위한 삶은 그 수명이 짧습니다. 부모가 됐든 교수가 됐든, 누군가에게 칭찬 한마디 듣겠다고 살아가는 인생은 여러분 자신의 것이 아님을 기억해야 합니다. 그래서 나의 기준, 내 생각이 중요합니다. 이것은 이기적으로 살라는 것이 아닙니다. 주체적으로 살아가라는 말입니다. 그리고 그 기준과 생각은 오랜 과정을 통해 '생각의 기록'이 축적되어야 만들어집니다. 즉 오랜 인고의 과정이 필요한 거죠.

다시 말해, '내 생각'이라는 기준은 한 번의 결심으로 만들어지는 것이 아니라는 말입니다. 그러니 평소에 나의 감정과 생각을 기록하고, 그것을 사람들과 공유하며 생각의 깊이를 넓혀가는 과정이 필요합니다. 그 때문에 연구소의 진로 발견 과정 수업 중에서 가장 많이 강조하는 것도 '생각하는 글쓰기'입니다. 조슈아 필즈 밀번(Joshua Fields Millburn) 교수는 〈Why We Write: Four Reasons(우리가 글을 쓰는 4가지 이유)〉 논문에서 글쓰기가 창의성과 인간의 성장에 어떻게 긍정적인 영향을 주는지 알려줍니다.[1] 그는 글쓰기 과정이 인지능력의 향상과 감성지능의 발달, 안정적인 사회화 과정, 입체적 관찰 지능에 도움이 된다고 주장했습니다. 실제로 Joshua Fields Millburn 교수는 집단 비교 실험을 통해 약 6개월간 참여자 1,026명을 대상으로 글쓰기 실험을 했습니다. 실험 대상자들에게 특별하거나 새로운 경험을 하게 하고 나서, 한 집단에게는 경험에 대한 아무런 후속 활동을 못 하게 하고, 다른 집단에는 반드시 그 경험에 대한 기록을 글로 쓰게 했습니다.

실험 결과는 놀라웠습니다. 실험으로부터 6개월이 지난 후, 경험에 대한 글쓰기를 한 집단의 뇌를 MRI 촬영했더니 상황인지 능력과 공감 지능이 각각 28%, 19%씩 증가했습니다. 재밌는 것은 기록을 하지 못했던 집단의 스트레스 지수가 40.1% 정도 증가했다는 사실입니다. 이 실험에 대한 적용점을 찾아보면 우리가 겪게 되는 새로운 경험에 대해 스트레스 지수를 낮추고 창의력과 공감력은 올라가게 하는 좋은 수단이 바로 글쓰기라는 것입니다. 많은 선구자의 '일기를 써야 한다'는 말이 그냥 나온 말이 아닌가 봅니다.

생각을 글로 쓴다는 것은 시각, 청각, 언어, 감정, 사상, 이타심 등을 한곳에 모으는 창조적 활동입니다. 창조적 행위에는 기한과 방식, 규칙 등이 적을수록 좋습니다. 생각은 자유로울수록 창조적이 되기 때문입니다. 그나마 다행인 것은 이런 창조적 생각 또한 일련의 과정을 통해 훈련할 수 있습니다. 저에게 글쓰기와 새로운 경험 모두를 한 번에 해볼 수 있는 묘안이

---

1. 〈Why We Write: Four Reasons〉, Joshua Fields Millburn, 2008, Harvard University

있습니다. 오늘은 수많은 창조적 글쓰기 훈련법 중에서 한 가지만 함께 짚어보려고 합니다.

제가 소개하고 싶은 것은 '불편함 노트 생활화하기'입니다. 우리는 늘 '정답'이 존재하는 교육을 받아왔습니다. 그래서 교사, 부모, 교수, 상사가 "이게 정답이야"라고 하면 의심 없이 그대로 수용했습니다. 아니, 정확하게 말하면 달달 외워서 그 대상을 만족시켜야 했습니다. 그러니 누군가 정답을 알려줬을 때 "그게 왜 정답인가요?"라고 되묻는 것은 곧 가르쳐주는 스승 혹은 나이 많은 어른에게 반기를 드는 행위로 간주하였죠.

제게도 그와 비슷한 실제 경험이 있습니다. 저는 중학교 때까지 역사 과목을 참 좋아했습니다. 왕권의 강화와 백성들의 민심, 이웃 나라와의 외교 정책과 전쟁 등으로 벌어지는 서사 과정이 너무 극적이고 흥미로웠습니다. 역사책을 소설책 읽듯 몇 번이고 정독한 덕분에 저는 역사의 흐름에 정통해졌고, 모르는 게 있는 친구들이 제게 물으러 올 정도가 되었습니다.

사건은 그해 중간고사 시험 시간에 일어났습니다. 역사에 서사와 사건, 그리고 그로 인한 맥락은 다 이해하고 있었는데, 중간고사 시험지는 주로 그 사건들의 '연도'를 묻는 문제 위주로 되어 있었습니다. 숫자를 외우지 않아 문제를 틀리는 것이 살짝 억울해서, 시험 시간에 손을 들어 감독관 선생님께 이렇게 질문했습니다.

"선생님, 근데 왜 역사를 공부하는데 연도를 외워야 합니까?"

제 억울해하는 마음이 투영되어 버릇없게 들렸던 것인지, 아니면 교사에게 대든다고 느끼셨던 것인지는 확실치 않지만 감독관 선생님은 쿵쿵 발소리를 내며 다가오셔서 제 뺨을 때리셨습니다. 그리고는 힘이 실린 탓에 흐트러진 소매를 정리하며 이렇게 한마디 하셨습니다.

"쓸데없는 질문 하지 말고 시험이나 봐라."

물론 당시에는 선생님에게 매 맞으면서 공부하던 시절이기도 했고, 질문할 상황이 아니라는 것을 미처 헤아리지 못한 제 잘못도 있습니다. 하지만 많은 친구 앞에서 뺨을 맞은 저는 그 이후로 더는 역사를 재미있게 공부할 수 없었습니다. 역사책을 읽다가 연도가 적힌 숫자만 나오면 그때의 기억 때문에 눈물이 차올라 책을 덮어야 했으니까요. 그리고 더 상처가 되었던 것은 '친구들의 반응'이었습니다.

"괜한 질문 하지 말고 가만히 있지…."
"아, 왜 분위기 안 좋게 만드냐…."

이런 이야기를 들릴 듯 말 듯 내뱉고 지나가는 친구들 때문에, 저는 중학교를 졸업할 때까지 어떤 질문도 하지 않는 소극적인 학생이 되고 말았습니다. 질문했다는 이유로 뺨을 맞고 친구들에게 외면까지 당했으니 이런 선택이 당연하기도 했죠. 하지만 그래도 다행인 것은, 그 사건 이후에도 궁금한 것이 생길 때마다 떠오르는 생각과 질문을 메모하는 습관을 유지했다는 점입니다. 물론 메모라고 해봤자, 말 그대로 허름한 노트에 적힌 별 볼 일 없는 문장들이었지만요.

'점심시간에 잠깐 운동을 해도 땀 냄새가 안 날 순 없을까?'
'문구점 앞에 있는 500원짜리 뽑기가 당첨될 확률은 얼마일까?'
'가까운 거리를 학원 차보다 편하고 빠르게 갈 방법은 없을까?'

저는 "그런 거 쓸 시간에 시험 범위나 더 살펴봐라."라고 하던 친구 녀석의 말에도 아랑곳 않고 수년 동안 이런 생각들을 꾸준하게 기록했습니다. 그렇게 오랜 시간이 지나 저는 신기한 일들을 경험하게 되었습니다.

- 잠깐의 운동에도 땀 냄새가 안 나게 하는 것 : 데오트란트와 페브리즈의 출시
- 뽑기에 당첨될 확률 : '랜덤'·'복불복 게임'의 유행
- 가까운 거리용 이동 수단 : 전동 보드와 킥보드 출시

제 메모장에 오래 전에 적어놓았던 별 볼 일 없던 문장들이 실제 제품이나 서비스로 개발되어 시장에서 팔리고 있는 거예요. 그때마다 저는 마치 예언자라도 된 것처럼 묘한 희열을 느꼈습니다.

'나처럼 이런 것을 불편해하는 사람들이 많았구나…. 이거 꽤 재미있는데?'

그렇게 생각이 현실로 바뀌는 것을 목격하고 난 후로는, 조금씩 의도적으로 생활 속 불편을 찾아다니며 메모하기 시작했습니다.

'교회 청년들이 생각보다 진로에 대한 고민을 참 많이 하는구나….'
'대외 활동 많이 하는 믿지 않는 친구들에게는 당연한 정보가 교회 안에는 없구나….'
'사람마다 성장하는 시기가 각자 다른데 비교 의식 때문에 좌절하는 청년들이 많구나….'

그렇게 적어놓은 메모들이 지금 제가 운영하는 회사들의 기초 아이디어가 되어 주었고, 이제는 이 기록들이 크리스천들을 대상으로 진로 교육을 제공하는 기업의 철학의 뿌리가 되었습니다.

신기한 것은 이 '불편함 노트'를 적을 때는 보이지 않던 방법들이 생활 속 다른 불편함과 서로 연결되고 IT 기술과 맞물리면서 구체적으로 서서히 드러난다는 점입니다. 이런 과정은 마치 쓸모없어 버려진 큰 돌덩이에서 생각하는 사람이라는 조각상을 꺼내는 듯한 희열을 느끼게 합니다. 다음은 저의 불편함 노트 속 아이디어에서 출발해서 실제로 창업까지 이어진 아이템들입니다.

- 매일 저녁 식당에서 팔다가 남은 음식을 버린다 : 미리 주문해 놓고 퇴근길에 픽업해서 가져가는 도시락 서비스

- 사진을 정리하고 편집하는 데 시간이 너무 오래 걸린다 : AI 프로그램이 알아서 선별하고 편집하고 정기배송까지 해주는 사진 인화 서비스
- 사람들의 스쳐 지나가는 아이디어들이 아깝다 : 아이디어 수준의 가구 스케치를 모델링한 후, 크라우드 펀딩을 통해 실제로 제품화하고 수익을 원작자와 공유하는 공유 플랫폼

재미있지 않나요? 한 줄의 메모에서 시작해서 이런 혁신적이고 공익적인 서비스로 진화할 수 있다는 것이. 그래서 저는 이 '불편함 노트'를 제가 하는 일의 모든 영역으로 확장해서 '아이디어 노트'로 기록을 이어가고 있습니다.

처음에는 이런 유별난 생각을 한다는 것이 부끄럽고 창피했습니다. 커피를 마시러 간 카페에서 일행들이 메뉴를 고르고 있을 때, 저는 카페의 테이블 개수와 메뉴판의 평균 단가를 암산해서 테이블 회전율에 기초한 순수익을 계산하느라 한참 뒤에나 주문할 정도였으니까요.

하지만 이제는 그 호기심을 해결하지 않으면 이후의 대화에서도 제가 집중하지 못한다는 것을 알기 때문에 제 지인들도 그 시간을 기다려줍니다. 그리고 메모가 끝나면 저를 기다려준 대가로 그들의 핀잔을 들을 준비를 합니다.

"그런 메모가 진짜 도움이 돼요?"

늘 이런 제 모습을 반신반의하던 지인에게, 바로 이 습관 덕분에 진행하게 된 카페 관련 창업 컨설팅 계약서를 슬쩍 보여주며 대답했습니다.

"네, 신기하게도 그러네요. 그게 언제인지를 지금 모를 뿐입니다"

창의력 계발 전문가이자 베스트셀러 작가인 김광희 교수는 그의 저서『미친 발상법』에서 창의력과 관련된 생각법을 이렇게 설명합니다.

"어떤 난제를 직면했을 때 그 과제를 인식하고 해결하기까지 이뤄지는 정신적 과정을 '발상'이라 하는데, 그런 발상을 뒤집고 비틀어보는 습관이 있어야 독창적이면서도 유용한 방법을 만날 수 있다."

다행히도 이런 생각법은 재능의 영역이 아니라 후천적 훈련을 통해 누구나 갖출 수 있는 영역이라고 합니다. 대신 책에서도 강조한 것처럼 '좋은 아이디어는 많은 아이디어에서 나온다'라고 하니, 평소에 이런저런 아이디어를 생각해 보고 적는 습관은 필수 과정이라 생각됩니다.

또한 저처럼 '불편함 노트'를 통해 일상에서 습관적으로 아이디어를 얻을 수도 있지만, 적절한 질문에 대한 답을 글로 적어 보는 행위도 큰 도움이 됩니다. 그래서 저는 진로 수업 시간에 멘티들에게 다음과 같은 질문의 답을 A4용지 1장 분량으로 써오라고 합니다.

- 대한민국의 커피 전문점 개수는 몇 개라고 생각하는가?
- 연료가 없는 자동차를 움직이게 하는 방법은?
- 모든 국민에게 월 200만 원씩 기본 소득을 지급한다면, 당신이

하고 싶은 일은 무엇인가? 그 이유는 무엇인가?

 혹시 위 질문들의 공통점이 보이시나요? 맞습니다. 모두 '정확한 하나의 정답이 존재할 수 없는' 질문이라는 점입니다. 즉, 정답을 맞혀보라는 질문이 아니라 질문에 대한 자기 생각이 무엇인지 말해보라는 질문입니다. 그 대답에 일련의 논리가 있는지, 또 그것을 어떻게 구성해 내는지 보려는 질문입니다. 그래서 요즘은 실제 기업의 면접 현장에서도 이렇게 '생각해야 하는' 질문을 활용하는 경우가 많아지고 있습니다.
 시대가 변하면 시대가 원하는 사람의 형상, 즉 인재상도 변합니다. 근면과 성실을 기반으로 주어진 일을 잘 해내는 인재상이 주목받던 것이 베이비붐 세대라면, 이제는 기존 시장에서 본 적 없는 창의력을 기초로 하는 해결책을 제시하는 사람이 인재로 평가받는 시대가 되었습니다. 이런 생각법을 또 하나의 정답처럼 외우려 해서는 안 됩니다. 실제로 대학 강연에서 면접 질문과 관련한 강의를 하던 중에 좋은 합격 사례를 몇 가지 알려줬더니, 해당 기업 면접 현장에서 동일한 내용을 달달 외워 온 지원자들이 급격하게 증가했다는 소식에 혀를 내두른 적이 있습니다.

 누군가의 좋은 생각을 따라 해 보는 것은 좋은 방법입니다. 하지만 처음부터 끝까지 몽땅 따라 하려고 해서는 안 됩니다. 좋은 생각들의 사고 변환 과정을 따라가면서 그 속에 숨겨져 있는 '사고의 맥락'을 이해해야 합니다. 그리고 그 맥락을 자기 것으로 변형시키고 삶의 다양한 경우에 접목하는 검증 과정을 거쳐야 합니다.

물론 생각을 훈련하는 것은 길고 어려운 과정입니다. 그렇기 때문에 작심해서 일정한 기간 안에 사고력을 키워 내려 하지 말고, 일상에서 사고방식을 창의적으로 바꾸는 것이 바람직한 훈련법입니다. 지금 이 순간부터 하루를 살면서 보고 듣고 느끼는 모든 것에서 '불편함'을 메모로 적는 습관을 지녀보세요.

'커피의 얼음은 왜 이렇게 빨리 녹아서 커피 맛을 바꿔버리는 걸까?'
'회사의 공지 사항을 놓치지 않으려면 어떻게 해야 할까?'
'코로나로 일상이 되어버린 마스크. 앞으로 마스크는 어떻게 진화할까?'

이런 불편함 노트를 적어 놓고 어디에 가든 갖고 다니며 자주 들여다보세요. 정말로 그 메모를 자주 '보기만' 하면 됩니다. 그러다 보면 수개월이 지난 어느 날, 머릿속에서 갑자기 전혀 다른 영역의 메모들이 하나의 연결고리로 이어져서 특정 문제에 대한 해결책으로 여러분 눈앞에 툭 떨어지는 진귀한 경험을 하게 될 겁니다.

그럼, 그 메모를 이 책으로 시작해 보겠습니다. 이 장의 여백에 낙서하듯 여러분의 생각을 있는 그대로 적어보세요. 손으로 적고, 필요하다면 그림도 그려보세요. 원래 책은 구겨지고 낙서가 되어 있어야 제값을 하는 법이니, 아끼려 하지 말고 좋아하는 펜으로 적으세요. 만약 여러분이 책의 여백에 볼펜으로 메모를 시작했다면, 축하합니다. 여러분은 이미 '책은 깨끗하게 읽어야 한다'라는 고정관념 하나를 벗어버린 겁니다.

이번 장은 독일의 철학자 니체의 명언으로 글을 마무리해 봅니다.

'젊은이를 타락으로 이끄는 확실한 방법은, 다르게 생각하는 사람 대신 같은 사고방식을 가진 이를 존경하도록 지시하는 것이다.'

– 프리드리히 니체

다른 사람들의
미션 제출 엿보기

진로 멘토의 Q&A _10

Q. 앞으로 20년 동안 당신이 해보고 싶은 버킷리스트를 연도별로 나눠서 정해보세요. 그것을 왜 하고 싶나요?

현재 나이		20년 후 나이	
내 인생의 비전			

나이	연도별 버킷리스트	하고 싶은 이유	필요한 자원

나이	연도별 버킷리스트	하고 싶은 이유	필요한 자원

Q. 이 미션을 하면서 나에 대해 무엇을 알게 되었나요?

3부
멘토발견

> 여러분에게 도전하고 영감을 주는
> 사람들을 찾아 그들과 많은 시간을 보내세요.
> 그러면 인생이 달라질 거예요.

— 에이미 폴러

Step 11
살고 싶은 인생을 공개적으로 선언하세요

"수고하신 소장님께 큰 박수 부탁드립니다!"

어느 기관의 중간 관리자를 위한 인문학 강연이 끝나고 청중들의 박수 소리가 꽤 길게 이어졌습니다. 저는 3시간이 넘게 자리를 지켜준 청중들에게 허리 숙여 감사의 마음을 전했습니다. 이렇게 리허설 한 대로 강연이 잘 진행되고, 반응 또한 좋을 때가 강연자로서 가장 뿌듯한 순간이 아닌가 싶습니다. 박수 소리를 뒤로하고 강단을 내려와 담당 직원의 안내에 따라 간단한 강연 피드백을 위해 다과의 시간을 가졌습니다.

"어쩜 그렇게 멋진 꿈을 꾸세요? 등록금 없는 학교를 짓겠다는 말씀에 저는 너무 놀랐습니다. 소장님은 정말로 해내실 것 같거든요."

강연 전과 후, 담당 직원 표정이 달라진 걸 보니 확실히 오늘 주어진 제 몫을 잘 해냈나 봅니다.

"아닙니다. 아직 한참 멀었습니다."

저는 늘 그렇듯 겸손히 대답했습니다. 그런데 갑자기 담당 직원의 표정과 자세가 강연 전의 '진지 모드'로 돌아가더니 이렇게 말하더군요.

"소장님, 이런 순간까지 겸손하실 필요는 없습니다. 충분히 잘해주셨고, 제가 보기에 소장님의 전성기가 아직 오지 않은 것 같아 앞으로의 행보를 기대하는 마음으로 드린 칭찬입니다. 저희도 소장님을 자주 모실 것 같으니 잘 부탁드립니다."

보통은 교육을 잘 끝내고 나서 늘 실무자와 서로 공(功)을 서로 나누며 대화하는 자리라, 예상하지 못한 그의 태도에 적잖이 당황했습니다. 그리고 조금 일찍 자리를 빠져나와 차에서 잠시 생각에 잠겼습니다. 차에 시동도 걸지 않고 한참 동안 앉아 있던 저는, 지금까지 제가 했던 겸손의 말들이 '실력도 있지만 겸손하기까지 한' 사람으로 비치기를 원하는 '욕심의 언어'임을 깨달았습니다. 이런 욕심이 제가 품고 있는 꿈에 장애물로 작용할 것 같아 즉시 마음을 고쳐먹기로 시작했습니다. 그날부터 저는 그저 '겸손하기'보다 '선언하기'를 택했습니다.

제게는 '등록금 없는 교양 대학 설립하기'와 '직원이 100명인 중소기업 운영하기', 그리고 '홈스쿨 타운 만들기'라는 인생의 세 가지 큰 목표가 있습니다. 전에는 강연할 때만 이 꿈들을 소개했었는데, 그날부터는 만나는 모든 사람에게 알리기로 했습니다. 그리고 이제는 말만으로 부족한 것 같아, 제 원대한 꿈을 '비전선언문' 문장으로 만들어 인쇄한 명함을 가지고 다닙니다.

대표 **윤성화**
ⓘ accousticyoon
🏠 www.mentoring_lab.com

나는 멘토링연구소를 통해 리더의 비전을 가진 크리스천 인재들을 육성하여 직원 100명의 크리스천 기업을 세우겠다

Mentoring Lab

그렇게 만나는 모든 사람에게 제 꿈을 알리기 시작했더니 신기한 일이 벌어지기 시작했습니다. 제가 그저 겸손하기만 했을 때는 형식적인 칭찬만 하던 사람들이 '비전선언문'을 보고는 제가 꿈꾸는 삶에 필요한 사람들을 소개해 주기 시작했습니다. 대안학교를 설립해 본 분들, 홈스쿨링을 하는 부모님들, 크고 작은 기업을 운영하는 CEO분들을 명함 덕분에 만날 수 있었습니다. 그리고 그분들과 만날 때마다 습관적으로 이런 말을 하게 됐습니다.

"지금은 제게 꿈을 이룰 수 있는 능력이 없습니다. 하지만 돈이 필요하면 돈을 벌 것이고, 모르는 게 있으면 배울 것이고, 사람이 필요하면 사람을 데려오겠습니다. 그러니 지금의 제가 무엇을 하면 되는지 조언을 해주시겠습니까?"

대부분 처음 뵙는 분들이었지만, 적극적으로 도움을 요청하니 인터넷과 책으로는 배울 수 없는 많은 경험적 지식과 알짜배기 정보, 만나야 할 또 다른 사람들과 연결되는 기회를 주셨습니다. 이렇게 사고방식을 바꾸고 나서 깨닫게 된 사실이 하나 있습니다.

'혼자 책상 앞에서 배우는 것보다 이렇게 배우는 것이 훨씬 빠르고 효율적이구나….'

혼자 고민하고 상상만 하다가 생각이 많아지고 끝내 불안과 자괴감으로 끝났던 수년간의 삶이 뇌리를 스쳤습니다. 맞습니다. 이전까지 제가 했던 것은 그저 '걱정'이었고, 이렇게 '선언하기'를 통해 정보와 사람을 끌어당기며 배우는 '행동하는 삶'을 바로 '고민'이라고 합니다. 그런데 제가 그랬던 것처럼, 많은 사람이 실제로는 걱정하면서도 자신이 고민하고 있다고 착각합니다. 머리로 상상하는 것만으로도 에너지가 소모되니 그렇게 착각할 만합니다. 실제로 걱정을 오래 하는 것만으로도 지치니까요. 그렇게 많은 청년이 이런저런 걱정을 하며 1달, 2달, 1년, 2년을 흘려보냅니다.

제 멘티 중에도 비슷한 사례가 있었습니다. 그는 어렵게 들어간 첫 직장에서 '이곳에서는 돈 버는 것 말고는 아무 의미를 찾을 수 없다'라고 생각하며 과감하게 사표를 던졌습니다. 처음에는 저 역시 그의 용기에 박수를 보냈습니다. 신기한 것은 퇴사하니까 거칠어졌던 피부가 매끈해졌고 각종 위장병도 낫더군요. 스트레스가 심하긴 했었나 봅니다. 일찍 출근하고 늦게 퇴근하느라 밀린 잠을 원 없이 자고 얼마 남지 않은 돈으로 '지금 아니면 못 간다!'며 과감하게 여행을 떠났습니다.

　그렇게 두 달이 흘렀습니다. 저는 '그래, 정비하는 시간도 필요하겠지' 싶어서 아무 말 없이 그가 다시 무언가를 하겠다고 선언하기를 기다렸습니다. 하지만 6개월이 지나고 상담 때문에 만난 그는, 이미 스트레스 회복기를 지나 게으름의 시간으로 달려가고 있었습니다. 하지 않던 게임을 시작했고, 유튜브 알고리즘 추천이 그의 온 하루를 지배하고 있었습니다. 낮과 밤이 바뀐 상태로, 사실상 그는 온전히 '생각'이라는 것을 할 수도 없는 상태였죠.

"너무 오래 고민하다 보면 결국 걱정과 불안으로 바뀝니다. 정말로 인생에 필요한 생각을 했다면, 그것을 행동으로 옮기는 행동이 반드시 뒤따라야 해요. 그렇지 않으면 이런저런 핑계 뒤로 숨게 될 겁니다. 그때는 이미 역량의 문제가 아니라, 마음의 문제가 되니 다시 마음을 정돈하는 시간이 또 필요할 겁니다. 제가 무슨 말을 하는지 이해하죠?"

"네, 소장님…. 마치 제 방에 CCTV라도 달아서 보는 것처럼 뜨끔 하네요. 저도 지금처럼 지내면 안 되는 거 알아요…. 그런데 참 생각처럼 잘 안 바뀌네요. 이런 제 모습에 저 스스로가 너무 실망스럽기도 하고요. 퇴사할 때의 마음은 정말로 이렇지 않았는데… 제가 어떻게 하면 다시 시작할 수 있을까요?"

"세 가지 단계가 필요합니다. 첫 번째는 나 자신이 '평범한 나'로 돌아가는 단계입니다. 낮과 밤이 바뀌지 않은, 일어나야 할 때 일어나고 밥 먹어야 할 때 먹고 자야 할 때 잠을 자는 거죠. 이미 경험했겠지만, 이 평범한 생활을 무너지게 하는 유혹이 너무 많은 시대에 살고 있습니다. 마음만 먹으면 24시간 동안 놀 수 있으니까요. 그러니 가장 먼저 기초 생활 습관부터 정상 궤도로 올려놓아야 합니다. 대신 내일 당장 4시에 일어난다고 나의 습관이 바뀌는 게 아니라는 걸 알아야 합니다. 조금씩 내 몸이 적응할 시간을 주면서 변해야 진짜로 달라질 수 있으니까요."

"수업 초반에 내주셨던 기상 미션과 비슷하네요. 그럼 매일 10분씩 기상 시간을 당겨서 인증 문자를 보낼게요. 소장님, 그럼 두 번째는 뭘까요?"

"두 번째는 '바쁨'이 곧 '필요한 행동'을 의미하지 않는다는 것을 인지하는 겁니다. 저도 그저 바쁜 하루를 보내는 것을 자기 위안 삼던 시절이 있었습니다. 시간을 주도적으로 계획하고 그것을 모두 해냈다는 성취감이 있었지만, 정작 제 꿈을 현실화하기 위해 필요한 일은 하나도 하지 않았다는 걸 깨달았습니다. 이 부분을 깊게 성찰하고서 찾은 단어는 '두려움'이었고, 그 두려움은 두 가지로 나눌 수 있었습니다.
첫 번째 두려움은 '어려운 일'에 대한 것입니다. 흔히 '그건 어려운 일이니까 나중에 하자'와 같이 마음에 숨어있습니다. 누구나 꿈을 꾸지만, 그 단어가 갖는 언어적 의미에서 '꿈(Dream)'은 '가질 수 없는 것' 혹은 '갖기 어려운 것'이라는 심상을 동시에 느끼게 합니다. 그래서 꿈꾸는 동시에 그것이 어렵고 비현실적인 것까지 한 번에 인정하는 것이죠.

그래서 사람들 대부분이 꿈을 꾸면서도, 당장은 쉽게 달성할 수 있는 일들로만 하루의 계획표를 꽉 채우는 것을 볼 수 있습니다. 이상을 현실로 만들기 위한 방향과 우선순위를 잃어버린 겁니다. 그렇다고 하루를 열심히 살지 않은 것도 아니니, 적절한 휴식이나 보상도 필요합니다. 그러다 결국 어느 순간 이런 노력이 아무런 쓸모없다는 생각에 사로잡혀, 그나마 하고 있던 쉬운 것들마저 멈추고 맙니다. 많은 교회 청년이 오래도록 이 악순환에 머물러 있음을 오늘날에도 보고 있습니다."

"맞아요. 생각해 보면 다음 단계로 넘어가기 위해 필요한 공부가 생소하고 낯설어서 저도 모르게 미루려는 마음이 컸던 것 같아요. 그렇게 하루 이틀 미루다 보니 지금까지 온 것 같아요. 그렇다고 매일 아무것도 안 하는 건 아니라서 위험하다는 걸 잘 몰랐던 것 같아요. 실제로 책도 읽고 영어 공부도 하니까. '그래도 하루를 헛살지 않았다'라는 자기 위로라고나 할까요…?"

"바로 그 지점입니다. 필요한 일이 어려워 보이니 익숙한 일로 하루를 채우는 것이죠. 그러면 심리적 안정감을 느끼거든요. 마치 수학 만점자가 공부해야 하는 영어 과목을 뒤로 하고 이미 잘하는 수학 공부만 하려는 것과 비슷합니다. 여기까지 잘 이해했다면, 내가 어렵게 느끼지만 꼭 해내야 하는 일을 조금씩 나의 것으로 만드는 작전을 세워야 합니다."

"작전… 이요?"
"네, 마치 적을 가까이 두는 것과 비슷한 원리라서, 저는 이 과정을 '작전'이라고 부릅니다. 하하. 저도 어렵다고 느끼는 직무들이 있는데, 할 수 있는 모든 방법을 동원해서 쉽고 재미있는 걸로 바꾸는 작업을 합니다. 예를 들어, 저는 가장 어려워하는 일을 하루 중 첫 업무로 단 30분 동안 툭툭 건드려 놓습니다. 그러면 나머지 좋아하는 일들을 할 때 더 즐겁기도 하고, 그날 나머지를 이어 나가지 못해도 시도했던 30분이 모여 한 달의 성과가 되기도 하니까요. 어떤 날에는 어렵기만 하던 일이 갑자기 잘 되기도 합니다. 그렇게 한 달, 두 달을 살다 보면 어느새 어려운 일도 절반 넘게 되어 있습니다."

"심리적 장벽을 낮추는 작업이네요! 말씀해 주신 방법은 바로 활용해 봐야겠어요. 그럼, 두 번째 두려움은 뭘까요?"

"두 번째 두려움은 '내가 감히 이런 꿈을 꿔도 될까?'라는 것입니다. 저는 진로 교육 과정의 일정 기간이 지나면, 저와 같이 자기만의 삶의 방향성을 대표하는 비전선언문을 만들게 합니다. 그리고 그것을 자신만의 명함으로 제작하게 하죠. 수업을 듣는 모든 멘티가 자기의 비전 명함을 갖게 됩니다.

하지만 많은 멘티가 비전 명함을 주변 지인들에게 전달하거나 SNS를 통해서 선언하는 과정에서 굉장히 조심스러워합니다. 대부분 '저는 아직 그런 사람이 아닌데, 이렇게 알려도 될까요?' 혹은 '너무 부끄러운데요….'와 같은 이유입니다. 저 역시 그렇게 생각하던 때가 있었기 때문에 망설여지는 마음을 충분히 이해합니다. 하지만 정확히 말하면, 그것은 자신의 부족함을 들키기 싫어하는 '자기 회피 본능'에서 기인합니다."

저는 이제부터 중요하다는 것을 알리듯 커피 한 모금을 넘기고 목을 가다듬어 말을 이어갔습니다.

"이렇게 공개적으로 자기 비전을 선언하는 이유는 '앞으로 저는 이런 사람이 될 테니 저를 도와주세요'라고 요청하기 위함입니다. 즉, 지금은 자신에게 그럴 능력이나 역량이 없다는 것을 되려 인정하는 거죠. 이 과정을 부끄러워해서는 안 됩니다. 부족함을 드러내는 용기가 있어야 진짜 필요한 도움을 받을 수 있기 때문입니다."

제가 가장 가르쳐주고 싶은 부분도 여기에 있습니다. 두 가지 이유가 있는데요. 먼저 무언가를 아는 사람에게 직접 도움을 받으며 듣는 것이 가장 빠르고 효율적인 배움의 길이기 때문입니다. 학교에서 시험을 잘 치르기 위해 공부하는 거라면 혼자 해도 상관없습니다. 개인의 학습 능력이 평가 기준이 되기 때문입니다.

하지만 우리가 비전을 찾아간다는 것은 믿지 않는 사람들에게 복음을 전하는 일입니다. 아는 것이 중요한 것이 아니라, 전하는 것이 중요하다는 말입니다. 그래서 내가 복음을 전할 대상이 되는 '사람'에 관해 공부해야 하고, 그들에게 내가 '무엇'으로 '어떻게' 전달할 것인지 아는 것이 병행되어야 합니다. 사람, 달란트, 전달 방법을 한 번에 공부할 방법이 바로 사람한테 배우는 '인터뷰'와 '대화'입니다. 그래서 우리는 비전을 공개적으로 알리고 연관된 사람들과 교류하고, 기회가 될 때마다 인터뷰를 요청해서 듣고 또 들으며 그들의 생각과 태도를 배워야 합니다.

청년은 저와의 상담을 기점으로 기초 생활을 다시 회복했고 인생의 첫 비전 인터뷰도 성공시켰습니다. 하지만 대부분 이렇게 알아듣게 이야기해도, 이 '선언하기' 미션의 수행률은 절반에 그치는 편입니다. 한국의 고질적인 겸손의 미덕 때문인지, 선언하기 이후 벌어질 일들에 대한 불신 때문인지는 잘 모르겠습니다. 하지만 분명한 것은 이 미션을 착실하게 수행한 멘티들은 각 SNS 채널과 주변의 지인, 그리고 그 지인의 지인들을 통해 미처 자신이 생각지도 못한 도움을 받고 있다는 것입니다.

유명한 심리학자 스티븐 헤이스(Steven C. Hayes) 박사는 대학생들을 대상으로 재미있는 실험을 한 적이 있습니다. '목표의 공개 여부에 따라 학생들의 성적이 어떻게 변화하는지' 알아보기 위한 실험이었는데요. 스티븐은 학생을 세 그룹으로 나눴습니다. 첫 번째 그룹은 자기가 받고 싶은 목표 점수를 다른 학생들 앞에서 공개하게 했고, 두 번째 그룹은 목표 점수를 마음속으로만 생각하게 했으며, 세 번째 그룹은 아무 요청도 하지 않았습니다.

실험 결과는 놀라웠습니다. 목표를 다른 학생들 앞에서 공개한 첫 번째 그룹이 나머지 두 그룹보다 현저하게 높은 점수를 기록했습니다. 결심을 마음에 간직한 두 번째 그룹과 아예 결심하지 않은 세 번째 그룹과는 별 차이가 없었습니다. 심리학에서는 이러한 현상을 '공개 선언 효과(Public Commitment Effect)'로 부르고 있습니다. 공개 선언 효과는 다이어트나 학업, 승진 같은 목표를 타인과 대중에게 공개적으로 노출할수록, 그 약속이나 선언을 지키기 위해 스스로 최선을 다해 노력하게 된다는 심리적 효과를 말합니다. 우리가 어떤 것을 공개적으로 선언하는 순간, 우리를 지켜봐 주는 '감시자'가 생겨나는 셈이고, 이 감시자들 덕분에 평소에는 하지 않았을 범위까지 더 노력하게 된다는 것이죠.

하지만 공개 선언 효과가 성공적인 행동 전략으로 사용되기 위해서는 '실패까지도 공개할 용기'가 전제되어야 합니다. 처음에 공개한 목표를 달성하지 못했을 때, "다시 시작합니다!", "이번에는 이렇게 해보겠습니다!"라고 밝히고 전략을 수정하며 다시 도전할 수 있어야 한다는 말입니다. 하지만 이 부분에서 많은 사람이 자신의 실패한 모습을 스스로 인정하려 하지 않거나 '사람들이 이렇게 실패한 나를 어떻게 볼까?'라는—존재하지도 않는 원인으로 생겨난—수치심 때문에 도전을 멈춥니다. 사람들의 시선 때문에 자신이 원하는 것을 숨기고 포기하는 안타까운 실수를 반복하는 겁니다.

실패를 당연한 것으로 여길 수 있어야 합니다. 아니 오히려 실패를 자랑스러워할 수 있어야 합니다. 실패했다는 것은 움직였다는 말이기도 하니까요. 또한 누구도 실수와 실패 과정

없이 제 일을 해내는 사람은 없다는 사실을 기억해야 합니다. 사람들 앞에서 좋은 결과를 드러낸다고 해서 그 사람에게 실패가 없다는 것을 의미하지는 않습니다. 기대하고 예상한 것보다 부족하고 연약한 자신의 모습을 마주했을 때, 우리가 해야 할 일은 다음과 같은 사고방식을 갖는 것입니다.

'이번에는 이것 때문에 내가 못 했구나. 다음에는 이렇게 해봐야겠다.'

이 문장에는 많은 삶의 철학이 담겨 있습니다. '실패'라는 결과에 매몰되지 않고, 그 실패의 과정을 살펴보며 문제점을 알아낸 뒤에 새로운 전략을 수립합니다. 이런 성장형 사고방식을 가진 사람은 실패를 오히려 좋은 경험과 성장의 발판으로 인식합니다. 저 역시 이렇게 생각의 전환을 갖추고 제가 가진 꿈들을 여기저기 선언하며 살다 보니, 어느 순간부터 주변에서 이렇게 물어오는 사람들이 생겼습니다.

"학교 짓기 프로젝트는 잘 되어가고 있어요? 제가 도와드릴 건 없을까요?"

심지어 저조차 바쁜 일상으로 삶의 방향을 잊고 살아가는 순간이 많았습니다. 그럴 때마다 주변 사람들이 그것을 기억해 콕콕 찔러주거나, 제가 전해준 명함을 잘 갖고 있다며 지갑을 열어 제 비전선언문이 적힌 명함을 보여주기도 합니다. 그럴 때마다 저는 다시 정신을 가다듬습니다.

'그래, 지금 내가 하는 일은 이런 삶을 살기 위함이지….'
'아, 저 꿈을 위한 작업이 너무 밀려있었구나. 얼른 다시 전략을 짜봐야겠다.'
'대안학교를 설립해 보셨다는 교수님을 언제 뵙기로 했었지?'

그러면 그날은 주간 계획뿐 아니라 제가 살아갈 앞으로의 5년, 10년, 20년을 점검하는 시간으로 채워집니다. 하는 공부의 방향은 맞는지, 꿈을 이루기 위한 재정은 잘 모으고 있는지, 그 꿈을 함께 이뤄갈 사람들을 계속해서 세우고 그들과 연결되고 있는지 돌아봅니다. 물론 인생이 계획대로 흘러가는 경우는 드물지요. 그러나 최소한 제가 살아가기를 원하는 방향은 잃지 않을 수 있기에, 매년 꿈을 구체화하고 그것을 실현하기 위한 노력을 멈추지 않고 반복하는 것입니다.

실제로 제가 공개 선언 효과를 누리기 위해 하는 일들을 한번 정리해 봅니다.

1. 매달 내 업과 관련된 사람들로 SNS 친구 업데이트 하기
2. 매일 1개 이상 SNS 포스팅하고, 그 끝에 비전선언문 적어두기
3. 매달 내 업과 관련된 책을 2권 이상 읽고, 저자에게 메일로 질문하기
4. 5년, 10년 뒤에 내가 되기를 원하는 모습으로 이미 살아가고 있는 이들을 찾아 인터뷰 요청하기
5. 강연 기회가 있을 때마다 나의 꿈 알리기
6. 지인들에게 앞으로 설립하게 될 대학교의 교수 자리 추천하기

7. 위의 내용 중 첫 번째부터 네 번째까지의 항목을 영어 버전으로 반복하기

꿈꾸는 것은 절대 부끄러운 일이 아닙니다. 오히려 꿈과 비전이 없는 것을 부끄러워해야 합니다. 꿈이 없다는 건 생각 없이 살고 있다는 방증이니까요. 그러니 삶의 방향이 어느 정도 정해지고 있다면, '완벽한 준비'보다 '미완의 호소'가 우선되어야 합니다. 당신의 부족함을 드러내는 용기가 여러 사람의 마음을 움직일 겁니다. 그리고 그들의 호의 덕분에 이전에 알지 못했던 것을 경험하게 될 겁니다. 그렇게 시간이 갈수록 삶의 반경이 넓어져야 합니다. 새로운 경험들, 새롭게 알게 되는 인연들이 비전을 기준으로 쌓여야 합니다. 그리고 기존에 알던 지식과 사람들이 주는 경험을 통해 시너지를 이뤄내야 합니다. 무엇보다 이 모든 과정에서 스스로 지치지 않을 열정을 준비해야 할 겁니다.

그래서 저는 '열정(enthusiasm)'이라는 단어를 참 좋아합니다. 이 단어는 '엔투지아즘 enthusiasm'이라는 그리스어에서 유래되었습니다. '엔투지아즘'은 '~안에'라는 뜻의 그리스어 'en'과 '신(神)'을 뜻하는 그리스어 'thoes'로 구성되어 있습니다. 어원적으로 보면 '내 안에 있는 신'이라는 의미가 되는 거죠. 그래서 어느 하나에 몰두해 있는 열정적인 사람을 '신들린 사람'이라고 부르나 봅니다. 자기 삶에 있어서 무언가 몰입해서 열정을 쏟아부을 곳을 아는 것이 얼마나 큰 행운인지 모릅니다. 그래서 저는 이 책을 통해 독자 여러분 앞에서 다시 제

삶의 목표를 선언하고 싶습니다. 제 꿈, 제 비전은 다음과 같습니다.

1. 등록금 없는 교양 대학 설립
2. 직원이 100명인 중소기업 운영
3. 진로 교육 홈스쿨 타운 구축

처음부터 지금까지 제 자리에서 최선을 다해 진로 교육을 하고 있지만 아직 제게는 대학을 설립할 자본도, 기업을 운영할 인력도, 홈스쿨 타운을 지을 부지도 없습니다. 하지만 이 굵직한 세 가지 삶의 목표 덕분에 제 삶이 훨씬 간결해지고 몰입이 쉬워진 것은 분명합니다. 인생에서 중요한 것과 덜 중요한 것을 구분하기가 훨씬 수월해졌습니다. 수많은 선택의 순간에서 삶의 기준이 되어주는 문장이 존재한다는 것. 이 혜택 하나만으로도 꿈을 가져야 하는 이유는 충분합니다.

그래서 언젠가 저는 저와 비슷한 꿈을 꾸게 된 청년들에게 길이 되어 주고 싶습니다. 무엇부터 해야 하고, 어디로 가야 할지 모르는 청년들에게 이정표 역할을 해주는 멘토가 되고 싶습니다. 그러니 책을 읽다가 도움이 필요한 부분이 생각난다면 메일을 보내거나, SNS로 메시지를 보내세요. 그 첫걸음만큼은 본인 스스로가 내디딜 수 있어야 무슨 일이든 일어나니까요. 이 책을 통해 각자의 비전을 이루기 위한 또 다른 배움과 다양한 만남이 이어지기를 기대해 봅니다.

'늘 명심하라.
꿈을 이루겠다는 너 자신의 결심이 다른 어떤 것보다 중요하다.'
- 에이브러햄 링컨

다른 사람들의
미션 제출 엿보기

진로 멘토의 Q&A _11

Q. 앞으로 1년 동안 달성할 목표를 월 2개씩, 총 24개를 적어 리스트를 완성해 보세요. 그리고 그 리스트를 당신의 SNS에 공개해 보세요. 사람들이 어떻게 반응할까요? 왜 그렇게 생각하시나요?

월	순번	목표	SNS 공개일	반응 요약
	1			
	2			
	3			
	4			
	5			
	6			
	7			
	8			
	9			
	10			
	11			
	12			

월	순번	목표	SNS 공개일	반응 요약
	13			
	14			
	15			
	16			
	17			
	18			
	19			
	20			
	21			
	22			
	23			
	24			

Q. 이 미션을 하면서 나에 대해 무엇을 알게 되었나요?

Step 12
하고 싶은 것과 해야 할 것의 비율을 스스로 정하세요

"출근 시간이 자유로우면 좋겠어요. 늦잠 좀 잘 수 있게….”
"사장님이 출장 가면 그날은 앉아서 쉬는 거죠~"
"집에서 못 먹는 거 탕비실에 많으니 실컷 먹어야죠….”

농담 반 진담 반으로 이런 말을 하는 청년들을 만나면 많은 생각을 하게 됩니다. 얼마나 힘들면 저렇게 말할까 싶다가도, '내가 만약 이런 직원들의 대표라면?'이라는 상상을 하면 가슴이 철렁 내려앉기 때문입니다. 요즘 학생들과 직장인들 사이에 '꿀 알바', '꿀 직장' 같은 말이 유행인가 봅니다. 그런데 '꿀'이라는 단어에는 '달콤하다'라는 뜻 말고도 '크게 기여하지 않고 저렴하게 또는 공짜로 무언가를 얻는다'라는 의미도 포함되어 있다고 합니다.

사실은 여러 회사의 대표를 맡고 있는 제가 가장 경계해야 할 사람이 바로 이런 직원입니다. 회사에 기여하는 것보다 자신의 실속이 항상 우선되어 있는 사람이기 때문입니다. 이런 사람들은 결정적인 순간에 오로지 자기만을 위해 선택하므로, 조직의 입장에서는 언제 터질지 모르는 시한폭탄을 가까이 두는 것과 같습니다.

거의 모든 사람이 편하게 일하고 돈을 많이 벌 수 있다면 얼마나 좋을까요. 하지만 다들 그런 마음으로 일한다면, 우리가 다니는 회사가 적자에 적자를 거쳐 결국 파산에 이를 수밖에 없다는 사실도 알아야 합니다. 이런 경험을 한 번 두 번 겪다 보면 경영진들은 직원들을 신뢰할 수 없게 되고, 나중에는 직원에 대한 지나친 간섭으로 이어져 또 다른 노사갈등의 원인이 되기도 합니다. 이런 크고 작은 문제들을 바로 옆에서 지켜보다 보면, 직업에 대한 개인의 마음가짐이 얼마나 중요한지 다시 한번 생각하게 됩니다.

이런 연유 때문인지 요즘 중학생들의 자유학기제나 자유학년제에서부터 대학생들의 진로, 취업 강의에 이르기까지, '기업가정신(Entrepreneurship)'에 대한 요청이 점점 많아지는 것 같습니다. 기업가정신이란 '기업의 본질인 이윤 추구와 사회적 책임을 수행하기 위해 기업가가 마땅히 갖추어야 할 가치와 자세'입니다. 그런데 왜 기업가들에게나 필요한 마음가짐을 어린 학생에게까지 교육하려고 할까요? 이러한 주인의식이 경영자나 직원 모두에게 필요한 시대이기 때문입니다.

예전에 오랫동안 카페에서 아르바이트하는 청년을 상담했던 적이 있습니다. 뮤지션이 되고 싶어 하는 청년이었는데, 당장 레슨비가 없어서 아르바이트로 공부할 비용을 모으고 있다고 했습니다. 따로 시간을 뺄 상황이 아닌 관계로 저는 그 청년이 일하는 곳에 가서 기다리기로 했습니다. 생각보다 일찍 도착하는 바람에 청년이 일을 마칠 때까지 한 시간 정도 더 기다려야 했습니다. 청년이 자연스럽고 친절한 미소로 고객 응대하는 모습을 흐뭇하게 지켜보고 있었는데, 한 가지 특이한 점이 눈에 들어왔습니다. 그녀가 틈틈이 메모장과 펜을 들고 무언가를 적으면서 일을 하는 겁니다. 카페 일을 하는 와중에 가사라도 쓰는 걸까 싶어서 일을 마치고 상담을 시작하자마자 제일 먼저 그것부터 물었습니다. 제 생각이 맞는다면 그러지 말라고 충고해 주려는 생각이었습니다.

"아까 그 메모장과 종이는 뭐야? 가사라도 쓰는 거야?"
"아, 그거요? 아니요. 서비스하면서 생각난 것들 좀 적고 있었어요."
"생각나는 거? 음… 좀 봐도 될까??"

청년은 진로 상담과 전혀 상관없는 것을 물어본다고 느꼈는지 고개를 갸웃거리며 메모장을 제게 건넸습니다. 메모장에는 고객의 연령대와 주문 시간, 다 마시지 않고 남긴 음료 등의 내용이 빼곡하게 적혀 있었습니다.

"이게 뭔지 설명 좀 해줄래?"
예사롭지 않은 메모들을 뚫어져라 쳐다보며 청년의 대답을 기다렸습니다.

"별거 아닌데… 그냥 일하다 보니까 특정 시간대에 사람들이 많이 몰리는 게 보이더라고요. 수십 가지 메뉴 중에서 몇 가지만 계속 주문이 들어오고요. 또 남기는 음료는 항상 남기는 것 같고…. 그래서 '비교적 사람이 몰리지 않는 시간대에 따로 프로모션을 해보면 어떨까?', '항상 남겨지는 음료는 원가절감이나 재고 관리가 어려워질 테니 메뉴에서 삭제하는 게 어떨까' 같은 생각들을 끄적여 본 거예요. 나중에 저도 음악으로 돈 많이 벌면 이런 카페에서 콘서트도 하고 커피도 팔려고요."

그 순간 저는 저도 모르게 존경의 눈빛으로 청년을 바라볼 수밖에 없었습니다.

"그게 막 그렇게 떠오르는 거야? 아니면 책을 찾아보거나 경영자들에게 들어서 아는 거야?"
"그날그날 집에 가면 기록을 보며 자료 검색을 해보는 게 다예요. 책을 찾아보려고 했는데, 저희 매장에 딱 맞는 책이 있을 수 없다는 사실을 알게 되었거든요…."
"나보다 네가 훨씬 낫다. 대단해! 그럼, 우리 이렇게 한 번 해볼까?"

그냥 버리기에는 너무 아까운 자료들이라 저는 메모들을 분류하고 그룹으로 묶어서 회사에서 쓰는 기안서 양식에 맞춰 문서화하는 작업을 도왔습니다. 3일 정도 서로 피드백을 주고 받으니 꽤 그럴듯한 제안서 하나가 뚝딱 만들어지더군요. 그 동안 깊게 고민해온 시간 덕분이었죠. 청년은 깔끔하게 출력한 제안서를 카페 사장님에게 드리면서, 급여 인상 안건과 미니 콘서트 기획서도 함께 보여드렸습니다.

마침, 정체되고 있는 매출 때문에 고민이 많던 사장님은 명석한 아르바이트생 덕분에 수익 구조를 개선한 것은 물론, 어쿠스틱 밴드와 소규모 공연까지 열게 되어 주변 다른 카페와의 차별화에 성공했습니다. 또한 제가 상담한 청년도 자신이 아르바이트하는 카페에서 밴드 동료들과 함께 그토록 바라던 음악 활동을 할 수 있게 되었죠. 모든 것이 일을 대하는 청년의 남다른 태도 덕분에 이루어진 결과였습니다.

'태도가 전부다.'

제일기획 부사장에서 최인아 책방의 대표가 된 최인아 작가님의 말입니다. 그녀의 저서 『내가 가진 것을 세상이 원하게 하라』에서 언급했던 말인데, 그녀는 작은 태도의 차이가 어떻게 엄청난 실적의 차이를 가져오는지를 수없이 지켜봐 왔다고 했습니다. 저도 전적으로 공감하는 말입니다. 왜냐하면 긍정적이고 진취적인 태도는 한 번 흉내 낸다고 나의 것이 되지 않기 때문입니다. 태도가 습관이 되고 습관 덕분에 관념이 생겨나고, 관념의 결과로 말과 행동이 바뀌게 되죠. 즉, 태도를 바꿔 말과 행동까지 바뀌려면 시간이 걸린다는 말입니다.

하지만 교회 청년 대부분은 이 연역적 관계성을 무시하는 것 같습니다. 그래서 보이는 말이나 행동만 바꾸면 인생도 그럴듯하게 바뀌기를 바라는 모습을 종종 목격합니다. 안타깝게도 세상에 그런 일은 없습니다. 한 번의 결심이 인생을 그렇게 쉽게 바꾼다면 이 세상에 불행한 인생이란 존재할 수 없을 테니까요. 그래서 우리는 태도를 바꾸는 방법에 대해 집중할 필요가 있습니다. 인지적으로 학습해 보고, 나에게 실험해 보고, 지금 한국 사회에 맞게 적용도 해봐야 합니다.

정녕 사람은 이런 인고의 시간을 거쳐야만 변합니다. 병을 이기기 위해 우리 몸에 백신을 투입하는 것과 같은 이치입니다. 고난의 시간을 오히려 감사해야 하는 이유가 여기에 있습니다. 스스로를 갈고 닦는 시간이 귀하다는 것은 오래전부터 많은 현인들은 아는 진리였나 봅니다. 어느 날, 언변과 재기가 뛰어난 자공(子貢)이 스승인 공자(孔子)에게 물었습니다.

"선생님, 〈시경〉에 선명하고 아름다운 군자는 뼈나 상아를 잘라서 줄로 간 것처럼, 또한 옥이나 돌을 쪼아서 모래로 닦은 것처럼 빛나는 것 같다고 했습니다. 이것이 선생님이 말씀하신 수양(修養)에 수양(修養)을 쌓는다는 말일까요?"
흐뭇한 공자는 웃음을 띠며 대답했습니다.

"자공아, 이제 너와 함께 〈시경〉을 말할 수 있게 되었구나. 과거의 것을 알려주면 미래의 것을 안다고 했듯 너야말로 하나를 듣고 둘을 알 수 있는 인물이다."
오랜 시간 공자 곁에서 태도를 올바르게 하고 자신의 관념에 대해 사색하면서 스승의 말과 행동을 닮아가려 노력했던 시간 덕분에 들을 수 있는 칭찬이었습니다. 자공이 언급한 '옥이나 뿔 등을 갈고 닦아서 빛을 낸다'라는 뜻의 사자성어가 바로 '절차탁마(切磋琢磨)'입니다. 이렇게 학문이나 덕행을 배우고 익히는 시간을 불필요하거나 아깝다고 느끼지 않아야 합니다. 이것이 곧 삶의 기저가 되는 가치관을 형성하는 일이기 때문입니다. 지금은 가치관이 올바른 사람 한 명이 수십만 명의 삶에 영향을 미칠 수 있는 시대입니다.

하지만 사회의 일원으로서 경제 활동을 통해 자신이 창출한 이윤을 사회에 환원해야 하는 책임을 스스로 인지하는 것은 어려운 일입니다. 그래서 돈을 어떻게 벌어야 하는지 교육하는 동시에 돈을 어떻게 분배해야 하는지도 함께 가르쳐야 합니다. 그래서 제 멘티들에게 늘 강조하는 것이 바로 '원하는 것(want)'과 '해야 하는 것(must)의 균형'을 위한 교육이라고 할 수 있습니다. 안타까운 것은 한국의 교육이 경쟁에서 이기는 법이나 더 많은 돈을 벌기 위한 방법 등에 초점을 맞추고, 그렇게 사는 것이 멋진 삶인 것처럼 조정하고 있다는 사실입니다. 이러한 자본주의의 폐해를 예견이라도 하듯, 미국의 대표적 경제학자인 슘페터(Joseph Alois Schumpeter)는 기업가 정신의 요소를 콕 집어 우리에게 알려줍니다.

1. 신제품의 개발
2. 새로운 생산방법의 도입
3. 신시장 개척
4. 새로운 원료와 부품의 공급
5. 새로운 조직의 형성
6. 노동 생산성의 향상

기업의 이야기로 보면 하나하나가 너무 어렵고 힘든 작업인데, 이것을 개인의 진로로 대입시켜 적용해 보면 그렇게 어렵지 않게 우리의 것으로 만들 수 있습니다.

이렇게 진로 키워드로 변환시켜 보니 그렇게 어렵지 않죠? 음…. 여전히 어렵다고요? 위의 6가지에 대한 부분을 하나씩 설명하고 적용점을 찾아내려면 책 한 권을 다시 써야 하니, 간단하게 'want'와 'must'의 비율 부분만 짚어보겠습니다.

다시 앞 청년의 예로 돌아가 봅시다. 청년이 아르바이트를 통해 자기 노동력을 제공한 대가로 원한 것 want는 당연히 '소득'이었습니다. 그리고 그 소득에 따르는 의무 must는 '정해진 시간만큼 고객에게 서비스를 제공하는 것' 정도가 되겠죠. 하지만 청년은 더 많은 것을 원했습니다. 소득을 넘어 '개선'을 원했죠. '지금보다 더 나은 결과를 가져올 수는 없을까…?'라고 스스로 고민한 겁니다. 그래서 '개선'이라는 원하는 것(want)을 위해 해야 할 것(must)으로 메모와 자료 찾기, 가설 세우기 등의 활동이 수반되어 따라온 것이죠. 그리고 여기에 적절한 멘토링(mentoring)이 더해지니 정말로 원했던 것, '더 많은 소득'과 '음악 공연'을 할 기회가 찾아온 겁니다.

다른 아르바이트생들처럼 시키는 일만 했다면 이런 일들은 시작도 되지 않았을 겁니다. '음악을 제대로, 더 많이 하고 싶다'라는 열망과 간절함이 삶의 태도가 되어 아르바이트할 때도 메모하게 하고, 자료를 찾게 했습니다. '카페 매출에 기여하는 만큼 소득을 올려주겠다'라는 확실한 보상이 없었음에도 자발적으로 시작했다는 점도 주목해야 합니다. 이처럼 평가받지도 않고 보상에 대한 확실한 약속도 없지만, 사회에 필요해 보이는 것을 먼저 찾아 해내는 것이 바로 '기업가 정신'이라고 합니다. 그러니 종종 "뭘 그렇게까지 해? 시키는 것만 하면 되지~"라는 말을 듣고 있다면, 여러분은 잘하고 있는 겁니다.

요즘 진로 멘토링을 하면서 "그거 하면 저한테 뭐가 좋은데요?"라는 질문을 정말 자주 받습니다. 자신에게 직접적인 도움이나 보상이 확보되지 않으면 시작조차 하지 않겠다는 계산적인 마음가짐입니다. 진로 멘토로서 제가 가장 우려하는 것도 바로 이런 부분입니다. 청년들이 복지 사각지대에 놓이거나 공정한 임금이나 복지를 누리지 못하는 것은 당연히 개선

해야 할 부분이겠지만, 아직 시작도 하지 않은 청년들이 몇 달 후, 몇 년 뒤 자신에게 돌아올 혜택부터 계산하는 것 역시 바람직한 태도는 아니라고 할 수 있습니다.

 원하는 것과 해야 할 것을 잘 구분해서 둘 다 해내려는 노력이 필요합니다. 원하는 것만 한다면 저도 주구장창 '강의'만 해보고 싶습니다. 사람들 앞에서 제 이야기를 하는 것과 공부한 것을 전달하는 것, 그로 인해 사람들이 성장하는 것이 제 삶의 가장 큰 기쁨이기 때문입니다. 하지만 원하는 것을 지속적으로 하기 위해서는, '해야만 할' 것이 반드시 존재한다는 사실을 기억해야 합니다.

 제 경우에는 바로 '강의 리허설'과 '자료 조사'가 그것입니다. 말하는 것은 너무 좋아하지만, 그것에 논리를 더하고 근거로 삼을 자료를 찾아 몇 번이나 녹음기를 돌려가며 대본을 수정하는 작업은 전혀 달갑지 않습니다. 아니, 솔직히 말하면 제게는 강의 리허설과 자료 조사가 '어렵고 싫은 일'입니다. 그러나 하고 싶은 일을 계속하기 위해 반드시 해내야 하는 일이기도 하지요.

 그래서 저는 하고 싶은 일과 해야 할 것의 비율을 늘 7 대 3 정도로 유지하려고 나름의 기준을 잡고 일합니다. 즐거움이 절반 이상을 차지하지 않는 일이라면, 아무리 좋은 기회라도 수락하지 않는 거죠. 실제로 너무 좋은 기회라고 생각해서 어떤 자리를 수락한 적이 있었는데, 해봤더니 알고 보니 그 비율이 2 대 8까지 바뀌더군요. 회사가 원하는 목표로 모든 팀원이 나아갈 수 있게 독려하는 교육하는 자리였는데, 당시 상황은 제가 공부한 것을 나눠주기보다 회사가 이미 만들어 놓은 교육안을 전달해야 했습니다. 새로운 교육안을 만들어 볼 수도 없고 매일 똑같은 강의안으로 앵무새처럼 읊었습니다.

그렇게 시간을 보내면서 평생의 직업이라 여기던 '교육하는 사람'에 대한 의구심이 생길 정도로 마음이 힘들어졌습니다. 경제적인 보상도 컸고 제 경력에 좋은 기회였지만, 갈수록 성과보다 힘듦이 커졌습니다. 지으신 달란트대로 살기 위해서는 그만둘 수밖에 없었습니다. 그 경험을 토대로 이제는 저만의 비율을 깨는 일은 절대로 하지 않습니다. 이제는 제 행복 조건이 '인간에 관한 공부'와 '깨달음의 공유', '타인의 문제 해결에 기여'라는 것을 알게 되었기 때문입니다. 지나고 나니 알 것 같습니다. 성과로 누리는 행복은 수명이 짧지만, 나다운 선택으로 누리는 행복은 길게 남습니다.

이런 맥락에서 저는 진로 상담을 받으러 찾아오는 청년들에게 반드시 질문하는 것이 있습니다. 바로 '자율성'과 '통제성'에 관한 질문인데요. 모든 조직에는 자율성과 통제성이 일정한 비율로 존재합니다. 채용, 직무 분배, 회의, 의사 결정 과정에 이르기까지 존재하는 이 자율성과 통제성의 비율은 곧 조직 문화의 유연성을 의미합니다. 자율성의 비율이 높으면 유연한 조직문화를 가진 것이고, 반대로 통제성의 비율이 높으면 경직된 조직 문화를 가진 것입니다.

이것을 직무에 대한 선호도로 변환시켜 적용해 보면, '자율성'은 업무의 종류나 처리 방식, 처리 기한 등의 '권한'이 크지만, 결과에 대한 '책임'까지 함께 져야 하는 직무를 뜻합니다.

또한 '통제성'은 업무의 처리와 보고 등의 체계가 명확해서 '지시'대로 따라야 하고 책임져야 할 부분도 적지만 자신의 의견이 반영되기 힘든 직무를 뜻합니다.

- 자율성이 강한 조직 : 권한이 크지만 책임질 일도 많다. 개인의 의사를 적극적으로 반영한다.
- 통제성이 강한 조직 : 권한은 낮지만 책임질 일이 적다. 개인의 의사는 제한적으로 반영한다.

"자, 이제 자율성과 통제성에 대한 개념은 어느 정도 정리가 됐죠? 그럼 ○○씨가 나중에 취업하게 된다면, 그 조직의 자율성과 통제성 비율이 몇 대 몇 정도면 좋겠어요? 어느 정도 비율이 가장 이상적인 조직이라고 생각하세요?"

"음… 저는 자율성이 7, 통제성이 3 정도면 좋겠어요."

"자율성의 비율이 꽤 높네요. 어떻게 이런 생각을 했어요?"

"저는 직업이 '돈벌이 수단' 그 이상의 의미를 가졌으면 좋겠어요. 흔히 말하는 자아실현도 직장에서 할 수 있는 일이었으면 하고요. 출근하기 싫어지고, 출근하자마자 퇴근하고 싶어지는 직장 생활이라면 너무 불행할 것 같거든요."

"맞아요. 출근이 불행한 삶을 살고 싶어 하는 직장인은 없을 거예요. 그럼 ○○씨가 생각하는 직장에서의 자율성 비율대로 자신의 의견이 조직에 잘 반영되고 그 성과도 좋으면, 방금 말씀하신 자아실현이 이뤄지는 거라고 볼 수 있을까요?"

"음… 네. 비슷한 것 같아요. '뭔가 내가 이 조직에 기여하고 있다'라는 느낌이 제게는 중요하거든요."

"그럼, 이렇게 물어볼게요. 자율성이 보장되려면 아까 말씀드린 것처럼 책임질 일도 그만큼 많아지고 일의 성과가 좋아지려면 조직에서의 적절한 경쟁도 즐길 수 있어야 하는데, 이런 부분은 괜찮나요?"

"책임과 경쟁이라…. 그건 달갑지 않네요. 그런데 일반적으로 책임은 회사가 지는 거 아닌가요?"

청년은 약간은 의아한 표정으로 제게 되묻습니다.

"여기서 말하는 책임은 '시간이나 일하는 방식에 대한 전권을 당신에게 위임할 테니 기한 내에 회사에서 원하는 성과를 보여주세요. 만약 성과를 증명하지 못하는 일이 반복된다면 당신은 해고될 겁니다.'와 같은 의미입니다. 이렇게 객관적 지표를 통해 계속해서 인사 관리를 개선하면, 실력 없는 구성원은 조직에 남아있을 수 없게 되죠. 회사는 노동력을 제공받고 그에 상응하는 대가를 주는 곳이지, 채용했다고 해서 ○○씨의 인생을 책임져야 할 부모 같은 존재가 아니니까요."

'자유로워지고 싶지만 책임은 회피하고 싶어 한다'라는 사실을 들켜버린 청년은 말없이 커피를 한 모금 홀짝이며 제 말을 기다립니다.

"물론 권한은 주지 않으면서 책임만 묻는 조직 문화는 분명 잘못된 겁니다. 하지만 앞서 말씀드린 것처럼 조직이 원하는 능력을 보여달라고 요구하고 직원이 그에 상응한 성과를 내놓았을 때 적절히 보상하는 것이 합리적 인사 정책이죠. 이것을 잘 해내고 있는 곳이 '구글' 같은 회사들이고요. 다시 말해 ○○씨가 '자유로운 조직 문화를 요구하려면 객관적 실력을 갖춰야 한다'라는 겁니다. 그럼 다시 묻죠. 조직에 자유를 요구할 수준이 되기 위해, ○○씨가 갖춰야 할 객관적인 실력에는 어떤 것이 있을까요?"

우리는 청년이 하고 싶어 하는 '경영 컨설팅' 직무에 관해 깊은 대화를 나누고, 해당 직무의 객관적 지표라 할 경력을 추려 종이에 옮겨 적습니다.

"이렇게 하니까 제가 해야 할 일이 명확해지네요. 하지만 하나 같이 오래 걸리거나 어려운 일인 것 같아서 벌써 두려움이 앞섭니다⋯. 이렇게 느끼는 게 정상인가요?"

"네! 지극히 정상적인 반응입니다. 이제부터 우리가 찾아야 할 것은 ○○씨가 경영 컨설팅을 '하고 싶은 이유'와 '해야 할 일을 즐겁게 해내는 방식'입니다. 아주 중요한 개념들이거든요."

"하고 싶은 이유에 대해서는 꽤 오래 고민해 왔기 때문에 바로 대답할 수 있을 것 같은데, 해야 할 일을 즐겁게 해낸다는 말이 이해가 잘 안 되네요."

"자신만의 업을 발견하는 과정에서 가장 중요한 것이 '하고 싶은 것의 이유'와 '해내야 할 일을 즐겁게 하는 방식'을 아는 것입니다. 이 두 가지만 스스로 발견할 수 있다면 아마 못 해낼 일이 없을 겁니다. 하고 싶은 이유에 관해서는 많이 생각해 보셨다고 하니 다음에 들어보기로 하고, 지금은 '해야 할 일을 즐겁게 하는 방식'에 관해 조금 더 이야기해 볼까요?"

제가 자세를 고쳐 앉자, 청년도 펜과 종이를 꺼내 필기할 준비를 합니다.

"보통 여기서 말하는 '해내야 할 일'에 속하는 것들은 자격증, 스펙, 공모전, 업무 성과 등 공적 기록에 속하는 어려운 장벽들을 말합니다. 한 마디로 하기 싫지만 해내야 하는 영역이죠. 그런데 이렇게 불편하고 하기 싫은 일은 실제로 투입하는 노력에 비해 성과가 적게 나올 수밖에 없어요. 모든 분야가 그래요. 제가 말하고 싶은 건, '일하는 방식'이나 '공부하는 방식'이 가장 나답고 즐거워야 한다는 겁니다.

제 이야기를 하자면, 저는 암기 과목을 아주 싫어합니다. 저는 무언가를 배울 때 이유와 목적을 이해해야 열정이 생기는 사람이라, 단순 암기를 통해 얻는 자격증이나 스펙에서 의미를 찾는 게 거의 불가능했습니다. 그래서 날이 갈수록 '자격증을 딴다고 갑자기 그 사람이 그 능력을 갖추게 되는 건 아니잖아?'라는 회의감만 깊어졌습니다.

그런데 결국 한 가지 딜레마에 빠지고 말았습니다. 취업을 희망하는 회사의 '자격 요건'에 공인 영어 성적이 포함되어 있었기 때문입니다. 암기 과목에 대한 거부감 때문인지, 그냥 외우기만 해도 점수가 올라갈 영역인데 공부에 전혀 집중할 수 없었습니다.

그러다 발견하게 된 저만의 즐거운 공부법이 바로 '카드놀이'입니다. 제가 어릴 적부터 카드 형태로 무언가를 메모하거나 보관하는 것을 좋아했다는 사실을 기억해 낸 겁니다. 그래서 암기해야 할 단어나 문법을 카드 형태로 제작해서 동그란 고리로 묶어서 다니며, 수시로 한 장씩 넘기면서 읽고 외우기 시작했습니다. 책을 펼쳐 놓고 공부하던 방식을 카드 암기 형식으로 바꿨을 뿐인데, '단순 암기'에 대한 거부감이 없어졌을 뿐 아니라 시간이 지나니 재미있기까지 했습니다. 결국 단기간 동안 회사에서 요구하는 영어 성적을 상회하는 결과를 얻었죠.

저는 여기서 힌트를 얻어 업무와 관련된 중요한 메모들을 모두 색상별 카드로 정리하기 시작했고, 지금은 '에버노트'라는 애플리케이션을 활용해서 그렇게 하고 있습니다. 지금은 10년 넘게 이어온 카드놀이가 '데이터 관리법', '나만의 구글링 만들기' 등의 콘텐츠가 되어 기업 강연에도 사용하고 있어요. 공부하는 방식이 바뀌어야 한다는 말이 이제 좀 이해가 되나요?"

"네, 어느 정도는요. 그럼, 그 카드놀이 방식의 공부법을 모든 사람에게 적용할 수는 없다는 말씀이죠?"
"바로 그겁니다. 각자가 가지고 있는 즐거움과 재미의 영역이 모두 다를 테니까요."
"그러면 먼저 제가 어디에서 즐거움이나 편안함, 재미를 느끼는지 아는 것이 중요하겠네요. 아, 생각해 보니 저는 걸을 때 가장 마음이 편해요. 목적이 있어서 이동하는 것 말고, 아무런 제약이 없는 상태에서 풍경을 보며 걷는 산책 같은 거요. 이런 즐거움도 '일하는 방식'이나 '공부하는 방식'으로 변환할 수 있을까요?"

"그럼요. 충분합니다. 결국에는 스스로 가장 최적화된 환경을 구축하는 것이 결승점이겠지만, 산책과 관련해서 발견한 다른 멘티들의 방법을 몇 가지 말씀드려볼게요."

■ '걷기'와 관련해서 발견한 멘티들의 공부 방식

1. 2시간마다 나가서 10분 정도 걷다 들어와 다시 공부한다.
2. 산책할 때 들을 음악 재생 목록을 업데이트하며 걷는다.
3. 산책하는 것처럼 3시간마다 장소를 옮겨가며 공부한다.
4. 식사 후 30분 산책을 통해 식곤증과 소화를 동시에 잡는다.
5. 아이디어 노트를 들고 산책하며 떠오르는 생각을 메모한다.
6. 걸으면서 사람들이 잘 보지 않을 것 같은 시점으로 사진을 찍어본다.
7. 한 번도 가보지 않은 경로로 산책한다.
8. 카드 형태의 암기장을 들고 걸으면서 외운다.
9. 공부한 내용들을 음성녹음 파일로 만들어 걸으면서 듣는다.
10. 귀마개를 한 채, 걸으면서 지금 하는 공부를 성공적으로 마친 자기 모습을 상상해 본다.

"걷기라는 즐거움에서 나온 것만으로도 이렇게 다양합니다. 그러니 즐거움의 영역이 다양하다는 것은, 불편하고 어려운 일을 즐겁게 해낼 방법이 그만큼 다양하다는 이야기겠죠?

중요한 것은 자신만의 즐거운 방식을 끊임없이 성찰하는 거예요. 그러면 사회에서 요구하는 '일'이 쉬운 일과 어려운 일에서 '매우 즐거운 일'과 '조금 즐거운 일'로 바뀔 수 있을 겁니다."

"소장님, 한 가지만 더 여쭤볼게요. 혹시 그렇게 즐거운 일의 방식으로 변환할 수 없는 경우도 있나요?"

"좋은 질문이네요. 물론 존재합니다. 그래서 저는 아무리 애써도 '저만의 즐거운 일의 방식'의 영역에 들어오지 않는 일은, 하지 않습니다. 아무리 제 일로 만들려고 노력해도 안 되는 건, 제가 할 일이 아닌 걸로 여기고 거절해요. 그리고 그로 인해 책임져야 할 부분이 생기면 기꺼이 감당하려고 노력하고요. 이렇게 제가 즐겁게 할 수 있는 일의 영역을 분명하게 아는 것만큼 안정감을 주는 건 없는 것 같습니다. 무언가 억지로 참으면서 해야 하는 일이 사라지거든요."

"질문보다 더 좋은 답변이네요. 오늘은 집에 가서 제가 가장 즐거워하는 삶의 영역이 무엇인지 살펴봐야겠습니다. 저도 얼른 찾아내서 공부 방식을 바꿔보고 싶어요!"

앞날에 대한 걱정으로 한숨을 쉬며 주저앉던 청년이 무언가 빨리해 보고 싶다며 서둘러 달려 나가는 모습이 그려지지 않으십니까? 물론 실제로도 많은 사람이 이런 과정을 통해 성공적인 진로 상담을 경험하고 있습니다.

진로 상담 사례로 살펴본 이 작업은 여러분의 삶에서 굉장히 중요한 부분에 관한 이야기입니다. '나만의 즐거움'이라는 기준은 곧 직업 선택의 기준, 소득 만족도의 기준, 관계의 기준을 넘어 결국에는 '행복의 기준'이 되기 때문입니다. 하지만 행복의 기준이 중요하다는 것을 안다고 해서 바로 찾게 되는 건 아닙니다. 그것을 찾아가는 과정 자체도 쉽지 않지만, '나'를 이루는 요소들의 균형을 잃지 않으면서 탐구해야 한다는 점은 여간 어려운 일이 아니기 때문입니다. 그래서 저는 이 마음의 문제를 시간의 문제로 치환하게 한 후 시각화해서 가르칩니다. 내가 쓰는 시간의 비율이 곧 내 마음의 비율이기 때문입니다.

시간의 적정 분배를 알기 위해서는 먼저 시간의 4가지 요소를 이해해야 합니다. '시간의 4요소' 이론은 시간 관리하는 방법을 멘티들에게 가르치기 위해 제가 만들어 낸 개념으로, 블루 타임, 레드 타임, 로스 타임, 골드 타임의 4가지로 구분합니다. 블루 타임은 '나의 성장에 투자하는 시간'입니다. 여기에는 주로 독서, 자발적 공부, 퇴근 후 자기 계발 등이 포함됩니다. 두 번째, 레드 타임은 '생계와 생존을 위해 투자하는 시간'입니다. 학생들에게는 수업 시간, 직장인들에게는 근무 시간이 되겠죠. 수면 시간, 식사 시간도 여기에 속합니다. 세 번째, 로스 타임은 흔히 말하는 '자투리 시간'입니다. 갑자기 약속이 취소가 되거나 장소와 장소를 옮길 때 발생하는 이동 시간 등도 여기에 속하죠. 마지막으로 골드타임은 '온전히 나만을 위한 휴식 시간'입니다. 휴식을 하면 회복하거나 충전이 되어야 합니다. 기억할 것은, 골드 타임이 아무것도 하지 않는 시간과는 다르다는 것입니다.

자, 그럼 여러분은 이 4가지 시간 요소 중에서 어떤 것이 가장 많아야 한다고 생각하나요? 신기하게도 교회 청년들에게서 다양한 대답이 나옵니다. 어떤 청년은 평생 골든 타임이었으면 좋겠다 하고, 또 어떤 청년은 하루 중 블루 타임이 가장 많았으면 좋겠다고 합니다. 정리하자면, 모든 사람에게는 시간 요소의 황금비율이 다릅니다. 그래서 하루에 단 4시간만을 일해야 행복한 사람이 있고, 10시간을 일해도 행복한 사람이 있습니다. 또 하루 1시간만 쉬어도 되는 사람이 있고, 하루 중 5시간은 쉬어야 하는 사람이 있습니다. 우리가 모두 다르게 지어진 존재라서 그렇습니다. 성경적으로는 너무 당연하다고 여겨지는 이 다름의 진실이 시간 관리의 영역에서는 수용되지 않아, 모두 '표준화된' 기준을 적용합니다. 그래서 유명 플래너 구성에 자신을 구겨 넣은 채 살아보려 애쓰는 청년들을 자주 만납니다. 당연히 잘 안될 겁니다. 그 플래너가 청년을 위해 만들어지지 않았으니까요.

저는 이 시간의 4요소 개념을 적용하면서 저만의 황금비율을 찾아냈습니다. 제 경우는 일주일 168시간을 블루 타임으로 49시간, 레드 타임으로 98시간, 로스 타임으로 7시간, 골드 타임 14시간으로 나눠서 생활합니다. 시간 요소의 우선순위는 사람마다 다릅니다. 저는 골드-블루-로스-레드의 순서로 살아야 가장 행복한 사람이더군요.

그래서 한 주 계획을 세울 때 가장 먼저 '하루 2시간을 어떻게 놀지?'를 생각합니다. 그리고 그 시간에 재즈를 듣거나 악기를 연주합니다. 혹은 바쁜 일정 때문에 미뤘던 독서를 하기도 하죠. 그렇게 한 주 동안의 골드 타임 계획을 다 세워둔 다음, 해야 할 공부 즉 '블루 타임'을 계획합니다. 이때는 주로 한국의 대학 입시 교육제도부터 취업 시장, 산업과 경제 구조로 정보를 확장하며 공부합니다. 제 비전에 도움 되는 공부를 하는 시간이죠.

그리고 레드 타임을 계획합니다. 여기서 제게 가장 중요하게 생각하는 것은 수면 시간의 확보입니다. 저는 욕심과 불안이 많은 사람입니다. 남들보다 조금만 더 노력하자며 일하다 보니, 어느 순간 밤을 새워 일하고 있더군요. 결국 건강이 나빠져서 아끼는 사람들과 헤어져 있어야 했던 경험이 있습니다. 그후 수면 시간을 꼭 지켜내려고 합니다. 그다음, 여러 사업이나 멘티들과 관련한 직무 정보를 찾고 건물 관리를 위해 세금 정책과 금액을 정리하죠.

마지막으로 로스 타임은 언제 발생할지 모르는 자투리 시간이라, 별도로 시간을 정해두지 않고 그 시간이 발생했을 때 무엇을 할 건지 항목별로 정해놓습니다. 모든 계획은 완벽할 수 없습니다. 변수가 생기고 계획에 차질이 생기기도 합니다. 그러니 로스 타임이 생길 때마다 유연하게 배분하면 됩니다. 특히, 무리하고 있다고 생각하면 로스 타임을 골드 타임으로 씁니다. 낮잠을 자고 재즈 음악이 흐르는 카페를 찾아 책을 읽습니다. 그리고 아이들과 게임을 즐기기도 하죠. 반대로 새롭게 발표된 교육 정책을 다 읽지 못했을 때는 로스 타임이 생길 때마다 정책 문서를 꺼내 정독하는 30분을 보냅니다. 신기한 것은 시간을 유연하게 배분해서 쓰다 보면 원래 달성하려고 했던 목표의 근사치까지 꼭 도달하더라는 점입니다. 그래서 시간 관리의 영역에서는 완벽함이 아니라 유연함이라는 역량이 더 필요합니다. 완벽한 하루를 보내는 것보다 방향이 설정된 유연한 한 달이 훨씬 힘 있으니까요.

한 가지 유념할 것은, 시간에 대한 개인의 정의에 따라 시간을 4가지 요소로 나누는 '구분 기준'이 달라진다는 것입니다. 저도 그랬고, 제 멘티들도 이 부분을 가장 어려워합니다. 제게 '독서'는 휴식이고 골드 타임 영역인데, 어떤 사람에게는 독서가 어려워도 해내야 하는 공부이기 때문에 블루 타임 영역이 되기 때문입니다. 반면, 제게 '맛집 탐방'은 시장 조사와 부동산 임장을 위한 레드 타임 영역인데, 어떤 이들에게는 맛있는 것을 먹고 사람들과 관계를 다지는 골드 타임 영역이 됩니다.

즉, 시간에 대한 나의 정의가 먼저 세워져야 합니다. 나의 성장 요소를 알면 블루 타임을 알 수 있고, 나의 생계 환경을 알면 레드 타임을 알 수 있고, 나의 휴식 방법을 성찰하면 골든 타임 항목을 찾아낼 수 있습니다. 시간 요소에 대한 구분을 잘 해두면 '균형적 성장'이라는 궤도에 오를 수 있고, 그 궤도 위에 올라야 하고 싶은 것과 해야 할 것의 황금비율을 찾아낼 수 있겠죠. 이것은 하루아침에 되는 일이 아니니 조급해하지 말고 이번 기회에 차분히 자신에 대해 알아가야겠다는 각오를 할 필요가 있습니다.

사회의 기준에 자신을 끼워 맞추려 하지 마세요. 남들보다 조금 더디고 힘들더라도 꿋꿋하게 나 스스로가 내 삶의 기준이 되려 노력해야 합니다. 그래서 학력, 급여, 아파트 평수, '좋아요' 수 등으로 나를 평가하려는 모든 것에 치열하게 반항하고 저항하십시오. 나는 나로서 살아가는 것, 그 자체만으로 귀한 대접을 받아 마땅합니다. 하나님께서 우리를 귀한 존재로 지으셨으니까요. 그러니 스스로 삶의 기준을 만드는데 지금보다 더 많은 시간을 투자하세요. 이 기준이 없으면 어느 순간 불안해지기 시작하고, 불안한 시절이 계속되면 사람들이 만들어 놓은 기준이라도 붙잡고 싶어지기 때문입니다.

이런 관점에서 삶은 참 공평합니다. 누군가의 삶을 행복과 불행으로 평가하거나 서열화할 기준은 처음부터 존재하지 않으니까요. 자신의 삶을 자신의 방식대로 만들어가는 것이 곧 행복을 구하는 삶입니다. 그러니 다른 사람들의 평가나 걱정, 잔소리는 조언으로 듣되 그들의 말이 여러분 삶의 방향성까지 흔들게 놔두지 마십시오. 여러분을 잘 알지 못하는 사람의 섣부른 평가는 콧방귀를 끼고 계속 자신만의 길을 걸어가세요. 그러다 보면 어느 순간 나만의 행복을 넘어 여러분의 삶의 행보가 누군가에게 유의미한 '길'이 되어 있을 겁니다.

이렇게 나의 행복과 복음적 영향력이 균형을 이루는 삶이 진정한 비전의 삶이며 우리가 추구해야 하는 삶의 모습입니다. 오늘은 제가 존경하는 수학자이자 물리학자이며 발명가인 '스'형의 말로 글을 마무리해봅니다. (이 형은 예나 지금이나 늘 맞는 말만 하시는 듯하네요. 질투 나게)

'과하면 해롭고, 부족해도 해롭다.
모든 것에는 적당한 수량이 있으며 그것을 지켜야 한다.'
— 아르키메데스

다른 사람들의
미션 제출 엿보기

Step 12. 하고 싶은 것과 해야 할 것의 비율을 스스로 정하세요

진로 멘토의 Q&A _12

Q. 시간의 4요소(블루, 레드, 골드, 로스)에 맞춰 다음 일주일의 계획을 짜보세요. 어떤 시간이 더 많아지길 원하나요? 그 이유는 무엇인가요?
(양식은 멘토링 연구소 카페에서 다운받으실 수 있습니다.)

양식 다운로드

■ 주간 계획표 작성 팁

1. 계획은 항상 80%만 세운다.
2. 해당 시간에 블루, 레드, 로스, 골드 타임 별로 색깔을 구분한다.
3. '지난 주 하지 못한 일'과 '이번 주 할 일' 중 우선순위를 정해 기입한다.
4. 마감기한이 있는 일부터 먼저 시작한다.
5. 완성된 주간 계획표는 항상 눈에 보이게 한다(방에 게시해두거나 촬영 후 소장하기 등).
6. 매일 잠자리에 들기 전, 하루의 계획을 피드백 해서 수정해 나간다.

Q. 이 미션을 하면서 나에 대해 알게된 것은 무엇인가요?

주간 계획표 양식

지난 주에 하지 못한 일		월	화	수	목	금	토
1.	오전 06:00						
2.	오전 07:00						
3.	오전 08:00						
4.	오전 09:00						
5.	오전 10:00						
6.	오전 11:00						
이번 주 할 일	오후 12:00						
1.	오후 01:00						
2.	오후 02:00						
3.	오후 03:00						
4.	오후 04:00						
5.	오후 05:00						
6.	오후 06:00						
7.	오후 07:00						
8.	오후 08:00						
9.	오후 09:00						
10.	오후 10:00						
11.	오후 11:00						
12.	오전 12:00						

자투리시간 활용

5분	15분	30분	1시간

지난 주 통계	
레드타임	시간
블루타임	시간
루스타임	시간
골드타임	시간

이번주 목표	
레드타임	시간
블루타임	시간
루스타임	시간
골드타임	시간

나의 비전선언문

Step 13
작은 성취가 지속되어야 성장할 수 있습니다

"이 길이 제 길이 맞는지 확신이 들지 않아요…. 확신만 있으면 제대로 해볼 텐데…."

여느 때와 같은 2월이었는데 그해의 그는 유난히 불안해 보였습니다. 소위 '졸업반'이었기 때문입니다. 20살 이후로 7년 동안 그에게 방학은 '공부' 외에는 아무것도 없었습니다. 영어부터 자격증, 한국사에 이르기까지 이른바 스펙에 속하는 것들을 차곡차곡 쌓느라 그 흔한 휴가도 몇 년 동안 미뤘습니다. 이 고통스러운 나날이 지나면 오랫동안 꿈꿔온 오아시스가 나타날 거로 생각했기 때문입니다.

하지만 정작 취업반이 되어 여러 회사에 지원서를 넣어봤지만, 깜깜무소식인 날들이 이어졌습니다. 그는 혹시나 아침저녁으로 오는 광고 문자 조차, 합격 문자일까 싶어 쉽게 무시하지도 못했습니다. 당연히 조급한 마음이 들기 시작했죠. 자신이 보낸 지원서가 잘 도착한 건 맞나 싶어 메일 수신확인 버튼을 여러 번 눌러봤지만, 접수 담당자가 그의 지원 메일을 확인한 시간만 표시되어 있을 뿐입니다. 메일 회신은 없었습니다. 불합격한 거죠. 차라리 '불합격입니다~'라는 연락이라도 오면 얼른 마음을 정리해서 다른 회사에 지원할 텐데, 이러지도 저러지도 못한 채 시간만 계속 흘러갔습니다.

"원래부터 대기업에 들어가는 게 목표였어요?"
무심히 던진 한마디에 순간 그의 눈동자가 미세하게 떨렸습니다.

"그건 아니에요. 딱히 하고 싶은 것이 있는 것도 아니고…. 그렇다고 능력이 뛰어나서 회사를 골라 입사할 상황도 아니라서요. 가장 안정적으로 보이는 곳을 목표로 지원하는 거죠. 무엇보다 결혼 같은 현실적인 문제도 있고요…."

이 말을 하며 그는 커플링처럼 보이는 손에 낀 반지를 바라보다가 복잡한 표정으로 애써 미소를 지어 보였습니다. 상황을 들어보니 주변 친구들은 이미 일을 시작했고, 부모님은 그가 이제 졸업반이니 어느 쪽이든 그가 얼른 자리 잡기를 원했습니다. 무엇보다 인생의 큰 선택을 할 수 있는 시간이 얼마 남지 않았다는 생각이 그를 더 초조하게 만들었습니다.

"저도 빨리 뭔가 해야 하는데…."
그는 남보다 많이 뒤처지거나 아무것도 하고 있지 않다는 생각을 떨쳐버릴 수가 없었습니다. 워낙 부모님 말씀을 잘 든는 착한 아들이었기 때문에 더 속상했을 겁니다. 그는 열심히 살지 않은 시절이 거의 없었기 때문에 조금 억울하다고 말했습니다.

"대학생이 되었을 때부터 시간을 단 한 번도 허비해 본 적이 없는 것 같은데, 결과는 왜 항상 이럴까요? 뚜렷한 결과가 나오지 않으니 제 탓이 아니란 걸 알면서도 자괴감이 드네요…."

가슴속 깊은 곳에서부터 길게 내쉬는 한숨 소리로 그의 고민과 갈등이 얼마나 심각한지 느낄 수 있었습니다. 그는 고삐가 풀려 있지만 도망가지 못하는 망아지 같다며 자신을 비하했습니다.

"저도 답답한 20대를 지나왔어요. 당시에는 몰랐다가 지금 알게 된 것 중 하나는, 조급한 마음이 들 때 선택과 행동의 우선순위를 바꿔야 한다는 사실입니다. 사람들은 대부분 오랜 고민과 수많은 변수를 고려해서 선택한 후에 행동하고 싶어 하죠. 그래야 실패하지 않을 거로 생각하니까요. 하지만 40대가 된 지금 제가 알게 된 가장 중요한 개념은 '행동한 후에 선택하는 것이 더 옳다'라는 겁니다."

"행동한 후에 선택한다는 건, 뭘 말하는 걸까요?"

그는 다소 어리둥절한 표정으로 자세를 고쳐 앉으며 질문을 이어갔습니다.

"고민하는 데 불필요한 시간을 소비하지 말고, 아직 완전히 준비되지 않았다 해도 그 고민과 관련한 행동을 먼저 해보자는 거예요. 대기업에 갈지, 중소기업에 갈지를 고민하며 1년을 보낼 게 아니라, 둘 중 한쪽에서 3개월이라도 근무해 보라는 거죠. 그렇게 하는 것이 자신의 길을 찾는 데 훨씬 도움이 됩니다. 자신에게 맞는 일이 무엇인지 판단하는 데 직접 해본 경험만큼 도움이 되는 건 없을 테니까요. 이런 결정을 자신의 것으로 만들어서 실제로 직접 움직이는 사람은 그리 많지 않다는 게 그 증거겠죠."

"네, 저는 듣는 것만으로도 쉽지 않게 생각되네요. 확실하지 않아도 먼저 움직여보라고요…."

"부연 설명을 하자면, 직업을 바꾸거나 직무를 이동하는 것을 '실패'라고 여기지 않는 '자기 확신'이 필요합니다. 자기 확신이 충분한 사람은 예상한 결과가 나오지 않더라도 그 속에서 배울 점을 끄집어내어 학습하지만, 그렇지 않은 사람은 맞는 길을 가고 있어도 늘 불안해하죠."

"자기 확신에 대해 조금 더 설명해 주실 수 있을까요?"

"자신이 무엇을 좋아하고, 어떤 기준으로 살아가는지 등에 대한 기준을 세우는 것을 말합니다. 기준이 '돈을 많이 버는 것'뿐이라면, 말 그대로 고액 연봉을 주는 직장에만 들어가면 됩니다. 급여만 많이 받는다면 그곳에서 하게 될 노동의 강도나 관계성 유무에 상관없이 만족할 테니까요. 하지만 반대로 사람들과의 유대 관계를 가장 중요하게 여긴다면, 소득이 적어도 수평적인 조직 문화를 가진 기업에 들어가려고 하겠죠.

이런 기준을 스스로 찾기 위해 먼저 행동해 봐야 합니다. 그런데 여기서 또 한 가지 중요한 것은, 행동을 경험 삼기 위해 기록을 남겨야 한다는 사실입니다. 기업이나 개인의 환경을 변화시키기 위해 많이 사용하는 PDS라는 도구가 있습니다. 오랜 시간이 지나도 계속해서 선택받는다는 것은 그만큼 신뢰도가 높다는 말이기도 하겠죠?"

"PDS요?"
"네, 원래는 경영학에서 생산관리 시스템을 관리하기 위한 경영 기법인데, 'Plan - Do - See'의 약자입니다. 계획하고 실행하고 피드백하는 사이클을 반복하다 보면 자기의 기준을 갖게 된다는 말입니다. 직접 해보면 알겠지만, 모든 것을 기록하며 살아간다는 건 생각보다 어려운 작업이랍니다."

"그렇게 할 수 있다면 정말 좋겠습니다만, 제 머릿속에는 그보다 현실적인 문제들이 자꾸 떠오르네요. 대출금이나 자동차, 집, 결혼 같은 것들요."
"네, 그럴 수 있죠. 생존이 보장되지 않는 상황에서 삶의 만족이 무슨 의미가 있냐고 하시는 분들이 꽤 많거든요. 저도 많이 받아본 질문이라 이전의 답변을 정리해서 말씀드려볼게요."
저는 볼펜을 딸깍 누르며 노트를 집어 드는 청년을 바라보며 흐뭇한 마음으로 말을 이어갔습니다.

"우리가 어떤 일을 하려고 할 때 가장 많이 하는 것이 바로

'계획'이 아닐까 싶습니다. ○○씨도 연초나 월초에 계획을 세워본 적이 있을 겁니다. 보통 이런 계획을 세울 때 어떤 기준을 적용하는 편인가요?"

"음… 생각해 보니 아무래도 이루고 싶은 목표를 많이 적는 것 같네요. 운동하기, 독서하기 같은…?"

"네, 보통 그렇죠. 이렇게 이루고 싶은 것을 흔히 목표 즉, 'Goal'이라고 설정하는데요. 사실 이것은 잘못된 명제입니다. 목표(Goal)와 원하는 것(Want)을 혼동해서 생기는 오류라고 볼 수 있죠. 그래서 실현할 수 있는 목표를 설정하고 싶다면 이 둘을 명확히 구분할 필요가 있습니다."

"'Goal'과 'Want'요? 그렇게만 들어서는 이 둘의 무엇이 다른지 감이 안 잡히네요. 좀 더 설명해 주실 수 있을까요?"

[그림4] Want와 Abiliy

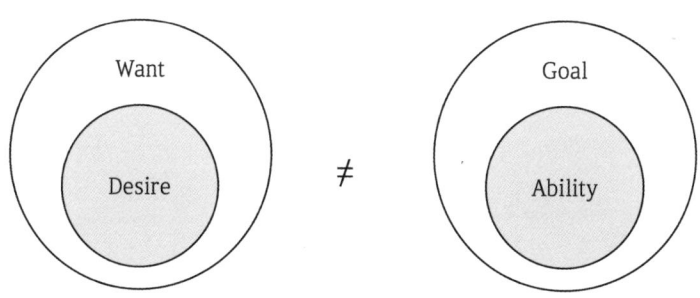

∴ Want ≠ Ability

"네, 좋습니다. 잠깐 이 그림을 같이 한 번 볼까요?"
 저는 몸을 돌려 화이트보드에 다이어그램을 그리기 시작했습니다.

 "목표는 실현할 수 있을 때 의미가 있습니다. 비현실적이면 안 된다는 말이죠. 그런데 'Want'는 그 안에 이미 'Desire' 즉, 욕망의 의미가 포함되어 있기 때문에 비현실적인 경우가 많습니다. 예를 들어, 1년 동안 다이어트를 실패한 사람이 '한 달 안에 10kg을 감량하는 데 성공하겠다'라고 다이어리에 적었다면, 그것은 'Goal'이 아니라 'Want'입니다. 문제는 우리가 성취하고 싶은 일이나 변하기를 원하는 바를 적어 놓고 그것을 목표로 인식하려고 한다는 점입니다."
 "그러면 방금 말씀한 다이어트의 예시에서 현실적인 목표를 어떻게 적어야 하는 걸까요?"
 "좋은 질문입니다. 우리는 먼저 '자신의 역량' 즉, 'Ability'를 알아야 합니다. 다이어트 예시에서의 'Ability'는 하루 중 운동에 투자할 수 있는 시간, 운동에 투자할 수 있는 자본 비율, 꾸준하게 자기 관리를 하려는 끈기 있는 마음가짐의 정도 등을 의미합니다. 보통 'Ability'는 'Want'의 값과 같거나 적게 나타나는데, 역량의 범위와 수준을 객관적으로 잘 파악할수록 실현할 수 있는 목표를 설정할 가능성도 높아집니다.
 예를 들면, 현재 자신이 하루에 1시간을 운동에 투자할 수 있고, 한 달에 10만 원을 운동에 투자할 수 있는데 한 달 이상 꾸준히 무언가를 해본 적이 없을 정도로 끈기가 부족하다고 가정해 봅시다. 그러면 다음과 같은 조건 목표들을 마련할 수 있습니다."

1. 샤워하는 시간을 제외하면, 40분을 투자할 수 있다.
2. 짧은 시간에 많은 열량을 소모할 운동 계획이 필요하다.
3. 자료를 찾아보니 그런 운동 루틴으로는 ○○○, ○○○, ○○○이 있다.
4. 다이어트는 식단 관리와 병행되어야 효과가 있다.
5. 그래서 운동에 투자할 8만 원을 식단 관리를 위한 샐러드식에 투자한다.
6. 혼자서 한 달 동안 끈기를 유지하기 힘든 상황이니, 감시자 역할을 해줄 유료 애플리케이션을 2만 원에 결제한다.

"음, 바라는 이상향보다 지금 할 수 있는 역량에 초점을 맞춰서 목표를 정하라는 말씀이죠?"
"네, 이렇게 '자신의 역량'에 초점을 맞춰서 목표를 정하면, 가장 현실적인 다이어트 목표는 한 달에 3kg 정도라는 것을 산출해 낼 수 있겠죠. 그러면 목표를 '3개월에 9kg 감량'으로 수정해서 적는 겁니다. 지금까지 말한 내용을 요약하면 다음과 같이 기호화할 수 있습니다."

$$G = W - A + 1$$

"G는 'Goal', W는 'Want', A는 'Ability'이겠군요. 그럼 맨 뒤에 표기한 '+1'은 어떤 의미인가요?"

"네, 끝에 표기한 '+1'은 목표를 설정할 때 가장 쉬운 단계에서부터 난이도를 조금씩 높여가야 한다는 것을 의미합니다. 너무 이상적인 목표를 세우는 것도 문제지만, 너무 쉬운 목표에 만족해서 실제로 사회가 요구하는 수준에 도달하지 못하는 경우도 있기 때문입니다. 이 부분에서 가장 중요한 점이 '작은 성취를 습관화'하는 것입니다."

"작은 성취라면… '오늘도 할당량을 다 해냈다'라는 마음 같은 건가요?"

"네, 비슷합니다. 조금 더 정확하게 말하면 목표 지향적인 성장형 사고방식입니다. 목표를 달성한 뒤에 '지금보다 조금 더 어려워도 할 수 있겠는데?' 같은 생각을 자주 해보는 사고방식이라고 할 수 있습니다. 이런 사고방식은 눈앞에 보이는 성과들을 기반으로 목표를 높여나가기 때문에, 삶에 대한 자신감을 갖는데 탁월한 효과가 있습니다. 그렇게 조금씩 목표를 상향 조정하다 보면 어느새 처음에 원했던 'Want'와 엇비슷한 결과물을 만들어낼 수 있어요."

"'목표를 잘게 쪼개다'라는 말과는 조금 다르네요. '목표를 현실성 있게 세분하고 적절한 순서를 정해서 순차적으로 달성한다'라는 말이 조금 더 정확할까요?"

"네, 정확합니다. 목표를 하나의 덩어리가 아니라 도미노처럼 연결성을 가진 계단이라고 인식하는 거죠. 그래서 제 연구소에서 많이 사용하는 양식이 바로 '작은 성공일지'입니다. 매일 달성할 가장 작은 단위의 목표를 설정하고 동그라미를 기재하며 성취감을 느끼는 거죠. 그 대신 2번 이상 동그라미가 그려진 목표는 난도를 높여서 작업을 반복합니다."

"그러면 여기 삼각형 표시는 뭘 의미하는 거죠?"
"목표 달성과 실패를 반복하는 항목이죠. 그래서 삼각형 표시가 많이 나타나는 수준이 자신의 'Ability'라고 보면 됩니다. 이 삼각형 항목의 구성 요소를 따져보면, 분명히 '성공하지 못하게 하는 부족한 역량'이 숨어있을 겁니다."
"예를 들어 설명해 주시면 어떨까요? '성공하지 못하게 하는 부족한 역량'이라는 말이 잘 이해가 안 돼서요."

"좋습니다. 그럼, 독서를 예를 들어볼까요? '작은 성공일지' 양식에 '인문학책 읽기'라는 항목을 써넣는다고 가정해봅시다. 일단 실현 가능한 목표가 되기 위해 역량을 알아야 하니, 인문학 책 한 장(Chapter)을 읽는데 본인에게 어느 정도의 시간과 환경이 필요한지 파악해야 합니다. 그래서 '인문학 고전'보다 '인문학을 쉽게 풀어낸 해설서'를 하루 2페이지씩 읽는 것을 목표로 정했습니다. 그러면 '+1'의 영역은 수준은 동일하게 하고 읽는 분량을 늘리는 것이 되겠죠?
나아가 2페이지는 수월하고 10페이지는 어렵다고 하면, 인문학 해설서를 읽어낼 역량은 '하루 2페이지에서 10페이지 사이'라고 볼 수 있겠죠. 이렇게 작은 목표의 범위를 좁히며 읽다 보면 삼각형 모양이 자주 등장하는 분량인 '6페이지'를 만나게 될 겁니다. 여기가 성공과 실패를 반복하는 지점이니, 작은 성공일지에는 '인문학 해설서를 하루 6페이지씩 읽기'라고 설정해야 실현할 수 있는 목표가 되겠죠?"

"음, 뭔가 스무고개 질문하듯 역량을 찾아가는 느낌이네요."
"맞습니다. 마치 외부의 힘으로 진자 운동을 하던 무게 추가 중심을 서서히 찾아가는 것처럼 적정선을 설정하는 것이 가장 먼저 해야 할 일이에요. 이런 식으로 자신의 역량을 분석하고, 원하는 목표와의 간극을 객관적으로 알고 있어야 시간이나 역량 면에서 현실적 목표를 세울 수 있는 겁니다."
"일단 이 양식으로 제가 이루려고 하는 목표마다의 역량을 적어보겠습니다. 혹시 이런 작업을 할 때 유의할 점이 더 있을까요?"

빼곡히 적은 메모장을 넘기면서도 청년의 시선은 제게 머물러 있었습니다.

"목표에 관해 이야기했으니, 이제는 '선택'에 대해 다뤄보면 좋겠네요. 많은 사람이 생존과 삶의 만족을 전혀 다른 길로 인식하는 것 같습니다. 그래서 좋아하는 것을 선택하면 생존이 보장되지 않고, 생존을 선택하면 삶의 만족을 포기해야 한다고 판단하는 거죠. 이런 인지의 오류를 한 번 짚어보도록 합시다.

첫 번째로 기억해야 할 것은 '안정적 직장이 곧 생존을 보장하지는 않는다'는 사실입니다. 직장도 그 사업체를 운영하는 사람에게는 '사업'입니다. 부모님이나 주변의 선배를 비롯한 어른들이 "사업은 안 된다, 사업은 하지 말라"고 들어왔던 바로 그 사업 말이죠. 그러니 꼬박꼬박 들어오는 급여만 생각하면서, 언제든 회사가 사라질 수 있다는 사실을 잊어서는 안 됩니다. 그 급여조차 60세 이전, 아니 그보다 훨씬 더 전에 끝날 가능성이 크다는 사실은, 이제 대학생들도 잘 압니다.

다시 말해서 지금의 청년들은 언젠가 자기만의 일을 가져야 하는 세대라는 겁니다. 그것이 통닭집이든, IT 스타트업이든, 직장에서의 경험을 살린 프리랜서 일이든 상관없이 말이죠. 그러니 현재 다니고 있는 직장을 내 모든 생존권을 보장해 주는 곳으로 인식하지 말고 '나중에 스스로 창업할 회사에 필요한 경험을 쌓는 곳'으로 생각하고 일하기를 바랍니다.

두 번째로 기억해야 할 것은, 좋아하는 일을 발견해서 그것을 반복하다 보면 사람들이 감히 넘보지 못할 '탁월함'에 이르게 된다는 사실입니다. 좋아하지 않는 일과 분야에서 탁월함에 이르려면 훨씬 더 많은 시간과 다양한 환경이 필요하기 때문에, 좋아하는 일을 통해 탁월함을 개발하려는 사람은 출발점에서부터 경쟁력을 갖고 시작할 수 있습니다. 사람은 늘 즐거움을 쫓아가는 존재입니다. 즐거우면 시키지 않아도 하고, 그러다가 남들이 하지 않는 깊이 있는 생각까지 할 수 있게 됩니다. 몰입의 순간에 들어가면, 고민이라고 느끼기도 전에 이미 문제에 몰두합니다.

생각해 보세요. 자신에게 맞는 일을 찾은 사람이 스스로 공부하고 쉬지 않고 그것만 생각하는데, 어떻게 못 할 수 있을까요? 각자가 가진 몰입의 순간을 찾아주는 것이 제가 내린 진로 교육의 진정한 정의입니다. 일찍부터 자신의 길을 발견한 사람들이 소득에 상관없이 행복을 느끼고 만족하는 삶을 살아가는 것을 볼 때마다 얼마나 뿌듯하고 감동적인지 모릅니다.

　세 번째로 기억해야 할 것은 '만족스러운 시작보다 빠른 시작이 낫다'는 점입니다. 우리 사회에는 타인의 만족에 대해 관대하면서 자신의 만족에 대해서는 인색한 사람들이 의외로 많습니다. 자신에게 더 엄격한 잣대를 적용하는 거죠. 그래서 좋은 직장에서부터 출발하면서도 스스로 만족하지 못해서, 합격한 회사에 출근하지 않는 청년들이 많습니다. 하지만 그렇게 기회를 한 번 미루고 나면 만족할 만한 시작을 하기가 더 어려워집니다. 무엇보다 업무 능력과 관련해서 갈수록 다양해지는 기업의 요구를 따라잡기 위해 계속해서 새로운 노력을 해야 한다는 것이 가장 큰 문제입니다. 결국 자기 꼬리를 잡기 위해 뱅글뱅글 제자리를 돌고 도는 망아지 꼴이 되어 버립니다.
　그래서 저는 직장 관련 상담을 하면서 '자신이 생각하는 좋은 직장의 조건'을 10가지 정도 적게 합니다. 그러면 다들 높은 수준의 복지나 조기 퇴근, 지속적 급여 인상같이 '영화에서나 있을 법한' 조건들을 적습니다. 그러다가 한 가지씩 지워가며 그 이유를 묻죠. 제가 하는 일은 그게 전부입니다. 그러고 나서 '마지막 남은 1가지 조건'에 부합하는 직장이 당신의 시작점이라고 말해줍니다. 꽤 많은 사람이 이 방법으로 자신에게 맞는 직장을 구했으니, ○○씨도 한번 해보시면 좋을 것 같습니다."

■ 자신의 직업 가치관을 발견하는 방법
1. 원하는 직장의 조건 10가지를 적어본다.
2. 10가지 중에서 우선순위가 낮은 것부터 하나씩 지워본다. (삭제하는 이유도 적는다)
3. 마지막에 남은 1가지 조건을 기준으로 사회생활을 시작할 곳을 선택하면 직무 매칭률이 높다.

"안정적인 직장에 대한 환상을 버려라, 좋아하는 일을 통해 그 분야에서 탁월해져라, 만족스러운 시작보다 빠른 시작이 낫다…. 이 세 가지군요. 다른 건 몰라도 방금 말씀하신 '좋은 직장의 10가지 조건'은 바로 해보고 싶네요."

딸깍. 경쾌한 볼펜 소리와 함께 움츠려있던 그의 어깨가 조금 펴지는 것이 보였습니다. 가벼운 포옹으로 인사를 나누고 상담을 마쳤습니다. 그리고 몇 시간이 지나지 않았는데 '제가 생각하는 좋은 직장의 조건 10가지는…'이라는 메시지 미리보기를 보게 됐습니다. 이런 순간에 저는 큰 행복을 느낍니다.

아직은 저도 인생을 논할 만큼 경험이 많거나 오래 살지 않았습니다. 하지만 인생에서 모든 사람이 따라야 할 '절대적으로 옳은 길'은 존재하지 않는다는 사실을 분명히 알고 있습니다. 우리 앞에는 '가본' 길과 '가보지' 않은 길이 있을 뿐입니다. 그런 면에서 보면 들어야 할 때와 듣지 말아야 할 때를 분별하는 것도 청년들에게 중요하다는 생각이 듭니다. 인생의 중요한 선택의 기로에 서 있을 때도 마찬가지입니다. 출발하기 전에는 인내심을 갖고 겸손히 경청하며 기꺼이 배우려는 태도가 중요합니다. 우리보다 경험 많은 이들의 말, 책으로 얻는 조언, 관계를 통한 배움 등으로 깨닫는 것들이 고민하는 시간을 줄여 주니까요.

 하지만 어떤 길을 가겠다고 마음먹었다면, 그때부터는 귀를 닫아야 합니다. 더는 남의 말에 휘둘리지 말고 오로지 자신의 길을 가는데 집중해야 합니다. 특히 "그게 될 것 같으냐?", "불안하지 않냐?" 같은 말에 마음이 흔들려서는 안 됩니다. 여러분이 가려고 하는 길의 끝이 보일 때까지 그렇게 말하는 이들과 잠시 거리를 두세요. 심지어 그 범주에 여러분의 부모님이 포함된다고 해도 말이죠.
 원래 '길'이라는 것이 이미 가 본 사람에게는 '경험'이지만, 아직 가보지 않은 사람에게는 '두려움'일 수밖에 없습니다. 여러분과 같은 길을 가보지 않은 이의 두려움을 너무 쉽게 여러분의 것으로 받아들일 필요는 없습니다. '불확실은 새로운 경험'이라고 여기며 그 길을 묵묵히 걸어가세요. 가로등은커녕, 전혀 길로 보이지 않는 수풀 앞에 서 있더라도 묵묵히 앞으로 나아가야 합니다. 불확실함 가운데 내딛는 그 한 걸음이 여러분을 더 나은 사람, 더 단단한 사람, 나아가 비전을 품고 성장하는 사람으로 만들어 줄 테니까요.

 그러니 원하는 것이 있다면 욕망과 실현할 수 있는 목표부터 구분하는 시간을 가져봐야 합니다. 욕망이 평생 '욕망'으로

만 존재한다면 문제가 있는 겁니다. 하지만 더 작은 목표로 쪼갤 수 있고 그 목표들이 역량 수준에 기초하고 있으며 우선순위에 따라 차례대로 달성할 수 있다면, 이야기가 달라집니다. 그것은 시간이 갈수록 탁월한 업적 혹은 큰 성취로 연결되어 줄 것이고, 언젠가 꿈으로만 품고 있던 삶을 시작할 수 있는 든든한 발판이 되어줄 겁니다. 이제 남은 것은 나에게 맞는 작은 성공의 목표들을 찾아내고 다양한 자기 실험을 하며 그것을 '현실 가능한 목표 + 1'의 값으로 정의하는 작업을 하는 일입니다.

제가 왜 이렇게 '작은 성공'의 중요성을 강조하는지 조금 의아해하는 분들도 계실 겁니다. 어디에서나 "믿는 사람들은 원대한 비전을 꿈꿔야 합니다!"라고 외치는 사람이니까요. 하지만 원대한 비전을 이루기 위해서는 매일 마주하는 하루 단위의 작은 성공이 모여야만 하기 때문입니다.

저는 요즘도 한국심리학회지에 수록된 〈소규모 성취가 개인의 행복과 만족도에 미치는 영향〉이라는 논문을 종종 읽습니다. 해당 논문에서는 무엇보다 작은 성취가 일상적이어야 한다는 점을 강조합니다. 즉, 그럴듯한 목표만 토막 내서 자기 할 일로 가져올 것이 아니라, 삼시 세 끼 잘 챙기기나 햇볕 10분 쬐기 등 일상생활에서 지켜야 한다는 것입니다. 기초적인 것들로부터 작은 성취를 쌓으면 그때 자아존중감의 향상, 긍정 감정의 증진, 스트레스 감소로 이어질 수 있다고 합니다.

저 역시 공감하는 바입니다. 그래서 제가 가르치는 교회 청년들이 반복적으로 슬럼프에 빠지거나 깊은 우울의 시기를 보낼 때는 원대한 비전을 이루려고 하지 말고 하루 안에 맛볼 수 있는 작은 성취를 달성하는 데 집중하자고 권유합니다. 신기하게도 잘 풀리지 않던 문제들이 자연스럽게 해결되는 경험을 하게 됩니다. 이번 장의 마지막 부분에 있는 양식이 바로 수많은 멘티를 탁월한 사람으로 만들어준 '작은 성공 일지'이니, 하나씩 단계별로 해보면서 여러분의 것으로 만드는 시간을 가져보면 좋겠습니다.

저는 벼락부자나 혜성처럼 등장한 스타를 별로 부러워하지 않습니다. 잠깐 반짝이는 것보다 오래 빛나는 것이 진짜 실력임을 이제는 잘 알기 때문입니다. 그래서 "요즘 돈 잘 번다며?"라는 말보다 "그 일, 아직도 해?"라는 지인의 질문을 듣는 인생이어야 합니다. 감사하게도 저도 이런 질문을 종종 듣는데요. 그럴 때마다 저는 잔잔한 미소를 띠며 이렇게 대답합니다.

'꾸준함이 진짜 실력이니까….'
- 『12-powers』, 윤성화 & 최대열 저

다른 사람들의
미션 제출 엿보기

진로 멘토의 Q&A _13

Q. 뒷 장의 양식에 맞춰 나만의 작은 성공일지를 만들어보고 일주일 동안 작은 성공일지의 달성율을 높이는 데 집중해 보세요.
일지를 작성하는 예시와 양식은 '멘토링연구소' 카페에서 다운받아 사용하실 수 있습니다.

양식 다운로드

Q. 이 미션을 하면서 나에 대해 무엇을 알게 되었나요?

작은 성공 일지 작성 후 개선 전략 짜보기 (20 . 월. 주.)

	성공 실패	달성률	실패 이유	개선전략
1.	/	%		
2.	/	%		
3.	/	%		
4.	/	%		
5.	/	%		
6.	/	%		
7.	/	%		
8.	/	%		
9.	/	%		
10.	/	%		

비전선언문

Step 14
지속적인 성장구조를 만드세요

　기대했던 큰 계약이 조그만 실수로 삐끗 하더니 결국 어그러졌던 적이 있습니다. 격려한다고 모인 회식 자리에서도 저는 '이렇게 해야 했는데', '이걸 더 어필했어야 했는데….'라며 한숨을 안주 삼아 자책의 시간을 보내고 있었죠. 정말 그런 날은 술 없이도 취할 수 있을 것 같았습니다. 스스로가 너무 작아 보여 어디 숨고 싶다고 생각하며 가방을 움켜쥐려는 그때, 평소에 말도 잘 섞지 않던 한 선배가 옆에 툭 걸터앉았습니다.

"가려고?"
"아, 아닙니다. 잠시 다른 생각을 좀 했습니다."
"넌 사이다지?"

　제가 술을 마시지 않는다는 걸 이미 알고 있다는 듯 그는 들고 온 소주잔에 음료수를 가득 채웠습니다.

"감사합니다…."
"아쉬워?"
"네…. 조금만 더 노력하면 됐을 것 같아서 더 아쉽네요."

"일이라는 게 원래 그래. 잘해보려고 죽어라 애쓸 때는 안 풀리다가, 여유 부리면서 느긋하게 하면 또 갑자기 잘 풀려. 그럴 때마다 나도 헷갈려. 그동안 내가 했던 노력이 의미가 있나 싶고…. 그런데 여기서 두 가지 형태의 인간이 등장해. 하나는 '어차피 인생은 운이다!'라고 생각해서 하던 노력도 그만둬 버리는 사람, 또 하나는 '이번에는 운이었으니 다음에는 실력으로!'라고 생각해서 안 하던 노력까지 시작하는 사람…."

다들 그의 중후하고 차분한 목소리에 귀를 기울이려는 듯, 마치 스피커 볼륨을 천천히 줄이듯 회식 자리의 이런저런 소음이 점점 줄어 들었습니다.

"근데 재밌는 게 뭔지 아냐? 일이 그런 것처럼 운도 잡으려고 힘쓰면 오히려 더 잡히지 않는다는 거야. 그래서 운을 쫓는 사람은 지독하게 운이 없어진다? 보면, 로또로 인생 한 방을 노리는 사람들은 형편이 어려워도 매달 10만 원 이상 계속 복권을 사. 그런데 죽어라 당첨이 안 돼. 그런데 정작 1등 되는 사람이 누군지 아냐? 그냥 지나가다 재미로 한 번 사본 사람들이야. 웃기지 않냐?"

"그러게요. 왜 노력하는 대로 안 되고, 뜻밖의 사람들이 그 기회를 가져가는 걸까요? 인생사 새옹지마라고 하지만 조금 억울하네요…."

어느새 우리 둘 주변에 사람들이 모였고, 귀를 쫑긋 세우고 고개를 끄덕이고 있었습니다.

"맞아, 억울하지. 그래서 아까 말한 사람들처럼 '어차피 운인데 왜 노력해야 해?'라는 사람들이 생기지. 하지만 이렇게 마음먹는 순간 그 사람은 빛을 잃어…."
"빛… 이요?"

"어, 반짝임 같은 거. 예전에도 그런 신입이 있었거든. 빛나던 신입. 걔는 뭐 하나 시키면 둘을 알고 싶어했어. 그래서 표현은 안 했지만 다들 그 신입을 아꼈지. 출근 시간보다 조금 일찍 나와서 자기 공부도 할 줄 알고, 회사 쓰레기통이 넘치면 누가 시키지 않아도 치워 놓는 그런 녀석이었어. 기특하고 예쁘잖아, 하는 짓이. 그래서 우리도 모르게 신입이 할 수 있는 것보다 무거운 업무를 주기 시작한 거야. 절반은 기대감이었고 절반은 내가 좀 더 편해 보자는 욕심이었지. 그랬더니 결국 중요한 프로젝트를 망치더라고. 누군가는 책임을 져야 했어. 결과는 결과니까. 그런데 정작 상황이 그렇게 흘러가니까 걔를 아끼던 사람들도 다들 모르쇠로 일관하더라고. 우리도 살아남아야 하는 건 마찬가지니까. 결국 신입과의 계약을 3개월 뒤에 종료하기로 했지. 그때 나도 처음 봤어. 사람이 빛을 잃어가는 게 이런 거구나… 싶더라니까?"
"그 3개월…. 굉장히 힘들었을 것 같네요."

"힘든 정도가 아니었지. 녀석은 분명 걷고 있는데 기어다니는 것 같았으니까. 4D 그래픽 영화를 보다가 갑자기 흑백 무성영화 장면을 보는 느낌이랄까. 다들 미안한 마음이 있었으니까 어떻게든 다시 잘해보려고 최선을 다해서 녀석을 챙겼어. 하지만 안 되더라. 스스로 빛나기를 포기한 존재를 다시 빛나게 하는 건 신의 몫이었으니까. 처음 한 달은 사람들도 챙기다가 안 되니까 하나둘 포기하기 시작했고, 결국 녀석의 책상은 3개월을 못 채우고 사라지게 됐어."

"안타까운 일이네요. 누구 한 사람의 잘못은 아닐 텐데…."

"그래. 바로 그거야, 성화야. 이번 일도 누구 한 명의 잘못이 아니야. 우리 모두 이번 프로젝트에서 크고 작은 실수를 했어. 창피하니까 세세하게 다 말하지 못할 뿐이야. 이건 네가 모른 척해줘. 우리만큼 나이 먹으면 미안하단 말을 술잔을 채우는 걸로 대신하거든. 하지만 이번에는 책임도 우리가 나눠서 지기로 미리 이야기했으니까, 너는 네 위치에서 할 수 있는 노력을 계속해 줘. 따지고 보면 네가 아니라 우리가 너무 서둘렀던 게 가장 큰 패착이야."

순간적으로 그는 옆에 둘러앉은 사람들을 짧게 훑었습니다. 그러면서 솥뚜껑 같은 그의 손을 제 어깨에 조심스레 올렸습니다. 순간 참았던 눈물이 주르륵 흘러내려 저는 테이블 밑으로 고개를 떨어뜨렸습니다.

"미안하다. 우리가 너무 안일했어. 익숙한 일이라고 생각해서 그런지 우리도 당연히 해야 할 노력을 안 했더라고. 딱 오늘까지만 속상해하고 내일부터는 해야 할 노력에 집중하자.

우리도 이번에 많이 반성했다. 계속 노력하는 사람들에게 운도 따를 테니까….”

처음이었습니다. 저보다 어른인 사람이 진심으로 사과의 말을 전해온 것이. 선배의 말이 끝나고, 다른 분들 손에도 사이다와 콜라가 한 병씩 들려 있다는 것을 알아차렸습니다. 모두 제게 미안하다 말하려고 제 잔이 비워지기를 기다렸나 봅니다. 그렇게 저는 새벽녘까지 꺼억 꺼억 열심히 소화시키며 소주잔에 채워지는 탄산음료를 비워야 했습니다. 그날 하루 동안 받은 위로와 조언들이 얼마나 인상 깊었던지, 저는 10년이 지난 지금도 이렇게 글로 써낼 정도로 생생합니다. 아마 그때부터였을 겁니다. 이런 다짐을 가슴에 품게 된 것이.

'나도 교회 안팎에서 이런 어른으로 남아야겠다….'

누군가에게 진심 어린 위로를 받아본 그날의 경험은 제게 '두 번째 선택'을 고민하게 만들었습니다. 결과가 좋든 나쁘든 연연하지 않고 지금해야 하는 노력에 집중하는 선택 말입니다. 저는 그런 선택을 계속해내는 힘을 기르고 싶었습니다. 그러다 기업강연을 통해 리더십에 관한 교육을 하게 되면서, 예전에 그가 말했던 '계획된 우연'이 '세렌디피티'라는 학문적 정의가 있다는 것을 알게 되었습니다. 그리고 '그런 좋은 선택을 지속적으로 하기 위해서는 무엇이 필요한가?'에 관해 더욱 고민하는 시간을 가졌습니다. 그래서일까요. 저는 오늘 이 시점에 가장 유명해진 사람보다 한 가지 일을 10년 넘게 계속 유지해오는 사람이 더 위대한 사람이라 믿습니다. 꾸준히 오래 한다는 것은 그만큼 실패와 좌절을 딛고 일어섰다는 말이고, 여전히 그것을 한다는 것은 그 분야에서만 누릴 수 있는 날카로운 탁월함이 있다는 말이기도 하기 때문입니다.

  하지만 무언가를 꾸준하게 계속한다는 것은 참 어려운 일입니다. 이것은 단순히 끈기나 의지의 문제가 아닙니다. 무한의 끈기나 의지를 가졌다는 것은 곧 감정이 없거나 교류가 없다는 말과도 같습니다. 즉, 무한의 의지는 인간이 이룰 수 있는 영역이 아니라는 말입니다. 서울 성수동에 가면 신기한 카페가 하나 있습니다. '배러 댄 유어스(Better than yours)'라는 24시간 무인 로봇 카페입니다. 사람의 팔을 닮은 두 녀석은 관계에 마음이 다치지도 않고, 이런저런 불평도 하지 않으면서 365일 동안 실수 없이 일합니다. 살아있지 않기 때문에 가능한 일입니다. 그러니 삶을 살아간다는 것은 곧 스스로 불완전함을 인정하는 것이기도 합니다.

  여기서 딜레마가 생깁니다. 불완전한 가진 인간이 지속 가능한 성장구조를 가져야만 탁월해질 수 있기 때문입니다. 그래서 인지심리학자 엔젤라 더크워스(Angela Duckworth)는 이 간극을 줄일 수 있는 역량으로 그릿(grit)을 제안했습니다. 그릿은 한국어로 번역하면 '끈기' 혹은 '기개'로 번역할 수 있는데, 저는 개인적으로 '기개'가 조금 더 가까운 의미라고 생각합니다. 기개(氣槪)는 '씩씩한 기상과 굳은 절개'라는 뜻으로, 이것을 풀어 보면 '지금 나에게 그런 능력도 없고 여건이 안 되지만 일단 해보겠다고 결심하는 마음가짐' 정도로 해석할 수 있습니다. 교육심리에 대해 관심이 많았던 엔젤라 더크워스 박사는 '그릿을 갖기 위해 무엇이 필요한가?'를 증명하기 위해 선행적으로 '그릿을 갖지 못하게 하는 요인은 무엇인가?'에 더 집중해서 연구했습니다. 그녀의 연구 내용을 요약하면 크게 3가지로 정리할 수 있습니다.

■ 지속적 성장을 방해하는 요인과 그 해결책

첫 번째, 우리의 지속적인 성장을 방해하는 요인은 '게으름의 탄성'입니다. 이것은 성실하게 살았던 날보다 게으르게 산 날이 더 많기 때문에 생기는 빈도의 격차에 근거합니다. 생각해 보면 인간은 이성적이고 합리적으로 살아온 날보다 본능적이고 비합리적으로 살았던 날이 훨씬 많습니다. 그래서 인류의 역사를 헤집어 보면 평화의 날보다 크고 작은 전쟁의 역사가 더 많은가 봅니다. '많음'은 곧 반복을 의미하고, 반복은 곧 종에 각인되어 습관의 유전자를 갖게 합니다. 굳이 '인간은 원래 악하다'와 같이 성악설이 아니더라도, 인간의 본성에는 편하고 본능적인 것을 찾으려는 탄성이 존재한다는 이야기입니다. 그래서 미라클 모닝을 수개월 동안 잘 유지하다가도 문득 게임에 빠져서 하루 만에 나를 가장 게으른 사람으로 만드는 거죠. 수년 동안 금연을 하다가도 갑자기 속상한 일이 생기면 라이터부터 찾는 것이 자연스러운 본능이라는 말입니다.

'빈도'는 곧 습관의 형성을 말합니다. 나쁜 습관의 날보다 좋은 습관의 날이 더 많아질 때까지는 이렇게 게으름의 탄성이 존재할 수밖에 없다는 걸 인정해야 합니다. 그래서 저는 가르치는 멘티들에게 절대로 '완벽하게 성실한 날'을 목표로 하지 말라고 합니다. 애초부터 이것은 '25년과 3일의 싸움'이라는 것을 인지해야 합니다. 25년 동안 계획도, 생각도 없이 살다가 갑자기 큰 결심 한 번으로 3일 만에 사람이 갑자기 바뀌는 일은 없습니다. 하지만 3일 간의 들뜬 기분이 삶을 뒤집을 수는 없지만, 몰입한 3년의 습관이라면 이야기가 달라집니다. 그래서 우리의 목표는 완벽한 삶이 아니라 '완성을 추구하는 삶'이어야 합니다. 완성을 추구한다는 것은 삶의 방향을 정한다는 말입니다. 고로, 수치상으로 365일 모두 성공하지는 못하더라도 옳은 방향에 대한 길을 잃지 않고 조금씩이라도 그 길을 나아가는 것입니다.

여기까지 이해했다면, '게으름의 탄성'이라는 함정에 빠지지 않기 위해 완벽하지 않아도 방향을 점검하고 다시 시작하는 힘이 필요하다는 것 또한 이해할 겁니다. 대신 '다시 시작하는 힘'을 '다시 해보자!' 같은 추상적인 마음으로 놔두지 않아야 합니다. 그러니 실제로 가시화하고 스스로 검증 가능한 것으로 구조화해 놓을 필요가 있습니다.

네, 우리에게는 바로 '시스템'이 필요합니다. 이것을 저의 사례로 설명하겠습니다. 저는 매일 글을 쓰고 강의안을 만듭니다. 그리고 책과 강의를 통해 크리스천 청년들에게 메시지를 전달하는 것을 사명 삼아 살고 있습니다. 그래서 제게 가장 필요한 시스템은 '매일 글을 쓰는 것'입니다. 하지만 이러한 행동에도 게으름의 탄성은 존재합니다. 그 게으름의 흔적들을 쫓아가 목록을 만들어 보면 다음과 같습니다.

- 90분 알람이 울리기 전에 글을 쓰다가 딴짓한다.
- 별다른 목적이 없지만 유튜브 애플리케이션을 연다.
- 지금 당장 덜 중요한 일을 시작한다.
- 휴대전화에 안 하던 게임을 찾아 설치한다.
- 3시간 이상 소요되는 드라마를 정주행한다.
- 운동하는 횟수가 줄어든다.
- 단 것을 더 자주 찾는다.
- 쓰레기통을 잘 안 비우거나 주변 정리를 등한시한다.
- 자고 일어나서 이불을 개지 않는다.

그동안 저를 괴롭히던 '원고가 채워야 하는 양만큼 써지지 않는다'라는 녀석이 있습니다. 이 녀석을 분해해 보니 게으름의 탄성들이 숨어 있었습니다. 그래서 저는 이 순서들을 제 방에 출력해서 붙여 놓았습니다. 원고 쓰는 시간을 지키지 않고 유튜브를 본다면 '지금 내가 2번쯤이군….'을 알 수 있고, 하루를 보내고 집에 돌아왔는데 이불이 헝클어져 있다면 '이런, 벌써 9번까지 내려온 거야?!'라며 알 수 있었습니다. 그래서 나의 상태에 따라 문제들을 하나씩 해결하고서 '90분 원고 쓰기'를 달성하기 위한 여정을 시작합니다.

- 일어나자마자 이불을 반듯하게 갠다.
- 아침 청소로 물건을 제자리에 둔다.

- 당분 많은 간식들은 잘 보이지 않는 곳에 숨겨 둔다.
- 운동 알람이 울리면 모든 업무를 중단하고 틈새 운동을 한다.
- 일주일 계획을 세울 때 좋아하는 영화 1편 볼 시간을 미리 계획한다.
- 머리를 식힐 수 있는 게임은 설치한 날 바로 삭제한다.
- 자잘하고 부수적인 일은 졸린 오후 시간에 처리하며 잠이 깬다.
- 필요한 유튜브 영상은 자막 파일을 다운 받아 텍스트 읽기로 대신한다.
- 하루 90분 원고 쓰기 3회는 반드시 지킨다.

이렇게 항목들을 하나씩 되짚으며 자기가 하루 동안 달성할 수 있는 수준으로 구성해 보면, 게으름의 탄성에서 어떻게 빠져나올 수 있는지 가늠할 수 있습니다. 위에 언급한 항목들은 말 그대로 저의 실험 결과물입니다. 그러니 똑같이 따라 하지 마시고 여러분만의 방식으로 이 게으름의 탄성을 벗어날 시스템을 세워보기를 바랍니다.

우리를 지속적으로 성장하지 못하게 하는 두 번째 요인은 '부적절한 자극'입니다. 그릿의 작동 요인인 '몰입'의 과정을 가장 많이 방해하는 것이 바로 이 '부적절한 자극'입니다. 성장한다는 것은 한 가지에 깊어진다는 것과 일맥상통합니다. 하나에 깊어지려면 그 한 가지에만 집중하는 시간이 필요합니다. 하지만 요즘은 생각을 오래 한다는 것 자체가 힘들 때가 아닐까 싶습니다. 유튜브나 인스타그램의 알고리즘을 공부하다 보면 사람들이 어떤 영상을 계속 보거나 혹은 보지 않기를 결정하는데 단 '4초'가 걸린다고 합니다. 그러니 유명 인플루언서든 자사 제품을 홍보하려는 기업이든 이 4초 안에 승부를 봐야 하는 거죠. 그래서 관련 없고 자극적인 제목으로 관심을 끌기도 했다가 가장 본능적인 콘텐츠로 사람들을 끌어당기는 겁니다.

문제는 알고리즘에 익숙해진 사람들이 많아질수록, 우리에게 깊어질 기회가 줄어든다는 데 있습니다. 유명한 사람이 되기보다 '생각하는 인간'이 되어야 합니다. 보통 고귀하고 단단한 것들은 대중의 반대편에 존재하는 경우가 많습니다. 우리는 이 짧은 자극이 주는 유혹에서 벗어나려 부단히 노력해야 합니다. 하나에 대해 오래 생각하고 글 쓰는 시간들이 쌓여야 합니다. 그래야 깊어질 수 있고 가장 본질적인 깊음인 복음을 전할 새로운 기회가 주어질 겁니다.

통계적으로 스마트폰을 하는 시간이 많아질수록 음란물이나 폭력물에 노출될 위험성도 동시에 높아진다고 합니다. 관련 논문에 따르면, 건전하고 이타적인 영상물을 지속해서 보는 시간보다 성적 노출이 있거나 폭력적인 영상물을 시청하는 시간이 약 7.8배 더 길었다고 합니다. 다시 말해, 긍정적이고 성장 지향적인 콘텐츠를 1분 본다면, 음란물이나 폭력물은 7.8분을 본다는 거죠. 저는 이런 상황이 마치 교회 청년들이 아슬아슬하게 외줄에만 의지해서 큰 협곡을 건너야 하는 장면처럼 보입니다. 그곳에는 그들이 스스로 균형을 잡기도 힘들 뿐더러 마음 편히 발 디딜 곳도 없습니다. 그래서 잠깐만 딴생각을 하게되면 이미 너무 많은 부적절한 자극에 노출되어 다시 성장 궤도에 오르기까지 수많은 허들을 넘어야 하는 상황이 되어 버립니다. 이런 정체기가 반복되다 보면 건실한 교회 청년들조차 나아갈 의욕을 잃고 제자리에 주저앉아 버리게 됩니다.

 우리의 지속적인 성장을 방해하는 세 번째 요인은 바로 '적절한 보상의 부재'입니다. 저는 다른 요인들보다 이 부분이 중요하다고 생각합니다. 많은 경우, 신앙인으로 살아간다는 게 '나를 내려놓고 말씀대로 살아간다'와 같이 문자적인 해석으로 인식되는 경우가 많습니다. 그래서 나를 희생하고 이웃을 섬기는 것만 사랑이라고 생각하거나, 나의 행복을 위해 무언가를 보상받는 것에 죄의식을 갖는 경우를 목격하게 됩니다. 개인적으로는 지금의 교회 청년들이 자신을 돌보는 방법을 전혀 알지 못한 채 사회라는 복음의 전쟁터에 내몰리고 있는 것을 가장 안타깝게 생각합니다.
 사실 너무 오랫동안 우리에게 이런 방식으로 복음 전하는 것이 강요되어 왔습니다. 그래서 마땅히 쉬어야 할 시간에 쉬지 못하고 받을 자격이 충분한 보상조차 고개를 저으며 거절합니다. 내어주고 소모되면서도 채워지지 않는 시간이 쌓입니다. 그렇게 열심 있는 신앙인들이 결국 교회를 떠나는 모습을 수없이 봐왔습니다. 우리에게는 적절한 보상과 휴식이 있어야 합니다. 이 책을 읽고 있는 여러분이 제대로 된 신앙을 가진 분이라면, 하나님께서 우리를 그냥 만들지 않고 작품으로 지으셨음을 믿으실 겁니다. 휴식이나 보상 없이 주어진 의무로

만 삶을 채운다는 것은 작품인 우리가 우리 스스로를 제품 취급하며 사는 것과 마찬가지라는 것도 기억해야 합니다. 다 쓴 제품은 그 외관이 아무리 빼어나도 버려지는 순간을 마주하기 마련입니다. 그러니 햇살 좋은 날에 다른 그 무엇보다 나 자신을 그 따스함 아래 먼저 두는 현명함이 필요합니다. 이렇게 살아가는 것이 작품을 작품답게 대하는 삶입니다.

지금까지 우리를 지속적인 성장으로 나가지 못하게 하는 3가지 방해 요소에 대해 알아봤습니다. 이제는 무엇을 갖추어야 지속적으로 성장할 수 있는지 한 번 알아보겠습니다. 저는 '지속적 성장'을 크게 두 가지 영역으로 나눠서 설명합니다. 첫 번째는 방금 살펴본 방해 요소들을 대처하기 위한 방패가 필요하고, 두 번째는 잘 방어한 다음 삶의 목표들을 하나씩 이루며 앞으로 나아가는 칼이 필요합니다.

■ 최소한의 방어책이 늘 준비되어 있어야 미끄러지지 않는다

종종 삶이 참 야속하다고 생각합니다. 성장은 계단식인데 게으름은 미끄럼틀식이기 때문입니다. 좋은 습관 하나를 갖기까지 수년이 걸리는데, 그것을 내려놓는 것은 단 이틀이면 충분하죠. 그래서 조금은 억울하기도 합니다. 저는 이 억울함을 조금이라도 덜 느끼기 위해 내려가는 미끄럼틀에 가속도가 붙지 못하게 할 장치를 여럿 만들었습니다. 인생이 늘 내가 원하는 대로 흘러가지 않더라도, 최소한 모든 것을 놓아버리고 자포자기하는 순간만큼은 마주하고 싶지 않기 때문입니다. 그

때문에 이전 장에서 '작은 성공 일지'라는 스몰 스텝(Small-Step)을 먼저 훈련하도록 구성한 것입니다.

여기서 작은 성공일지를 면밀히 한 번 살펴보고 가겠습니다. 이 양식을 아직 실제로 써보지 않았다면 지금 보여드리는 피드백을 충분히 숙지한 후에 꼭 여러분의 것으로 써보는 것을 권합니다. 아무리 좋은 도구가 있어도 직접 그것을 내 몸에 녹여내는 시간이 없으면 빛 좋은 개살구에 그치기 때문입니다. 작은 성공일지는 크게 3가지의 역량분석 툴을 반영해서 만든 양식입니다. 먼저 '해낼 수밖에 없는 가장 작은 단위의 내 목표'를 산출하는 것에 목적이 있습니다. 그래서 작은 성공일지를 작성하는 것은 '아무리 개똥 같은 하루라도 이것 정도는 할 수 있다!' 싶을 만큼 가장 작은 성취를 내 삶 전반에 걸쳐 만들어 두는 작업입니다.

문제는 내 상태가 늘 평온하고 일정하게 유지되지 않는다는 점입니다. 그래서 저와 제 멘티들은 전환 변곡점의 유형에 맞게 4가지 버전의 작은 성공일지를 만들어 둡니다. 전환 변곡점의 유형을 말씀드리면 다음과 같습니다.

- 0 → + : 컨디션이 좋고, 에너지가 넘치는 상태 (1사분면)
- + → 0 : 좋은 상태이긴 하나 점점 무뎌지는 상태 (2사분면)
- 0 → - : 평범함을 지나 최악의 상태로 떨어지는 상태 (3사분면)
- - → 0 : 최악을 지나 다시 평범함을 회복하는 상태 (4사분면)

즉, 작은 성공 일지를 통해 자기 상태를 이렇게 4가지의 유형으로 구조화하고 자신의 상태에 맞는 방어책을 미리 갖추라는 말입니다. 그래서 1사분면일 때는 평소에 도전하지 못했던 난이도나 새로운 활동을 포함하는 항목을 추가해 보고, 3사분면일 때는 바짝 엎드려서 어렵고 힘든 시간을 버틸 수 있도록 가장 쉬운 난도로 작은 성공 일지 항목을 유지하며 회복탄력성을 모으는 데 집중하는 시간을 가져야 합니다. 이렇게 자기 상태에 맞게 적절한 방어책을 구사할 수 있어야 우울과 불안의 미끄럼틀에 가속도가 붙는 것을 막을 수 있습니다. 이런 최소한의 성취를 나의 일상 곳곳에 비치해 두면 이런 생각이 나를 지켜줍니다.

'오늘 다른 건 못했어도 이불은 갰구나….'
'목표한 만큼은 아니지만 책을 읽긴 했구나….'
'어려워하는 일 앞에 도망가지 않고 하나라도 했네….'

이렇듯 실패보다 조금씩 나아지는 것에 초점을 맞추는 것을 '성장형 사고방식'이라고 합니다. 언어로만 성장형 사고방식을 아는 것과 이런 사고방식을 갖추고 살아가는 것은 정말 천지 차이입니다. 그러니 아주 작은 성취부터 큰 목표에 이르기까지 삶 전반에 걸쳐 성장형 사고방식을 갖추기 위한 방어책을 미리 준비하기를 바랍니다. 또한 작은 성공 일지를 주 단위로 기록하다 보면 아주 작은 목표가 삶의 본질적인 목표와 이어지는 것을 경험할 수 있습니다. "책을 왜 그렇게 전투적으로 읽어?"라는 질문에 "그냥…."처럼 두루뭉술한 대답을 한다면 여러분의 장기적 비전과 단기적 비전이 동떨어져 있기 때문일 가능성이 높습니다. 예를 들면 다음과 같습니다.

- 매일 독서를 하면서 생각하는 힘을 기른다.
- 생각하는 힘은 교육안을 만들 때 필요한 핵심 요소다.
- 좋은 교육안은 탄탄한 교육체계를 만든다.
- 탄탄한 교육체계가 기반이 되어야 멘토링 대학으로 확장할 수 있다.
- 멘토링 대학 설립은 교육 복음을 위한 나의 비전이다.
- 곧 오늘 나의 독서는 궁극적인 비전과 연결되어 있다.

생각의 순환과정을 스스로 가시화할 수 있어야 '왜 오늘을 열심히 살아야 하는가?'와 같이 허무주의적이고 자조적인 질문에 당황하지 않고 당당히 대답할 수 있습니다. 그렇게 조금씩 단위를 키우다 보면 '작은 성공일지-주간 계획표-단기 비전 계획표-연도별 버킷리스트'로 이어지는 비전 로드맵이 눈에 보일 겁니다. 이것이 곧 제가 알려드리고 싶은 '지속적 성장의 구조'입니다. 하지만 아무리 꼼꼼하게 계획해도 삶이 계획대로 흘러가는 경우는 굉장히 드뭅니다. 무엇보다 중요한 것은 '지금 내가 인지하고 있는 정보의 양보다 나의 비전에 필요하지만, 아직 내가 알지 못하는 무지의 영역이 훨씬 많다'는 사실을 깨달아야 한다는 점입니다.

저 또한 매일 책을 읽는 것과 멘토링 대학교 설립 사이에 수많은 세부 목표가 있어야 한다는 사실을 알게 되면서 '내가 너무 큰 꿈을 꾸는 것은 아닌가?'라는 의심이 들 때가 있었습니다. 하지만 하나씩 단계를 밟으며 정보를 찾고 필요한 공부를 하며 도움이 필요한 사람을 만나면서 알게 됐습니다. 꿈을 꾸게 하는 분도 하나님이시며 그것을 이뤄나가는 분도 하나님이시라는 사실을요. 하지만 이 사실 때문에 '나는 아무것도 할 필요가 없다.' 식의 의존적 태도에 빠지지는 않도록 주의해야 합니다.

비전을 이뤄가시는 분이 하나님이라는 것을 인정하면서도, 피조물인 우리가 해야 할 일은 마땅히 해내야 합니다. 그러니 '내가 모든 것을 다 해내겠다!'와 같은 마음이 아니라 '하나님의 때에 사용될 수 있도록 내가 할 수 있는 모든 준비를 해놓는다!'라는 결의로 열심의 고삐를 늦추지 않는 것이 중요합니다. 그래서 저 역시 독서를 넘어 밤낮으로 진로 교육 커리큘럼을 발전시키며 대학 교육에 필요한 기초 과정들을 만들었습니다. 모르는 건 검색해서 찾고, 그래도 없으면 비슷한 일을 하고 계시는 집사님, 장로님들을 무작정 찾아서 물었습니다.

"제가 교회 청년들을 위해 진로 교육을 하는 멘토링 대학을 세우려는 비전을 가지고 있습니다. 부끄럽지만 무엇을 배워야 하고, 어떤 것을 준비해야 하는지 모르는 단계에 있어요. 좀 도와주십시오."

그 시절에는 정말 앞을 보는 날보다 고개를 숙이는 날이 더 많았던 것 같습니다. 그렇게 찾고 듣고 배우기를 반복하다 보니 알게 되었습니다. 스쿨 과정에 어떤 부분들이 꼭 포함되어야 하고, 대학의 설립 허가를 위해서는 어떤 절차를 밟아야 하며, 어느 정도로 교수진을 꾸릴 수 있어야 하는지를요. 이런 정보들은 친절하게 인터넷에 나와 있지 않습니다. 만약 제가 출발지에서 이런저런 걱정만 하고 있었다면 분명 평생 모르고 살았을 정보들입니다. 방법을 찾고 움직이니까 제 비전과 오늘이 이어지는 실낱같은 길이 조금씩 보이기 시작했습니다.

오늘 하루 동안 제가 집중해야 하는 공부와 10년, 20년, 30년 뒤의 제 비전을 위해 조금씩 이어 나가야 하는 공부가 무엇인지 분별해서 보이기 시작했죠. 저는 이때가 바로 비전 라이프가 시작되는 시점이라고 생각합니다. 하지만 안주하기에는 이릅니다. 길을 안다고 해서 그 길을 갈 수 있는 역량까지 갖췄다는 뜻은 아니니까요. 남은 것은 '나'라는 사람을, 조금은 어려워 보이는 비전의 길을 꾸준히 갈 수 있는 성숙한 인간으로 만들어가는 일입니다. 그래서 지속적인 성장 시스템이 필요합니다.

다시 한번 강조하자면, 지속적인 성장은 의지력이나 단발적인 결심으로 가질 수 있는 것이 아닙니다. 앞서 언급한 방어책이 잘 작동한다는 가정하에 이제는 '성장 궤도를 이뤄내는 힘'에 대해 살펴보겠습니다.

저는 성장과 강점에 관해 공부하면서 조금 혼란스러웠습니다. 오랜 시간을 자신의 전문 분야에 집중해서 탁월한 성과에 이르는 사람들을 관찰하니 그 방식과 방법들이 유사한 것 같으면서도 세심하게 들여다보면 모두 달랐기 때문입니다.

'탁월함은 달란트의 영역일까? 노력의 영역일까?'

이것은 제게 참 중요한 논지였습니다. 만약 일반적으로 탁월함이 달란트의 영역(사람들이 재능이라고 부르는)이라면 제게는 달란트가 없는 것 같았습니다. 반대로 만약 탁월함이 노력으로 갖출 수 있는 것이라면 '기필코 그 방법을 찾아 내 것으로 만들겠다!'라는 결의를 더 굳건히 할 수 있을 것 같았습니다. 그래서 저는 유전학과 경영학, 경제학과 심리학, 거기다 인지과학과 뇌과학에 이르기까지 탁월함이나 강점 관련한 책과 논문들을 하나씩 격파해 가며 현존하는 탁월함의 원리들을 노트에 저만의 방법으로 정리하는 시간을 보냈습니다. 그렇게 무려 1년 6개월을 보냈습니다. 다른 사람들은 허송세월이라 여길지도 모르겠습니다. 생각해보면 '가정도 있는 사람이 일은 안 하고 맨날 책만 읽어?'와 같은 핀잔을 듣기에도 충분했습니다. 하지만 제게 도서관으로 출퇴근했던 18개월의 시간은 '나는 어떤 비전을 꿈꾸며 살 것인가?'와 같이 가장 본질적인 고민을 할 수 있어서 전혀 아깝지 않았습니다. 아니, 더 정확하게 말하면 '비전'과 '나'라는 주체가 동시에 알을 깨며 만날 수 있는 '줄탁동시(啐啄同時)"의 시절이었습니다. (기꺼이 백수 시절을 견뎌준 가족에게 감사의 말을 전합니다)

긴 터널을 지나 만난 '칼'의 영역은 생각보다 단순해 보였습니다. 지속 가능한 성장을 이룬 사람들의 공통 분모를 쫓으며 알아낸 것을 하나씩 내 것으로 만들기만 하면 되는 것 같았기 때문입니다. 하지만 그냥 아는 것과 정녕 내 것으로 만드는 것 사이에는 대단히 깊은 계곡이 존재한다는 것을 금방 알아차렸습니다. 상황이 이렇다 보니, 모든 것이 정답처럼 보이기도

---

1. 줄탁동시(啐啄同時): 병아리가 알에서 깨어나기 위해서는 어미 닭이 밖에서 쪼고 병아리가 안에서 쪼며 서로 도와야 일이 순조롭게 완성됨을 의미함

했고, 또한 모든 것이 오답처럼 느껴졌습니다. 18개월을 투자해서 알게 된 좋은 선례들을 하나의 대명제로 분류하고, 그중에서 기독교적 가치관에 맞지 않는 것과 필요하지만 한국 문화에 맞지 않는 것, 그리고 너무 좋은 방법이지만 제가 가르칠 수 없는 것 등을 삭제했습니다. 갈무리하고 나니 목록이 한결 가벼워졌습니다. 이제 남은 작업은, 추려낸 것 중에서 한국 사회에 존재하는 직무들과 적합성이 높은 방식을 걸러내고 살을 덧붙여 새롭게 정의하는 일이었습니다.

그렇게 고된 갈무리 작업을 거쳐 탄생한 방법을 공유합니다(이렇게 이론의 정립 과정을 굳이 다 설명하는 것은 이것이 절대적 방법이 아니라 지금 믿는 청년들에게 맞춰진 방식이라는 것을 알려드리기 위함입니다).

■ 지속 가능한 자기 성장의 방법

결국, '자기 성장 시스템의 자동화'입니다. '성장을 자동화한다'는 문장만 보면 저 역시 고개를 갸우뚱하게 됩니다. 하지만 오랜 시간을 성장 궤도에 머물렀던 사람들의 진의를 하나씩 들여다보면 고개를 끄덕일 수밖에 없습니다. 자동화는 다시 3가지 방식으로 나뉩니다.

자동화의 첫 번째 방식은 '습관화'입니다. '좋은 습관이 많다'는 것과 '성장을 습관화했다'는 것은 미묘한 차이가 있습니다. 좋은 습관이 많다는 것은 습관이 방사형으로 퍼져 여러 방면에 드러나는 것을 포함합니다. 하지만 '성장을 습관화했다'라는 말은 하나의 목적을 가진 습관의 항목들이 유기적 관계로 상관성을 가진다는 말입니다.

예를 들면 이렇습니다. 아침에 일어나자마자 이불을 개어 놓는 습관과 하루를 계획하는데 15분을 할애하는 습관을 지닌 사람이 있다고 가정해 봅시다. 습관의 원리가 그렇듯, 어떤 날은 이불을 개지 않을 수도 있고 어떤 날은 이불은 개었지만, 러닝을 뛰어넘는 날도 있을 겁니다. 하지만 이미 이 두 가지 행위가 습관의 영역으로 들어와 있기 때문에, 둘 다 하지 않는 날은 드물죠. 사실 습관의 영역을 이해하고 실천하는 것만으로도 대단한 일입니다. 하지만 습관을 자동화한다는 개념으로 기존의 습관 설계를 다듬어보면, 습관의 새로운 영역이 열리는 걸 삶으로 경험하게 됩니다.

자동화 습관으로 이 항목들을 바꿔보겠습니다. 아침에 이불을 개고, 방에서 치약을 짠 칫솔을 입에 넣고, 화장실에 가서 양치를 마칩니다. 입을 닦는 수건 옆에는 러닝을 바로 나갈 수 있게 준비해 둔 신발과 옷이 걸려 있습니다. 환복 후 현관문 앞에 서서 손목시계에 '35분' 후 알람이 울리도록 설정하고 시간 안에 돌아올 수 있는 코스로 달리기를 시작합니다. 5분을 남기고, '이제 돌아가!'라는 메시지와 알람이 울리면 집을 향해 달립니다. 그리고 집에 돌아와 몇 초 남지 않은 타이머를 정지해 두고 가쁜 숨이 채 가라앉기 전에 찬물로 샤워합니다. 3초. 찬물 샤워의 승패가 갈리는 시간입니다. 하나, 둘, 헙. 그렇게 군대 훈련소에서나 했었던 전투 샤워를 끝내면, 따듯한 차를 한 잔 내어와 하루 계획표 앞에 앉습니다. 차를 후후 불어 마시며 오늘 해내야 할 일과 하고 싶은 일, 그리고 오늘 만나야 하는 사람들과 오늘의 일정을 위해 미리 챙겨야 하는 것들을 적어봅니다. 그렇게 15분 동안 머리 속으로 15시간을 그립니다.

누군가는 '이렇게까지 해야 할까요?'라고 반문할 수도 있겠습니다. 맞습니다. 저도 '이렇게까지 계획적으로 사는 것이 의미가 있나?' 혹은 '가능은 한 것일까?'라는 의구심이 앞섰던 시절이 있습니다. 하지만 이런 삶을 저보다 일찍 살아낸 사람들의 기록을 읽으면서 알게 됐습니다. 이것은 계획에 대한 문제가 아니라 '내가 애쓰지 않아도 흘러가는 아침을 만드는 설계 방식'에 초점을 두고 해야 하는 일이라는 것을요. 네, 바로 요즘 화두인 '자동화'입니다.

자동화의 핵심은 단연코 '의사 결정권자의 개입 정도' 입니다. 개입하는 정도가 작을수록 자동화에 가까워졌다고 볼 수 있는 것이죠. 위의 아침 습관 설계를 잘 살펴보면 사람의 의지력이 필요한 순간보다 시스템적으로 움직일 수밖에 없게 만든 것이 훨씬 더 많다는 것을 알 수 있습니다. 곧 의지력보다 시스템으로 설계한 행위가 삶에 쌓이니 '예측할 수 있는 미래'가 더 많아집니다.

재미있는 점은, 이들은 이렇게 '꼭 필요하지만 사소한 좋은 습관들'을 갖추는 데 필요한 에너지와 시간을 아꼈다가 인생에서 가장 중요한 일을 할 때 폭발적으로 그 에너지를 쓴다는 사실입니다. 그래서 사소한 일이나 사소한 걱정, 사소한 관계들이 자신의 시간과 에너지를 빼앗도록 가만히 내버려두지 않습니다. 이런 원리를 잘 이해하기 때문에 삶의 전반에 걸쳐 긍정적이고 진취적인 습관들이 하나의 목적을 향하도록 설계해 둡니다. 그러고는 지겨울 정도로 그 시스템을 반복하죠. 습관이 반복되면 남들이 따라 하고 싶어도 가질 수 없는 탁월함이 생긴다는 것을 그들은 익히 잘 알고 있었나 봅니다.

자동화의 두 번째 방식은 '위임하기'입니다. 습관화의 영역이 개인적인 측면에서 할 수 있는 것이었다면, 이제 내가 하는 일에 최적화된 툴을 잘 다루거나 혹은 나보다 잘하는 사람에게 그것을 위임하는 일이 남았습니다.

현재 최적화된 툴로는, 단연 'AI 기술'을 가장 먼저 익혀두라고 저는 말하고 싶습니다. 오픈AI의 챗GPT를 시작으로 대중화된 AI 기술은 거의 모든 업무에 적용될 정도로 사용성이 높아졌습니다. 이 글을 읽고, "저는 그런 거 잘 못 쓰는데요?"라고 반문하실 수도 있죠. 하지만 지금 스마트폰을 쓰지 않는 사람이 없는 것처럼, 향후 5년 안에 거의 모든 사람이 AI의 도움을 받아 일하는 시대가 도래할 겁니다. 우리가 해야 할 일은 '지금 나의 업무에 도움이 될 만한 AI 기술은 어떤 것이며, 어디서 익힐 수 있는가?'를 끊임없이 탐구하고 배우는 것입니다.

제가 하는 일은 대부분 강연, 제안서, 책 출판, 기획서 작성인데 주로 그 출발점에 글쓰기가 있습니다. 그러다 보니 아침마다 챗GPT에 이런저런 글쓰기를 해보라며 프롬프트를 작성하는 것이 저의 일과가 되었습니다. 신기하게도, 이 녀석은 저와의 대화를 계속 학습하고 있어서, 대화를 하면 할수록 제가 정말로 원하는 답변이 무엇인지를 고민해서 글을 써준다는 점입니다. 그래서 요즘 챗GPT에 명확하게 명령하는 프롬프트 자체를 거래하는 곳이 생겨나나 봅니다. 또한 저처럼 사업하시는 분들은 기획 단계부터 마케팅, 홍보, CS에 이르기까지 다양하게 활용해 볼 수 있습니다. 여기서는 분야별로 대표적인 AI 사이트를 알려드리니 업무에 꼭 활용해 보시기 바랍니다.

- 챗GPT : 가장 대중화된 오픈AI의 생성형 AI 사이트 (https://chat.openai.com)
- 뤼튼 : 글쓰기에 조금 더 특화된 AI (https://wrtn.ai)
- ElevenLabs : 내 목소리를 다양한 언어의 음성으로 변환 (https://elevenlabs.io)
- SORA : 오픈AI에서 출시한 자동 영상 제작 AI (https://openai.com->sora)
- Midjourney : 프롬프트로 그림을 그릴 수 있는 AI (https://www.midjourney.com)
- Flair : 일반 사진을 제품 사진으로 바꿔주는 AI (https://flair.ai)
- LeiaPix : 사진을 움직이는 영상으로 만들어주는 AI (https://www.leiapix.com)
- Opus : 일반 영상을 쇼츠나 릴스 영상으로 자동편집해주는 AI (https://www.opus.pro/)

참고로 저는 제 회사의 홍보영상뿐 아니라 제품 상세 페이지 제작과 스크립트 작성까지 AI 사이트만으로 쓰고 있습니다. 툴을 조금만 활용할 줄 알면 시간과 비용을 획기적으로 줄일 수 있습니다. 그래서 저는 위의 8가지 AI 툴이 익숙해질 때까지 공부 시간을 투자했습니다. 그 결과로 수준 높은 결과물들을 하루 30분 만에 만들어 냈고, 평소에는 꿈도 못 꾸던 휴식 시간을 매일 2시간씩 확보할 수 있게 됐습니다. 좋은 도구는 우리가 쓰는 시간의 배열이 달라지게 합니다. 훨씬 더 좋은 쪽으로요.

앞으로는 '누가 더 잘 활용하느냐?'의 게임이 될 겁니다. 결국 모두가 사용하게 될 도구라면, 조금이라도 일찍 경험해 보기를 선택하셔야 합니다. 그러면 뒤늦게 배우려는 사람들에게 어떤 방식이 더 좋고, 어떤 길이 더 있다는 것을 알려줄 수 있는 사람, 즉 Giver의 삶을 살아갈 수 있습니다. 기억하세요. 무언가를 주는 사람은 늘 '처음'이라는 위험을 감수했던 사람들입니다. 이런 관점에서 앞으로 인간은 크게 5가지로 분류할 수 있습니다.

1. AI를 개발하는 사람
2. AI를 활용하는 사람
3. AI와 협업하는 사람
4. AI를 유지 & 보수하는 사람
5. AI의 지시를 받는 사람

저는 믿는 사람들이 계속 Giver로 살아가기 위해, 최소한 1

번에서 3번 사이의 역량은 갖춰야 한다고 생각합니다. 이 영역의 역량은 우리에게 좋은 선교의 수단이 되어줄 것이 분명하기 때문입니다. 그러니 우리에게는 조금의 두려움과 망설임, 그리고 약간의 게으름을 넘어서려는 결의가 필요합니다. 무엇보다 이런 수고로움이 곧 개인의 성장 문제가 아니라 복음 전파의 문제라는 것을 기억해야 합니다. 이제는 뒤따라가며 모방하는 신앙이 아니라, 앞서서 길을 안내하는 신앙이 필요한 시대입니다.

자동화의 세 번째 방식은 바로 '몰입'입니다. 제가 쓰는 대부분의 책에서 몰입을 강조하고 있습니다. 다르게 말하면, 아무리 강조해도 실제로 이것을 갖춰내는 사람들이 적다는 말이기도 하지요. 이제는 몰입을 설명하기 위해 크로노스와 카이로스의 시간을 언급할 필요도 없습니다. 하루 중, '어? 시간이 벌써 이렇게 됐네?'라고 느끼는 영역이 여러분의 몰입 영역입니다. 문제는 그것이 재미나 본능의 영역에만 한정되어 있을 때입니다. 몰입은, 동면하듯 낮잠을 자거나, 온라인 게임을 하거나, 오랜만에 만난 친구와 수다를 떨 때도 작동합니다. 희한하게도 몰입은 우리가 무언가를 공부하거나 집중해서 처리해야 하는 일 앞에서는 갑자기 거리를 둡니다. 본능적 뇌가 아니라 의식적 뇌가 작동할 때, 몰입이 조금 다르게 작동하기 때문입니다.

제가 여전히 읽을 때마다 인사이트를 얻는 책이 있습니다. 바로 황농문 교수님의 『몰입』이라는 책입니다. 몰입 원리의 원서라고 불리는 칙센트 미하이의 『Flow』나 몰입의 전제 조건이라 불리는 엔젤라 더크워스 교수의 『Grit』과 견주어도 용호쌍박을 이룰 만큼 내용과 구성이 탄탄하고 고증이 잘 된 책입니다. 그의 말에 따르면, 몰입은 총 5단계를 거쳐 작동하는데 간단히 살펴보면 다음과 같습니다.

- 생각하기 연습 : 몰입을 습관으로 구성하는 단계
- 천천히 생각하기 : 방해받지 않고 하나의 생각을 오래는 것을 연습하는 단계
- 최상의 컨디션 유지하기 : 몸과 마음의 평균을 지속적으로 상승시키는 단계
- 두뇌 활동 극대화 하기 : 해석적 사고로 몰입의 필터를 현실에 씌우는 단계
- 가치관의 변화 : 축적된 생각의 필터가 관념되는 단계

몰입의 단계들을 하나씩 뜯어보면 앞서 우리가 살펴본 자동화의 단계와 비슷한 것이 많습니다. 습관을 만들고 그 습관이 방해받지 않는 환경을 설정하고, 그것을 유지한 채 다른 시각을 가지는 훈련을 하며 시간을 축적하는 것이죠. 네, 결국 자동화의 다른 말은 '관점 훈련'이기도 합니다. 관점을 훈련한다는 것은 효율의 경쟁을 벗어나 기존 시스템에 전혀 새로운 규칙을 제시하는 행위입니다.

'진정한 몰입을 경험하고 나면 사소한 사물조차 내게 지혜를 건네는 철학자가 된다.'

칙센트 미하이가 그의 저서 『Flow』에서 언급했던 몰입의 효과입니다. 지나가면서 보게 되는 돌이나 나무, 고양이뿐 아니라, 주변 사람들과 나누는 일상적인 대화까지 모두 몰입의 소재가 될 수 있습니다. 그러면 수면시간을 제외한 모든 시간이 하나의 목적을 위해 자동화된다고 봐도 무방하다는 뜻이지요. 저도 이렇게 생각의 관점을 달리하는 것이 가능할까 싶었습니다. 그런데 적절한 노력을 유지하는 시간이 쌓이니 저 같은 평범한 사람도 가능하더군요. 상식적인 삶도 힘들어하던 제가 해낼 수 있다면, 여러분도 모두 가능합니다. 하지만 중요한 점은, 저명한 학자들의 방법이 '자기 것'이 되려면 각자에게 맞게 이해해서 적용해야 한다는 점입니다. 그리고 대체로 이것을 어려워하죠. 몰입의 적용 방식에 대해서는 다른 저서를 통해 한 번 다뤄보도록 하고, 이 책에서는 몰입의 전제조건인 '환경의 최적화'에 대한 부분을 살펴보겠습니다.

현재 나에게 주어진 무언가에 몰입한다는 것은 크게 세 가지를 의미합니다. 첫 번째는 자잘한 호기심을 잘라버리겠다는 것입니다. 몰입은 하나의 생각을 깊고 입체적으로 하는 것이기 때문에, 호기심이 많은 사람은 몰입의 단계에 들어가는 것부터 굉장히 어려워합니다. 그래서 호기심의 영역을 무한대로 늘리며 느끼는 '시작점의 카타르시스'를 몰입이라고 착각하는 경우가 많습니다.

두 번째로, 몰입은 곧 '시간당 생산성을 올리는 일'을 의미합니다. 크게 시간을 성장과 휴식으로 나뉘어 설명하는데, 성장할 때는 성과를 내기 위해 최적화된 환경설계가 필요합니다.

그래서 가장 짧은 시간에 집중할 수 있게 돕는 모든 것을 갖추려 노력해야 하죠. 그래서 저는 책상과 키보드 혹은 볼펜, 조명, 의자, 노이즈 캔슬링 헤드셋 등에는 아낌없이 투자합니다. 이런 투자가 곧 중요한 일 앞에 머뭇거리는 시간을 줄여준다는 것을 잘 알기 때문입니다.

반대로 이 몰입 환경은 또한 휴식의 최적화를 뜻합니다. 그래서 제 서재에는 가장 좋은 자세로 일할 수 있는 의자와 가장 편한 자세로 쉴 수 있는 소파가 서로 등을 맞대고 있습니다. 일하는 순간과 쉬는 순간까지 시간의 질을 높이기 위한 투자입니다. 그래서 짧게 자고 짧게 쉬어도 회복과 충전이 잘 됩니다. 마치 에너지 효율이 좋은 대용량 충전기를 들여놓은 기분입니다.

마지막으로 몰입의 세 번째 의미는 '삶의 스위치를 갖는 것'이라 표현하고 싶습니다. 몰입을 잘한다는 것은 곧 열심과 휴식의 경계선이 분명하다는 것입니다. 그래서 쉬어야 할 때 제대로 쉬고, 열심히 할 때는 누구보다 집중해서 일을 해내는 것이죠. 그러려면 열심과 휴식의 스위치가 분명하게 작동해야 합니다. 종종 집에 와서도 열심의 스위치를 끄지 못해, 몸은 가족과 함께 하지만 머리는 여전히 일하고 있는 멘티들을 보게 됩니다. 반대로 몇 시간 전에 출근했지만, 주말 동안 넷플릭스를 정주행하며 켜진 휴식 스위치가 꺼지지 않아 일이 손에 잡히지 않는 멘티들도 있습니다.

몸과 마음이 따로 있는 것만큼 불행한 일이 없습니다. 이런 관점에서 보면 몰입은 곧 몸과 마음을 일치할 힘이며, 이것이 곧 제가 말하는 '스위치'입니다. 마치 거실 전등의 on-off 버튼을 톡 누르는 것만으로 불이 켜졌다가 꺼지는 것처럼, 우리의 열심과 휴식의 전환이 잘 돼야 합니다. 하지만 우리 뇌와 몸은 늘 항상성을 유지하려는 관성이 존재합니다. 그래서 이것을 잘 이해하고 내게 통하는 작동 원리를 설계할 필요가 있습니다. 그래서 저는 열심의 의자에서 휴식의 소파로 건너가는 단계를 설정해 놓고 하나씩 연습해서 자동화의 단계까지 이뤄냈습니다.

- 일을 시작한 지 1시간 30분이 되면 자동으로 책상 높이를 올려 서서 일하는 환경이 되게 한다. ⇒ 스마트 워치와 높낮이 조절 책상의 연동
- 서서 일해야 하는 순간에는 난도가 낮은 업무로 전환해서 약 30분 동안 일한다. ⇒ 직무정보 조사 & 멘티 안부 카톡
- 일 시작한 지 2시간이 되는 알람이 울리면 책상을 벗어나 10분 정도 스트레칭과 인터벌 웨이트를 한다. ⇒ 목과 어깨의 스트레칭, 고중량 스쾃
- 숨이 찰 정도로 호흡이 가빠지면 차가운 생수를 한 잔을 챙겨 휴식 소파에 앉아 천천히 마신다. ⇒ 비타민 가루 추가
- 소파에 올려둔 스피커 리모컨으로 듣고 싶었던 재즈 플레이리스트를 재생하고 소파를 누울 정도로 눕힌다. ⇒ 노래는 10분 동안 들을 수 있게
- 1시간이 지나, 알람을 맞춰둔 책상 높이가 다시 앉은 상태로 낮아지면 음악을 멈추고 소파를 원위치시켜 마신 컵을 설거지하고 다시 업무용 의자에 앉는다.

별거 아닌 것처럼 보이는 자동화의 설계지만, 저에게는 이런 패턴화된 삶의 방식 덕분에 예전보다 훨씬 더 많은 글과 강의안을 써낼 수 있었습니다. 종종 "이 정도의 섬세한 설계가 어떻게 가능했을까요?"라는 멘티들의 질문을 받습니다. 그러면 저는 "당연히 보상 체계 덕분이지"라고 답하지만, 멘티들의 호기심을 자극할 뿐이라고 합니다. 네, 그렇습니다. 삶의 자동화를 위해서는 무엇보다 자신이 어디에서 즐거움과 보람을 느끼는지를 스스로 잘 아는 것, 즉 '보상 체계의 메타인지화'가 중요합니다.

여러 가지 보상 체계를 다룬 이론과 논문이 있지만, 저는 지금의 20~30대 청년들에게 적용했을 때 가장 효과가 좋았던 항목들로만 추출해서 가르치고 있습니다. 그것은 바로 '재미, 타인의 인정, 보람과 성취, 기여' 이렇게 네 가지입니다. 다르게 말하면 내가 언제 가장 재미있어하는지, 어떤 상황이 되어야 내가 다른 사람에게 인정받는다고 느끼는지, 그리고 무엇에 성취감을 느끼는지, 또 누구를 어떻게 도울 때 내 삶이 가장 의미 있는지를 잘 아는 것입니다. 사실 이 부분은 지극히 상대적으로 결과를 도출하는 영역이라, 수업과 개별상담을 병행해야만 개인의 보상 체계를 정확히 끄집어낼 수 있습니다. 그래서 여러분만의 보상 체계를 고민해 볼 수 있는 미션을 드릴 예정이니, 제가 알려드리는 예시를 잘 살펴보시고 여러분의 것으로 만들어 보시기 바랍니다.

첫 번째로 저의 재미는, 한 마디로 '익숙함과 새로움의 균형'이라 할 수 있습니다. 이것은 제가 휴식 때마다 재즈를 즐기는 이유와도 일맥상통합니다. 재즈 합주는 구성적인 순환 과정만을 약속한 채 그 구성을 어떤 화음과 멜로디, 애드리브로 채울지는 오로지 연주자의 몫입니다. 그래서 같은 곡이라도 연주할 때마다 세세한 부분이 달라지죠. 네, 익숙함 속 새로움이 늘 존재하는 영역입니다. 그래서 저는 이 재미를 누릴 수 있는 다양한 보상 체계를 찾습니다.

이를 테면, 아이들과 부루마블 같은 보드게임을 할 때 황금열쇠의 내용을 달리 해봅니다. 동일한 크기로 종이를 자르고, 아이들과 합의해서 기존 게임에서 제시되지 않았던 새로운 규칙들을 만들어 넣습니다. 그러면 익숙해진 게임이 지겨워진 아이들에게도 새로운 게임이 돼서, 색다른 자극을 줄 수 있습니다. 저 또한 이런 과정을 사진으로 기록해 두고 '창의성' 수업의 예시로 쓰기도 합니다.

두 번째, 타인의 인정에서는 '타인'과 '인정'이라는 단어를 어떻게 정의하는지가 굉장히 중요합니다. 그래서 저는 늘 멘티들에게 "누구에게 인정받고 싶으냐?", "너에게 인정받는다는 것은 무엇을 의미하느냐?"와 같은 개념적 질문을 던집니다. 운 좋게도 제게 '타인'은 권력이 있는 사람이나 내 성적을 평가하는 사람, 무서운 부모님과 같은 존재가 아니었습니다. 그래서 유명하거나 권위 있는 분들이 '내가 당신을 인정하니 같이 일할 기회를 주겠다'와 같은 태도로 협업을 제안해 와도 전혀 기쁘지 않았습니다. 오히려 제게 '타인'은 수업과 상담을 통해 멘토링 받는 멘티들이었습니다. 그래서 저는 제 멘티들의 입에서 "멘토님 덕분에 열심히 살고 싶어졌어요" 또는 "덕분에 막막했던 인생에 길이 보이는 것 같습니다"와 같은 피드백을 들을 때 가장 기쁩니다. 종종 새벽까지 이어진 남모를 공부의 시간이 한꺼번에 인정받는 느낌입니다. 그러니 많은 대중에게 인정받는 것 외에 나만의 인정욕구가 어디서 작동하는지, 그 원리를 잘 이해하며 사는 것이 굉장히 중요한 겁니다.

  이것은 저의 '보람과 성취' 체계와도 연결됩니다. 보통 많은 사람이 기어코 좋은 집으로 이사하는 날이나 처음으로 드림카를 타는 날, 승진발표가 난 날 등을 보람과 성취의 날로 꼽습니다. 당연히 그런 날은 많은 사람의 축하를 받기 때문에 기쁘고 멋진 날임이 틀림없습니다. 하지만 다른 사람의 보람과 성취의 순간을 보고 '나도 저렇게 살면 보람을 느끼겠지?'라고 생각하는 것은 지양해야 하는 사고방식입니다. 그런 상황에서 '나는 언제 저런 기분이 들까?'를 생각해 봐야 합니다.

  저는 다른 사람의 삶에 긍정적인 영향력을 끼치는 과정을 통해 보람과 성취를 느끼는 사람이었습니다. 참 어렵고 피곤한 삶이죠. 네, 잘 압니다. 하지만 저의 노력으로 방황하던 인생이 올바른 방향으로 나아가고, 무의미하다고 외치던 삶에 비전이라는 목적이 생겨나는 것을 지켜볼 때면 그렇게 기쁠 수가 없습니다. 마치 첫 아이를 품에 안았을 때의 감격과 견주어 볼 만한 벅참을 느낍니다. 그 순간, 이제야 내가 존재할 이유를 찾은 것만 같습니다. 나아가 '나라는 존재도 쓸모가 있구나….'를 느낍니다. 모든 사람에게 이런 영역이 존재합니다. 하지만 모두가 이런 영역을 동일하게 마주하지는 않습니다. 오래 고민하고 면밀하게 관찰해서 나만의 보람과 성취의 순간을 특정할 수 있어야 합니다. 그래야 타인의 행복을 나의 행복으로 착각하지 않을 수 있기 때문입니다.

 마지막으로 저의 기여는 '교육 기회의 균등으로 계몽을 이루는 것'이라 정의하고 있습니다. 저는 무언가를 깨닫기까지 오랜 시간이 걸리는 사람이었습니다. 양치를 하루에 세 번은 해야 하는 것도, 버스에서 내리고 싶을 땐 버튼을 눌러야 한다는 것도, 장학금을 받기 위해서는 일정한 조건을 갖춰야 한다는 것도 너무 늦게 깨달았습니다. 그래서 가끔은 의도치 않게 미움을 사기도 하고 당연히 누려야 할 기회들을 놓치기도 했습니다. 변명하는 것이 아니라 그것은 노력의 문제가 아니었습니다. 누군가 '이건 이렇게 하는 거야~'라고 한 마디만 알려 줬다면 그런 혜택과 기회들을 누리고도 남을 만큼 열심히 살았으니까요. 결국 처해 있는 상황뿐 아니라 한 인간이 속해 있는 조직과 체제, 나아가 사회의 흐름 등을 동일하게 알 수 있는 최소한의 기회는 주어져야 한다는 말입니다.
 물론, 그것을 깊이 있고 면밀하게 공부해 나가는 것은 개인의 몫입니다. 실제로 제가 가르치는 멘티 중에는 지독한 가난의 때를 견디고 있는 학생들도 있습니다. 어찌나 가계가 어려운지 매달 핸드폰 요금을 낼 여력도 아슬아슬했습니다. 그런 그에게 "검색해서 찾아보면 아는 걸 왜 물어봐?"와 같은 핀잔은 큰 상처로 남기도 합니다. 그래서 저는 '인간의 존엄성을 가지고 교육을 받을 기회'라는 영역에서만큼은 출발선이 비슷했으면 합니다. 이런 마음이 확장되어 학습 사각지대에 있는 아이들에게 중고 아이패드를 사서 선물하기도 하고, 재능기부

형식으로 진로 수업을 출강하기도 합니다. 이런 연유로 노력이 아니라 기회의 문제로 꿈과 비전을 포기하는 인생은 없게 하는 것이 저의 '기여'에 대한 정의가 되었습니다.

위에 저의 예시로 언급한 네 가지 보상 체계(재미, 타인의 인정, 보람과 성취, 기여)를 여러분의 것으로 꼭 정리해 보시고 시간을 투자해서 고민해 보는 경험도 해보셨으면 좋겠습니다. 이렇게 삶의 방향성이 정리된 사람들이 성장의 궤도에서 오래 머무를 수 있고 축적된 성장의 시간과 이타성이 만나면 사회에 좋은 영향력을 펼쳐갈 수 있는 길이 열리기 때문입니다. 이번 장에서는 제가 어디를 가나 언급하며 자랑하는 회사 '만나 CEA'에 대한 이야기로 마무리해보려 합니다.

아쿠아포닉스(Aquaponics)는 물고기 양식과 수경재배의 합성어입니다. 물고기를 양식하는 과정에서 발생하는 배설물에 포함된 암모니아나 아질산 같은 물질을 질소로 전환하고, 그 질소를 작물의 수경재배에 이용하는 친환경 농법을 말합니다. 보통은 물고기 양식 수조 내 암모니아 농도가 높아지게 되면 양식 수가 오염되거나 물고기가 폐사할 수도 있습니다. 이때 수조에 유용한 미생물을 증식하면 암모늄 성분이 분해되고 No3 형태가 됩니다. 이것이 바로 화학비료 대신 작물 수경재배에 이용할 수 있는 천연비료 역할을 하는 것이죠. 한 마디로, 가장 쓸모없는 것으로 가장 친환경적 자원을 만들어 내는 기술입니다. 여기에는 단점도 있습니다. 아무래도 양식시설과 재배시설을 동시에 필요로 하므로 초기 시설투자비가 많이 필요합니다. 그래서 수익성을 생각하는 많은 창업가가 이 사업을 맡아 키워내기를 거부하는 경우가 많았습니다.

그런데 투자자들을 설득하고 관련 기술을 고도화해서 국내에 정착시킨 기업이 바로 '만나 CEA'입니다. 카이스트 공학도 두 명으로 시작한 스마트팜이 6,000평 규모의 농장을 인수해, 지금은 친환경 수경재배 기술로 사우디아라비아, 카자흐스탄 등에 수출하며 외화를 벌어들이고 있습니다. 무엇보다 저는 만나 CEA의 대표로 있는 박아론 대표와 전태병 대표의 일에 대한 가치관이 참 좋습니다.

"한국의 식량자급률을 100%로 끌어올려 식량안보 문제를 해결하는 것이 저희의 비전입니다."

만나 CEA의 만나는 우리가 아는 그 성경의 '만나'입니다. 성경에서 말하는 만나의 의미처럼 침체한 농촌의 활성화를 통해 청년들에게 새로운 일자리를 제공하겠다는 그들의 포부를 읽고 있노라면 저 역시 가슴이 뜨거워짐을 느낍니다. 왜냐하면 앞서 언급한 것처럼, 내가 즐겁고 재밌어하는 것으로 시작해 타인을 돕는 것에서 느끼는 보람과 성취, 거기다 인류의 식량문제해결로 확장되는 그들의 가치관이 복음과 꽤 닮았기 때문입니다.

우리도 이렇게 비전을 꿈꿔야 합니다. 모두 '나'로 시작해 '사회의 필요'로 연결되어 복음의 통로로 쓰임 받을 수 있어야 합니다. 그 과정에 만나는 자기에 대한 의심, 타인과의 관계로 받는 상처들, 세상 문제에 대한 무관심 등을 하나씩 해결해야 합니다. 그리고 결국은 복음이 우리를 통해 흘러가게 해야 합니다. 그것이 우리가 살아가는 유일한 이유니까요. 저 역시 예수님의 사랑을 전하는 일이 즐겁고 행복한 일로만 가득했으면 좋겠습니다. 하지만 오히려 고통스럽고 힘들고 오해받는 시간이 훨씬 더 많은 것 같습니다.

　우리가 할 일은 이것이 거룩한 십자가의 영역이라는 것을 인정하고 인간의 노력으로 해내야 하는 부분에 집중하는 것입니다. 그 안에서 주신 도구와 동역자들을 충분히 활용하고 그 외에 '내가 어찌할 수 없는 영역'을 만나게 되면 엎드려 주께 맡겨야 합니다. 고민하고 아파해봤자 소용없습니다. 거기부터는 하나님이 일하실 영역이니까요. 이 경계선에 대한 인지가 잘 되어 있어야 내가 노력해야 하는 영역과 하나님의 일하심의 영역을 혼동하지 않을 수 있습니다.
　대신 그렇게 내게 주어진 삶을 열심히 살되, 삶의 흔적들을 꼭 기록했으면 좋겠습니다. 지금 제가 책이라는 형태로 그동안 배워온 것을 교회 청년들에게 흘려보내는 것처럼, 언젠가는 여러분의 지난한 십자가 시절이 누군가에게는 길이 되어 줄 테니까요. 그래서 저는 힘들고 아픈 상황을 마주하면 이렇게 다짐합니다. '지금이 길을 기록해 둘 때인가 보다⋯.' 그저 딸깍 볼펜 하나 들고 내 다음 사람이 이 영역에서 복음을 전할 때 조금 더 수월하고, 조금 덜 아프기를 바라며 차분히 기록을 만들어 갑니다. 부디 이 책을 통해 훈련하는 것들을 통해 더 많은 분이 고난의 순간들을 사명의 순간으로 해석할 수 있기를 바랍니다.

진로 멘토의 Q&A _14

Q. 재미, 타인의 인정, 보람과 성취, 이타성과 관련된 경험을 한 편의 짧은 글로 적어보고, 그 경험을 통해 알 수 있는 나의 보상 체계 중요도에 점수를 매겨 보세요. 나는 왜 그렇게 점수를 줬을까요?

다른 사람들의
미션 제출 엿보기

나의 보상 체계	재미	타인의 인정	보람과 성취	이타성
중요도				
그렇게 생각한 이유				

Q. 이 미션을 하면서 나에 대해 무엇을 알게 되었나요?

Step 15
미래를 이야기하는 사람과 인생을 함께 하세요

"단순하지만 누를 길 없이 강렬한 세 가지 열정이 내 인생을 지배해 왔으니, 사랑에 대한 갈망, 지식에 대한 탐구욕, 인류의 고통에 대한 연민이 바로 그것이다. 이러한 열정들이 마치 거센 바람과도 같이 나를 이리저리 제멋대로 몰고 다니며 깊은 고뇌의 대양 위로, 절망의 벼랑 끝으로 떠돌게 했다…."

버트런드 러셀의 『러셀 자서전』 서문에 나오는 내용입니다. 그는 1872년에 태어나 98세의 나이로 세상을 떠날 때까지 사랑과 탐구, 연민이라는 세 가지 열정으로 철학, 문학, 수학 등 여러 학문 분야를 섭렵하며 노벨문학상을 수상하기에 이릅니다. 그는 철학자로 오랫동안 다양한 주제의 저서를 수백 권 남겼습니다. 많은 업적이 있겠지만 제가 이 철학자를 존경하는 이유는 그가 '세상에 대한 연민'을 가장 큰 열정으로 삼았다는 점입니다.

'사실 우리에게는 두 가지 종류의 도덕이 나란히 존재한다. 하나는 입으로 외치며 실천하지 않는 것이고, 다른 하나는 실천하지만 좀처럼 외치지 않는 것이다.'

세상을 안타까워하는 마음을 여러 저서로 내놓았지만, 저는 그의 이 한 문장이 가장 기억에 남습니다. 진정한 덕(悳)은 실천하지 않고 외치는 것에서 머물러도 안 되고, 조용히 실천하기만 하고 많은 사람들이 알지 못하면 그것 또한 도덕에 미치지 못하는 것으로 여겼다는 말입니다. 실천의 중요성은 알겠지만, 굳이 다른 사람들에게 자신의 덕을 알려야 하는 이유는 무엇일까요?

자세한 설명에 앞서 제가 창업 관련한 교육을 하면서 알게 된 한 회사를 소개하고 싶습니다. 콜롬비아의 수도 보고타에 설립된 이 회사는 세계의 여러 가지 문제에서 두 가지 연관성을 발견해 냈습니다. 하나는 보고타에서만 매일 약 750t의 플라스틱이 버려진다는 사실입니다. 플라스틱이 바다로 떠내려가게 되면 영구적으로 사라지지 않기 때문에 세계의 많은 나라들이 쓰레기 처리 비용에 골머리를 앓는 상황이었습니다. 또 하나는 남미와 아시아, 아프리카 인구의 약 40%는 집이 없다는 사실입니다. 우리가 더 넓고 더 좋은 집을 사려고 아등바등할 때, 그들은 최소한의 생존을 위한 집이 없어 질병에 노출되거나 범죄의 대상이 되기 때문에 매일 두려움에 떠는 밤을 보냅니다.

세계적으로 규모 있는 국제기구들도 해결하지 못하던 이 두 가지 문제를 이 회사가 어떻게 해결했는지 한 번 살펴볼까요?

이 회사는 버려진 플라스틱과 고무를 수거해서 잘게 자른 뒤, 분쇄된 입자들을 다시 압축해서 직사각형 벽돌로 만들었습니다. 이 플라스틱 벽돌은 특수처리가 되어 있어 불에 타지 않아 안전할뿐더러, 기존의 건축자재에 비해 값도 훨씬 저렴했습니다. 또한 벽돌의 모양도 마치 아이들의 블록같아서 망치 하나로 서로 끼워 맞추기만 하면 누구든지 건축을 할 수 있게 했습니다. 바로 집이 없는 남미, 아시아, 아프리카 인구 40%를 위해서요.

교육 인구가 거의 전무한 아프리카에서도 2일 정도만 시공을 해보면 시공과 해체가 가능할 정도로 쉬웠습니다. 그래서 4명이 약 12평(40㎡)의 집 한 채를 짓는데 5일이면 충분했습니다. 많은 나라의 골칫거리였던 플라스틱 쓰레기도 처리했고, 동시에 플라스틱으로 만든 벽돌로 집이 없는 사람들에게 쉽고 싸게(한화 약 570만 원) 집을 제공할 수 있는 회사가 탄생한 겁니다. 'Conceptos Plasticos'라는 회사의 이야기입니다.

우리나라에서의 창업과는 무언가 조금 다릅니다. 수익구조, 이윤, 경쟁, 생존이라는 단어보다는 협력, 상생, 문제해결, 집단지성과 같은 단어들이 떠오르죠. 왜 이런 차이가 나는 걸까요? 제가 생각하기에 가장 큰 차이점은 그들이 세계의 문제를 자신의 문제처럼 여길 줄 아는 덕(悳), 즉 측은지심(惻隱之心)이 우리보다 더 뛰어나기 때문인 것 같습니다. 한 가지 신기한 것은 남을 불쌍하게 여기는 착한 마음은 경쟁 성장과는 반비례한다는 점입니다. '지금보다 부유해지고 가진 것이 많아지면 나누겠다'라는 말이 생각보다 어렵다는 것을 반증하는 사례입니다.

좋은 사례를 살펴보았으니 나쁜 사례도 한 번 살펴보려 합니다. 저는 얼마 전에 충격적인 기사를 읽고 사실이 아니기를 바라면서 읽고 또 읽기를 반복했던 적이 있습니다. 중국에서 건너온 한 기사였습니다. 기사 제목은 '외면 문화가 만연한 중국'이었습니다. 사진에는 교통사고를 당한 듯 보이는 한 청년이 자전거와 함께 도로를 뒹굴고 있는데, 다른 차들과 횡단보도를 건너는 모든 사람은 마치 아무 일도 없는 듯 그저 지나치는 모습이 담겨 있었습니다.

사실 중국의 이런 '외면 문화'가 정착하게 된 계기를 쫓아가 보면 2006년 11월, 중국 난징에서 벌어졌던 사건까지 거슬러 올라가야 합니다. 많은 사람이 버스를 타기 위해 바쁘게 움직이는 난징에서 한 할머니가 사람들에 치여 맨바닥에 넘어지고 맙니다. 이 광경을 목격한 일용직 근로자 '펑위'라는 사람은 할머니를 부축해 일으켜 세운 후, 할머니의 가족에게 연락해서 병원에서 진료를 받을 수 있게 도와주었습니다. 시민으로서 당연히 해야 할 도리를 한 것이죠.

하지만 그에게 돌아온 것은 감사 인사가 아니라, '손해배상 청구'였습니다. 넘어졌던 할머니가 골절로 인해 8급 장애 판정을 받았고 진료비가 꽤 많이 나왔습니다. 충격적인 것은 누군가에게 떠밀려 넘어진 할머니가 자기를 이렇게 만든 사람으로 할머니를 도왔던 '펑위'를 지목했고 13만 위안(약 2,200만 원)의 배상을 요구하는 소송을 걸었다는 사실입니다. 언론에 나와 자신은 '할머니를 도운 것이 전부'라고 외쳐보았지만, 중국 법원은 '공평의 원칙'을 내세워 펑위가 40%의 과실 즉 4만 위안을 배상하라는 판결이 나온 겁니다. 펑위는 항소 끝에 2심 재판 진행 중 합의했지만, 그는 "앞으로 다시는 남을 도와주지 않을 것"이라며 복잡한 심경을 드러냈습니다.

  이 사건을 계기로 중국인들은 선의로 베푼 행동이 도리어 자신에게 피해가 될 수도 있다고 생각해, 결국 '외면 문화'로 자리 잡게 된 것입니다. 제가 염려하는 것은 '펑위 사건'이 우리나라에서도 비슷하게 일어나고 있다는 점입니다. '나만 아니면 돼' 혹은 '나라도 살아야지'라는 생각으로 사회로 진출하는 청년들이 많아지고 있고, 그런 문화에 적응하느라 자신의 위치를 더욱더 견고히 하려는 기득권 세대들의 잘못된 관행들도 점차 더 많아지고 있다는 것은 정말 중대한 사회문제입니다.

  지금 우리나라는 보고타의 Conceptos Plasticos와 같은 회사를 만들 것인지 아니면 중국의 펑위와 같은 외면 문화로 돌아설 것인지의 기로에 서 있습니다. 이러한 상황을 반영하듯 교육계에서는 학생들과 직장인들에게 인성과 기업가 정신을 인식시키기 위해 다양한 노력을 하고 있습니다. 하지만 늘 그렇듯 변수는 많고 정책은 그 변수들의 변화보다 느립니다. 어떻게 해야 올바른 교육적 효과를 끌어낼 수 있을까요?

  눈치채셨는지 모르겠지만 정답은 버트런드 러셀이 이미 우리에게 알려 주었습니다. 바로 '입으로 외치면서 실천하는 것'입니다. 실천적 구조변화뿐 아니라 많은 사람이 긍정적인 변화를 알 수 있도록 외쳐줘야 합니다. 그래야 '나만 피해 보는 것이 아니구나….'라며 국민이 서로를 믿을 수 있고, 또한 국민이 나라를 믿을 수 있는 건강한 사회가 될 수 있습니다.

 제가 진로 교육을 하는 이유 중 하나는 '사회에 기여하는 사람들'을 많이 키워내기 위함입니다. 더는 국민 대다수의 권력을 가진 엘리트 집단을 양성하는 것이 되어서는 안 됩니다. 그것이 대한민국에 자녀를 둔 모든 부모의 꿈이 되서는 더더욱 안 될 일입니다. 자식이 편하게 사는 것보다 바르게 사는 것을 바라는 것이 진정한 부모의 역할이요, 그렇게 지도하는 것이 부모의 의무입니다. 가진 것 없는 부모는 용서할 수 있어도 남의 것을 빼앗아 가져오는 부모는 용서하지 말라고 했습니다. 사회에 첫발을 내딛는 모든 청년이 자기 부모를 존경할 수 있는 그런 세상이 살기 좋은 세상이 아닐까요.

 그래서 우리는 이타적인 삶을 살았거나 살고 있는 멘토를 찾을 필요가 있습니다. 멘토(Mentor)는 흔히 '경험과 지식을 바탕으로 다른 사람을 지도하고 지속적으로 조언해 주는 사람' 정도로 해석합니다. 사실 'Mentor'라는 말은, 그리스 신화에서 유래했습니다. 이타카 섬의 왕인 오디세우스가 그의 아들 텔레마코스를 그의 친구인 멘토르에게 맡기고 트로이 전쟁에 나섰고, 그 이후 무려 10년 동안 멘토르는 친구의 아들인 텔레마코스에게 철학, 문화, 전쟁, 역사, 사랑 등 삶의 전반적인 지혜들을 알려주었다는 이야기입니다. 단편적인 지식을 전달하는 선생님 정도가 아니라 삶의 전반적인 지혜를 전해주며 오랜 기간 곁을 지켜주는 동반자의 역할까지 하는 사람을 멘토라고 부르는 것입니다. 그래서 멘토는 선생님이자 친구이고, 상담자이며, 때로는 아버지의 역할까지 하는 사람이죠.

하지만 신화 속 텔레마코스처럼 삶의 거의 모든 지혜들을 한 사람에게서 배우는 것은 사실상 불가능합니다. 그래서 우리는 '삼인행필유아사(三人行必有我師)'를 기억할 필요가 있습니다. '세 사람이 길을 같이 걸으면 반드시 그중에 스승이 있다'라는 뜻입니다. 즉, 내 주변만 면밀히 돌아보아도 삶의 어느 한 부분에 대해서 멘토의 역할을 해줄 수 있는 사람들이 있다는 말입니다. 제 생각에 지금 시대에는 반드시 멘토가 살아 있을 필요도, 주변에 쉽게 만날 수 있는 사람일 필요도 없어 보입니다. '직접적인 대화' 말고도 다양하게 배울 수 있기 때문이죠. 그래서 저는 아직도 삶의 여러 가지 목표를 실현해 줄 수 있는 멘토들과 또 저의 부족함을 채워줄 멘토들을 찾아다닙니다. 다음은 제가 인생의 영역마다 멘토로 삼고 있는 분들입니다.

- 등록금 없는 대학 설립 과정의 멘토 : 일본 국제 교양교육 학회 마사유키 데라니시 회장
- 사회 환원을 실천하기 위한 멘토 : 스웨덴의 발렌베리 일가의 앙드레 오스카 발렌베리 창업주
- 자기 경영 철학의 멘토 : 공병호 연구소의 공병호 박사
- 나답게 살기 위한 마음가짐의 멘토 : 철학자 강신주
- 강연자로서의 삶을 위한 멘토 : 『어떻게 걱정을 멈추고 진정한 삶을 시작할 것인가』의 저자 데일 카네기

- 삶의 고난에도 단단한 마음을 유지하기 위한 멘토 : EJ심리치료연구소 김민철 원장
- 열정이 식지 않기 위한 도움을 얻을 멘토 : 재활용 원단 제품을 판매하는 예비사회적기업 '에이드풀'의 하정현 대표
- 시대에 필요한 진로교육의 멘토 : 『에밀』의 저자 장 자크 루소
- 사업과 경제를 읽는 눈에 대한 멘토 : 막노동에서 시작해 가정을 일으켜 세운 아버지
- 사소한 즐거움의 중요성에 대한 멘토 : 아무것도 아닌 것에도 행복해하며 웃을 줄 아는 아들과 딸
- 꾸준한 성장에 대한 멘토 : S 출판사의 고은아 편집 디자이너
- 사회문제 해결에 대한 멘토 : 아이언맨의 실제 모델인 테슬라의 일론 머스크
- 이웃을 돌아보는 마음에 대한 멘토 : 동네 사람들 모두의 반찬을 책임지시는 어머니
- 성실함에 대한 멘토 : 매일 폐품과 폐박스를 수거해서 생계를 이어 나가지만 오히려 행복해하시는 이웃집 박스 할머니
- 인내심에 대한 멘토 : 예민한 성격의 남편을 버리지 않으시는 아내

매년 1명 이상의 멘토를 찾아서 메모장에 기록하고 그들의 삶을 따라가려고 노력하는 것이, 어느덧 이렇게 저의 습관이 되었습니다. 살펴보면 이미 작고(作故)하신 분들도 있고, 저서를 통해 독자와 작가로만 만난 분들도 있고, 좋은 기회로 직접적인 인연을 맺은 분들도 있습니다. 한 가지 분명한 것은 이렇게 삶의 크고 작은 영역의 멘토를 설정해 두면 길을 잃어 방황하는 시간이 현저히 줄어든다는 사실입니다. 이것은 아마도

무엇이든지 또 누구에게든지 '배우려는 태도'를 가진 사람들의 특권이 아닐까 싶습니다.

그래서 저는 늘 삶의 어떤 문제들을 만나게 되면 '나의 멘토들은 이 문제들을 어떻게 풀어냈을까?'를 먼저 고민해 봅니다. 그리고 저서와 기록을 뒤져가며 그분들의 지혜를 배우려고 애씁니다. 그러다 보면 1년 동안 풀리지 않던 문제들이 하루아침에 풀려버리는 일이 생기기도 하고, 한 번도 생각해 보지 못한 관점으로 눈앞의 문제들을 바라볼 수 있게 되면서 해답의 실마리를 얻기도 합니다. 물론 멘토들과 직접적인 교류가 있으면 더 좋겠다 싶어, 주기적으로 인터뷰 요청을 하고 질문 메일링 혹은 SNS 채널로 메시지를 보내는 일도 놓치지 않습니다. 워낙 저명하신 분들이라 제게 일일이 응대해 주는 것이 어렵겠지만 우연한 기회로 삶의 어느 한 자락에서 만나게 된다면 '덕분에 많은 일들을 해내었습니다'라는 감사 인사 정도는 할 수 있기를 바랍니다.

대신 무분별하게 유명하다는 이유로 나의 멘토로 삼는 것은 금물입니다. 저는 무엇보다 그들의 삶이 세상을 이롭게 하고 누군가를 도우려는 '이타적인 삶'에 초점이 맞춰져 있는지를 봐야 한다고 생각합니다. 자신을 위한 노력은 가족을 살려내지만, 사회를 위한 노력은 인류를 살려낸다고 했습니다. 누군가에게 기여하는 삶을 살고자 선택한 사람들의 삶을 닮아갈 필요가 있습니다. 그리고 이런 사고방식, 선택의 기준, 관계 속의 처세술 등을 편술해 놓은 분야가 바로 '인문학'입니다.

다르게 말하면 '사람을 위한 학문'인 인문학에 눈을 뜨기 전에는 제대로 된 멘토를 만나기 어렵다는 것이 제 생각입니다. 흔히 '사람 사는 거 다 똑같다'라는 말을 합니다. 저는 이 한 문장에 정말 많은 철학적 깨달음이 숨겨져 있다고 생각합니다. 사람 사는 것이 기술과 자본, 인구 수에 상관없이 비슷하다면, 예전의 지혜가 오늘의 지혜가 될 수 있다는 것이고, 고대 그리스 철학자들의 대담이 앞으로 닥쳐올 인류의 문제를 해결해 낼 수 있는 발판이 될 수 있다는 말이니까요. 그래서 우리는 문학, 역사, 철학을 쫓아가며 옛사람들의 애환, 고통, 사랑, 성숙 등을 독서를 통해 만날 필요가 있습니다. 그 문자적 만남을 통해 인생의 보물 같은 멘토들을 만날 수 있습니다.

우리는 원하든 원하지 않든 죽을 때까지 무언가를 배우다가 죽는 존재들입니다. 이왕이면 그 불가피한 배움을 통해 '인(仁)'을 강조했던 공자의 말처럼 인류에 대한 측은한 마음을 품을 수 있었으면 좋겠습니다. 그것이 인류사 전체를 통해 많은 멘토가 우리에게 전하려는 메시지이며, 또한 내가 훗날 누군가의 멘토가 되어보리라 선언하는 마음가짐이 아닐까요.

사람은 태어날 때부터 죽을 때까지 다른 사람들과 무언가를 주고받는 존재입니다. 갓난아기는 우렁찬 울음소리로 생명이 온전함을 주고, 그 울음을 들은 의사와 부모들은 안도의 한숨과 옅은 미소로 아이에게 화답합니다. 이렇게 시작된 타인과의 교류는 가정에서 출발해 유치원, 학교, 직장, 거래처, 대중, SNS 등으로 그 범위가 확장됩니다. 이러한 사회화의 과정을 거치면서 우리는 내가 삶을 살아가는 방식, 즉 가치관을 형성하게 됩니다.

다르게 말하면 '내가 어떤 환경에서 누구를 만나며 살아가느냐'가 내 인생의 가치관에 막대한 영향을 끼친다는 말입니다. 이것은 관계 속에서 겪게 되는 수많은 선택의 순간과 그 선택으로 인한 결과를 받아들이는 과정에서 '자아상'이 형성되기 때문입니다. 이 '자아상'은 나에 대해 스스로가 가지고 있는 느낌이나 생각을 말합니다.

 저는 자아상이 상당히 왜곡된 청소년기를 보냈습니다. 집은 가난했고, 친구가 있을 땐 학교를 멀리하는 녀석들이거나 친구가 아예 없었던 시절이 대부분이었기 때문에 나의 고민이나 생각을 나눌 수 있는 대상이 존재하지 않았습니다. 그래서 저는 늘 관계에 매달리고 그 관계로부터 오는 불안에 시달려야 했습니다.

 '그나마 내 주변에 있는 저 사람들까지 나를 외면하면 어떡하지?'

 제 마음 속 불안은 곧 공격적인 말투와 상처 주는 말이 되어 제 주변의 사람들과의 관계를 스스로 끊어내기 시작했습니다. '관계가 없으면 버림받지도 않을 거야'라는 생각을 하기 시작한 겁니다. 그래서 저는 20대에도 그 중학교 시절의 친구들을 만나게 되는 것을 두려워했습니다. 가진 것 없는데 자존심만 세고 열등감으로 똘똘 뭉친 중학교 시절의 저를 다시 직면하는 것이 너무 무서웠기 때문입니다.

 그렇게 청소년기를 보내고 나니, 저와 비슷한 문제로 힘들어하는 청소년들과 청년들을 돕고 싶었습니다. 그러다가 운

좋게도 저는 진로 교육을 하는 회사까지 창업하게 되었습니다. 이제는 반대로, 누군가의 진로를 함께 고민하고 찾아줘야 하는 위치가 된 겁니다. 처음에는 진로교육이 그저 진학과 직무를 조사하고 최신 정보를 전달하면 될 줄 알았는데, 진로 교육은 그런 분야가 아니었습니다. 오히려 내담자의 상처와 열등감 등이 먼저 해결되지 않으면 직무 정보는 아무 쓸모가 없었습니다. 상처가 많은 사람들은 진로를 선택할 때도 그 열등감을 기반한 선택을 하기 쉬우며, 해결되지 못한 마음의 문제로 힘들게 들어간 직장을 그만두는 경우가 많았기 때문입니다.

안 되겠다 싶어 본격적으로 상담을 공부하기 시작했습니다. 처음에는 시중에 나온 책들을 섭렵해 가며 상담의 줄기를 따라갔죠. 이후에는 상담 관련 일을 하시는 교수님들을 무작정 찾아가 상담 현장에 대해 이런저런 인터뷰를 진행해 보기도 했습니다. 그러다가 만난 분이 정신의학과 김민철 교수님입니다. 한 커뮤니티에서 만난 그의 첫인상은 모임의 시작부터 끝까지 특유의 온화한 미소를 잃지 않는 바위 같은 사람이었습니다.

심상치 않은 사람임을 직감한 저는 얼른 달려가 명함을 받아놓았고 다음날 바로 전화를 드려 개인적인 만남을 요청했습니다. 그랬더니 흔쾌히 만나주시기로 했습니다. 그는 한 분야에서 전문가로 인정받고 있는 사람에게 의례 있을 법한 장벽 같은 것이 없었습니다. 예상한 대로였습니다. 그렇게 만난 저희는 커피 한 잔씩 사이에 두고, 이내 상담과 상처에 대한 이야기를 나누고 있었습니다. 그러다 보니 자연스럽게 저의 중학교 시절의 그 상처에 관해서 이야기하고 있더군요.

"많은 청년에게 자기만의 진로를 찾아주는 사람이 되고 싶습니다. 그런데 아직도 저는 중학교 시절의 못난 모습이 떠올라 괴로워합니다. 이런 제가 감히 진로 교육 같은 일을 해도 괜찮을까요?"

돌고 돌아 결국 저는 이 말을 교수님에게 하고 싶었나 봅니다. 정답 비슷한 무언가를 듣게 되길 기대했던 제게, 교수님은 의미심장한 미소와 함께 오히려 질문을 해왔습니다.

"소장님, 혹시 요즘에도 주변 사람들에게 가시 돋친 말을 자주 하시나요?"
"아니요, 그렇지는 않습니다"
"그럼 중학교 시절만큼 가계가 힘든가요?"
"아니요, 풍족하지는 않지만 그래도 예전보다는 낫습니다."
"그럼 지금도 중학교 때처럼 늘 혼자 지내시나요?"
"그것도 아닙니다. 오히려 주변에 사람들이 많은 편에 속할 겁니다."

교수님은 갑작스러운 질문 세례에 당황해하는 저를 보며, 커피 한 모금으로 천천히 목을 축인 뒤, 이야기를 이어가셨습니다.
"이미 소장님은 예전의 그 중학생이 아닙니다. 마음이 더 단단해졌고, 성숙해졌습니다. 이렇게 용기 있게 저를 찾아와서 이야기를 나누는 것만 봐도 알 수 있죠. 그저 시간이 흘러 해결된 것이 아니라 예전보다 성숙해진 소장님이 비슷한 문제들을 스스로 풀어낸 겁니다. 그러니 지난 일을 너무 오래 생각하지 마세요. 지금의 소장님은 이미 다른 사람이니까요. 그 시절의 이야기는 소소한 추억 정도로만 기억하시는 게 좋습니다. 그럼, 앞으로 어떤 교육 회사를 운영해보고 싶은지 이야기해볼까요?"

그렇게 교수님과 저는 한 시간이 넘도록 앞으로의 삶을 계획하고 그것이 이루어진 것을 상상하며 즐거운 대화를 이어갔습니다. 저는 앞으로 서울과 부산을 아우르며 실무를 기반한 진로 교육을 하는 사람이 되겠다고 했고, 교수님은 곧 개원해서 자신만의 병원을 운영하고 싶다고 했습니다. 수년이 지난 지금, 이 두 원대한 상상은 모두 현실이 되었습니다.

늘 그렇듯 시간이 지나고 나서야 스스로 깨닫게 됩니다. 예전에 귀에 못이 박히게 들었던 어머니의 '친구 잘 만나라'라는 말씀은 어른이 된 지금도 유효하다는 걸요.

좋았던 과거 시절을 회상하며 하루를 보내거나, 아팠던 상처를 굳이 현재로 가져와 지금도 여러 사람을 아프게 만드는 사람들이 많습니다. 주로 처음 겪어 보는 높은 난도의 삶의 과제를 만나거나, 오랜 기간 꾸준한 노력이 필요한 삶의 문제를 마주하면 이렇게 과거에 머무르는 선택을 하는 경우가 많습니다. 그러니 여러분 곁에 아직도 오랜 과거에 시선을 두는 사람이 있다면, 당분간 적당한 거리를 두기 바랍니다. 외면하라는 것이 아니라 그들에게 문제를 스스로 빠져나올 수 있는 힘을 갖출 시간을 주라는 말입니다.

또한 눈앞에만 시선이 머물러 있는 사람과도 당분간 거리를 두세요. 먹고 사는 문제가 가장 큰 화두인 사람은 삶에 대한 성찰이 빠져있는 사람일 가능성이 높습니다. 그때그때 주어진 상황에 최대한 빨리 적응하는 것이 최우선 과제인 사람에게 목표와 계획은 그저 사치스러운 것, 이상적인 것으로 치부됩니다. 그렇기 때문에 삶의 주도권을 타인이나 조직에 넘겨주고 얻게 되는 안정감을 성공으로 착각하는 경우가 많습니다. 거기서 얻게 되는 안정감을 성공한 삶이라 착각하는 것이죠. '말 잘 듣는 착한 아이'에게는 늘 지시자 혹은 평가자가 필요합니다. 지시와 평가가 있어야 안정감을 누리는데 어느 순간 그런 역할을 하는 사람들이 갑자기 없어지는 시절을 만날 겁니다. 선택에 책임을 져야 하는 나이가 된 것이죠. 현재만 바라보고 살았던 사람들은 이 지점에서 오랜 방황을 겪게 됩니다. 스스로 길을 찾아본 적이 없었으니까요.

인생은 우리를 가만히 내버려두지 않습니다. 생각지도 못한 일에 휘말리기도 하고, 갑자기 몸이 아파 직장을 그만둬야 하는 경우도 생깁니다. 믿었던 사람들이 한순간에 적이 되기도 하고, 평생을 쌓아온 업적을 포기해야만 하는 상황에 내몰기도 하며, 가까운 사람들이 준비 없이 세상을 떠나기도 합니다.

그래서 우리는 과거로부터 자유롭고 현재에 집중하며 시선은 미래를 향하고 있는 사람들과 인생을 함께 할 필요가 있습니다. 저는 종종 조찬모임을 통해 만나게 되는 사람들이 '도대체 어떻게 살아왔고, 무슨 생각을 하며, 무엇을 위해 살까?'

궁금했습니다. 그래서 분야별 멘토들을 찾고 커뮤니티에 가입하고 막무가내로 연락을 해보기 시작했습니다. 수많은 거절 끝에 몇몇 분들이 만나주겠다고 연락이 오면, 거기가 어디든 찾아가서 그분들의 이야기를 들었습니다.

  그저 그런 만남이 되기 싫어 미리 동의를 구해서 인터뷰 형식의 녹음으로 기록해 놓기도 했습니다(이 녹음본을 기초로 한 책은 곧 따로 출판할 예정입니다). 사실 이 작업만큼은 지금도 이어가고 있습니다. 그래서 이 책의 마지막은 제가 만났거나 혹은 아직도 교류하는 삶의 멘토 같은 분들의 공통점을 정리해 보는 것으로 마무리하려 합니다. 인생의 큰 깨달음을 주는 깊은 이야기들이 차고 넘치지만, 심오한 이야기들은 다음 책에서 이야기해보도록 하고 오늘은 바로 내 삶에 적용해 볼 수 있는 내용들만 먼저 살펴보겠습니다.

■ 삶의 시선이 미래를 향해 있는 사람들, 비전 멘토들의 특징

1. 그들은 늘 '**빠른 선택**'을 했다.

  전국의 청년들과 진로 상담을 하면서 가장 많이 듣게 되는 질문은 "이 길이 맞을까요? 저 길이 맞을까요?" 입니다. 크고 작은 선택의 순간에 자신보다 경험이 많거나 권위 있는 사람의 확언을 듣고 결정을 내리고 싶은 것이죠. 하지만 이런 질문의 근본적인 심리상태를 들여다보면 '선택이 잘못되었을 때 남 탓을 하고 싶은 심리'가 숨어 있습니다. 이러한 심리는 인간의 본능적 영역에 속하는 것으로, 누구나 어떤 결과가 좋지

않았을 때 다른 사람이나 자신이 처한 환경을 탓하고 싶어 합니다. 그렇게 해야만 '나 자신'이 부족한 사람이 되지 않을 테니까요.

하지만 제가 만난 여러 분야의 전문가 멘토들은 자신의 부족함을 드러내는 것을 겁내지 않았습니다. 아니, 오히려 하루라도 빨리 그 부족함을 스스로 알아내기를 원했습니다. 그렇게 해야 그 부족함을 채워나갈 전략을 세울 수 있기 때문이었죠. 그래서 제가 만난 멘토들은 모두 '빠른 결정'을 굉장히 강조했습니다.

그들의 이야기를 종합해 보면, 선택이 빠르다는 것은 두 가지를 의미합니다.

첫 번째는 '자기 신뢰도가 높다'라는 사실입니다. 흔히 말하는 근거 없는 자신감이 아닙니다. 이것은 자신의 선택에 대해 어떻게든 책임을 지려는 태도이며, 혹 빠르게 선택한 길이 실패로 끝난다 하더라도 '이번 선택은 왜 실패였지?', '그래서 다음번 선택은 어떻게 해야 할까?'를 생각하는 건설적인 사고방식입니다.

이를 펜실베이니아대학교 심리학 교수인 앤젤라 더크워스가 그의 저서 『그릿(Grit)』에서 성과를 좌우하는 것이 재능이 아니라 열정과 끈기의 조합인 그릿(Grit)에 있다고 강조합니다. 그릿을 번역하면 한글로는 '기개' 정도로 번역할 수 있는데, 이는 '당장 내게 그런 능력은 없지만, 어떤 방식으로든 그 능력을 갖춰서 해낼 거야!'라는 마음가짐이라고 합니다. 실제로 그녀의 연구자료에 따르면 자신의 목표를 이뤄내는 학생들의 공통점은 IQ와 같은 학습 능력이나 인지능력이 아니라, '어떻게든 해내겠다는 마음가짐' 즉, 그릿(Grit)이었다고 합니다.

 두 번째는 '내가 한 선택을 옳게 만드는 추가적인 생각과 행동을 한다'는 것입니다. 많은 사람이 미루고 미루다 최후의 순간이 왔을 때, 거의 운에 맡기는 선택을 한 이후로 아무것도 하지 않으려 합니다. 마감 기한까지 버티다가 선택하느라 너무 많은 에너지를 써버렸기 때문에 더 이상 그 선택으로 힘들지 않기를 바라는 것이죠. 그러다가 결국 무기력하게 자신의 선택이 초래한 '상황'을 받아들이고 순응하는 경우가 많습니다. 그것이 좋은 상황이든 나쁜 상황이든 내가 방금 한 선택 때문에 일어나는 당연한 결과라고 생각하는 수동적으로 행동하는 것이죠.

 '이 회사를 계속 다닐까? 아니면 퇴사하고 새로운 분야에 도전해볼까?'라는 선택의 기로에 섰다고 가정해 봅시다. 보통은 선택 과정 자체로 오랜 시간이 걸리고, 선택한 이후에도 선택하지 않은 삶에 대한 미련 때문에 자신이 선택에 집중하지 못하는 '잃어버린 시간'이 생깁니다. 회사를 계속 다니기로 결정한 뒤에는 도전하지 못한 분야의 급여가 부럽고, 퇴사 이후 새로운 분야를 도전해 보기로 결정하면 기존 회사의 안정된 시스템이 눈에 밟히는 식입니다.

 하지만 한 분야의 전문가인 저의 비전 멘토들은 중요한 선택을 하고 나면, 하지 않은 선택에 대해서는 냉정한 입장을 취했습니다. 그저 묵묵히 자신의 모든 에너지를 '이미 결정한 선택'에 집중했습니다. 그러고는 자신의 선택이 옳은 것이 되게 하는 데 전력을 다합니다. 선택을 평면적이고 결과론적으로 접근하는 것이 아니라, 입체적이고 가변적으로 인식하는 겁니다. 그들은 모두 '하나의 선택은 그저 출발점에 불과하다'라고 강조합니다. 그래서 자신의 선택으로 주어진 것에 기뻐하고 만족하면서, 부족한 것이 보이면 그것을 스스로 채우거나 조직에 개선점을 제안하는 등 긍정적인 영향을 끼치는 데 집중했습니다. 선택에 연속성을 부여하는 조치와 행동을 취한 거지요. 또한 그들의 가장 큰 특이점은 삶의 모든 상황을 상황 그 자체로 내버려두지 않은 것입니다. '상황은 언제든 변화시킬 수 있다', '길이 없으면 만들면 된다'라는 성장형 사고방식을 소유한 덕분이었습니다.

2. 삶의 궁극적인 목표를 잊지 않으려 노력한다.

그러고 보면 제 멘토들은 '무엇을 위해 살아가는가?'와 같은 삶의 본질적인 질문을 '오늘 점심 뭐 먹을래요?' 같은 일상의 주제로 취급하는 것 같습니다. 삶의 궁극적인 목표를 오랜 기간 사색해 왔고, 이제는 그것이 너무나 자연스러워져서 "앞으로 나는 이런 인생을 살 겁니다"라는 식의 대화가 전혀 어색하지 않은 삶을 살고 계신 거지요.

흔히 대화 중에 이런 미래지향적 주제를 꺼내면 "쉬고 싶은데 무슨 그런 진지한 이야기를 해요?"라는 반응이 되돌아오기 마련입니다. 물론 휴식도 필요하고 그날그날 주어진 행복을 누리는 시간도 필요합니다. 하지만 생각 없이 사는 것과 쉼을 누리는 것은 분명 다릅니다. 이 둘을 분별하는 것이 굉장히 중요한 작업입니다. 저 또한 이 둘을 구분하기 위해 많은 시간을 할애해서 기준점을 찾으려 노력했습니다. 그러다가 이 둘의 경계선에 존재하는 상황 질문 하나를 발견했고, 이를 조직 문화 강의에서 많이 활용하고 있습니다.

'갑자기 오늘 회사에 전력이 끊겨 업무를 보기 어려운 상황이 되었습니다. 오늘 전 직원은 유급휴가로 처리될 예정이니 출근하지 않으셔도 됩니다'

만약 여러분이 한창 출근 준비하는 중에 이런 문자 메시지를 받았다고 가정해 봅시다. 생각만 해도 입가에 미소가 번지지 않나요? 제가 종종 조직 문화 강의에서도 이런 질문을 화면에 띄워 놓고 "하루 동안 무엇을 하겠나요?"라고 묻습니다. 그러면 대부분 이렇게 답합니다. "집에서 아무것도 하지 않는다", "영화를 보거나 친구들과 함께 맛집을 찾아 맛있는 걸 먹는다", "휴식을 취한다". 그러면 저는 회심의 미소를 지으며 다음 화면을 띄워줍니다.

'회사 시스템을 회복하는 데 한 달이 걸린다고 합니다. 이제부터 전 직원은 15일의 유급 휴가, 15일의 무급 휴가 처리될 예정이니 한 달 동안 출근하지 않으셔도 됩니다'

충분히 쉰 다음 날, 출근하려고 준비하는데 또다시 문자가 옵니다. 이번에는 15일의 유급 휴가와 15일의 무급 휴가로 한 달이라는 시간이 주어졌습니다. 저는 청중에게 그동안 무엇을 하겠느냐고 다시 질문합니다. 그런데 이번에는 의견이 조금씩 갈립니다. 어떤 사람들은 한 달이나 놀 수 있으니 더 좋다고 하고, 어떤 사람들은 한 달은 좀 지겨울 것 같다고 합니다. 그때 저는 마지막 화면을 보여줍니다.

'우리 회사는 여러 경영상의 문제로 폐업을 결정하게 되었습니다. 전 직원에게는 1년 동안 평균 급여의 50%에 해당하는 이직 지원금이 지원될 것입니다. 그동안 저희와 함께 해주셔서 감사했습니다. 건투를 빕니다.'

한 달 뒤, 몸이 근질근질해서 "아, 이제는 일하고 싶다!"라는 말이 저절로 나오는 참에 이런 문자를 받았다고 가정해 봅시다. 이번에는 몇 달 간 생활을 영위할 수 있는 최소한의 금액과 무기한이라는 조건이 주어졌습니다. 마냥 좋아할 것 같았던 사람들도 불안에 떨 자신의 모습을 상상하더니 이내 미간을 찌푸리며 괴로워합니다.

사실 이 3가지 질문은 '삶의 목적'과 '나다운 휴식'에 관한 실험입니다. 시간과 노동에 대한 자유가 주어졌을 때 내가 어떤 선택을 하려고 하느냐를 보는 겁니다. 흥미롭게도 자기 삶의 목적과 나답게 쉬는 방법을 잘 이해하는 사람일수록 시간의 자유가 주어지면 더 행복해하고, 그렇지 않은 사람은 잠깐의 자유를 누렸다가 이내 불안에 시달린다는 말입니다.

[그림5] 시간의 여유와 행복도의 상관관계

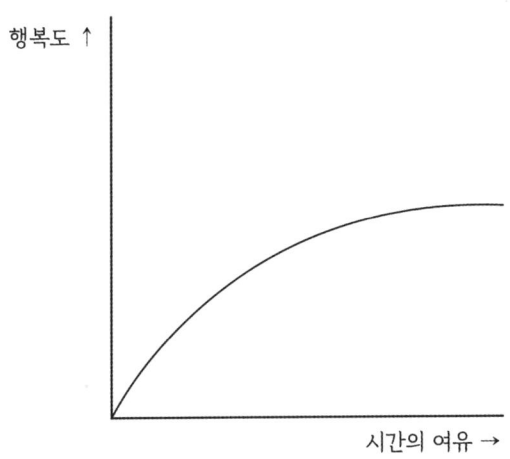

　개인의 행복에서 삶의 목적과 휴식, 이 두 가지는 너무나 중요한 요소입니다. 목적이 있으면 과정이 힘들어도 참아 냅니다. 목적이 있으면 길이 안 보인다고 쉽게 포기하지 않습니다. 그리고 결국에는 목적을 이룰 방법을 찾아냅니다. 그리고 이 모든 과정 중에 자신만의 적절한 휴식을 통해 '그릿(Grit)'에 연료를 채워 넣습니다. 중요한 점은 우리가 자기 삶의 목표를 이룬 사람들의 '결과'를 쫓아갈 것이 아니라 삶의 목표를 이뤄갔던 그들의 '과정'을 배우려고 노력해야 한다는 점입니다.
　저의 멘토들도 자신의 목표를 점검하고 또 잊지 않기 위해서 참 다양한 노력을 하고 있다는 것을 보게 되었습니다. 자신만의 인생의 좌우명을 설정해서 적어놓기도 하고, 이루고 싶은 모습을 형상화해서 그림을 붙여 놓고 자주 보기도 했습니다. 하지만 그들도 힘든 직장생활과 잦은 오해, 예상치 못한 상황들로부터 자신을 지켜줄 방어막이 필요했습니다. 그 방어막은 '지금의 상황들은 나의 더 큰 목적을 향해 나아가는 과정에 불과하다'라는 사상적 깨우침이었습니다. 저도 이런 맥락을 모방해서 '비전선언문'을 만들어 명함에 새기고 늘 가지고 다니며 책갈피로 쓰고 있습니다.

3. 책과 사람으로부터 끊임없이 배우려 노력했다.

하지만 이런 일련의 과정들을 혼자서 구축하는 것은 너무나 어려운 일입니다. 생계 문제를 해결하는 것도 충분히 벅찬 일인데, 그것 너머의 이상을 현실화시키기 위한 수많은 전략을 혼자서 공부해야 하기 때문입니다. 정보가 넘쳐나는데 무엇이 더 나에게 필요한 정보인지를 모르는 것만큼 괴로운 일도 없습니다. 그래서 그들은 '책과 사람'으로부터 배우려는 선택을 많이 했습니다. 그 어떤 배움의 요소보다 '경험'이 중요한 자산임을 잘 이해하는 사람들이었기 때문일 겁니다.

책과 사람으로부터 무언가를 배워내는 방식은 사실 모든 멘토가 다른 방법을 사용하고 있었습니다. 업의 종류나 조직 내의 위치 등에 따라 방법이 달라야 하기 때문입니다. 하지만 공통점이 있었습니다. 그것은 그들이 책과 사람으로부터 배울 때 분명한 목적을 먼저 수립하고 나서 움직인다는 점입니다. 독서를 예로 들어보면 다음과 같습니다. 독서를 통해 무언가를 배우고 싶을 때는 '나는 이 책을 이런 이유로 읽는다'라고 작은 메모지에 메모를 해두고 책을 읽는 경우가 많았습니다. 그러면 그 목적에 부합하는 분야는 읽어내고 그렇지 않은 부분은 과감히 읽지 않는 겁니다. 그렇게 목적 문장 메모지를 다른 책으로 이리저리 옮겨 붙이면서 목적 중심의 독서를 이어 나갑니다. 이런 방식으로 책을 읽다 보니 어느 순간 나의 분야에 대해 모르는 것이 없어졌다고 합니다. 저도 이 방식을 적용해서 책을 읽은 지 10년이 넘어갑니다. 그랬더니 정말 정보의 갈무리 작업이 훨씬 수월해졌고 이는 인터넷상에 떠도는 불필요한 정보들에서 저의 손과 눈을 지켜주는 방패가 되어 주었습니다.

이렇게 '목적 문장 적어보기'가 책으로 무언가를 배우기 좋은 방법이라면, 사람을 통해 배울 때 가장 좋은 방법은 단연 '인터뷰(Interview)'가 아닐까 싶습니다. 사실 이 인터뷰는 그저 질문 몇 가지를 주고받는 행위가 아닙니다.

인터뷰어(인터뷰 대상자)에 대한 사전 조사를 해서 정말 내가 가고자 하는 방향과 관련된 경험을 많이 해보셨는지를 알아봐야 합니다. 이 부분이 검증되었다면 아무런 연결점이 없는 상황이겠지만 그 분에게 메일을 보내고, 메신저로 말을 걸어보고, 또 가능하다면 전화를 걸어 인터뷰를 요청해야 합니다. 이것 또한 대본과 글을 써야 하는 작업이 선행되어야 하겠죠. 그리고 운 좋게 인터뷰 약속을 잡게 되었다면, 인터뷰 때 물어볼 질문지를 서둘러 만들어 보고 사전에 메일로 그 내용을 인터뷰 대상자에게 공유해드려야 합니다. 또 그 질문 내용이 책이나 인터넷에서 쉽게 답을 구할 수 있는 질문은 아닌지 점검도 해야 합니다. 마지막으로 인터뷰 당일, 인터뷰에 적합한 장소를 사전에 예약을 해놓고 인터뷰를 진행한 다음, 그 결과를 서면, 음성, 영상 등의 형태로 변환해서 인터뷰어에게 공유해주어야 인터뷰의 모든 절차가 끝이 납니다.

저는 수많은 멘토님과의 인터뷰를 통해서 단순히 사회생활이나 직무 경험을 배웠다고 생각하지 않습니다. 한 사람이 오랜 기간 경험적으로 터득해야만 알 수 있는 지혜와 성찰을 기꺼이 나눠주시는 모습을 보면서 저는 '진짜 어른들의 삶'을 배웠다고 생각합니다. 청년들과 진로상담을 해보면 저는 의도치 않게 어른들의 민낯을 마주하게 되는 경우가 많습니다. 여러 가지 경우의 수가 있지만 가장 빈도가 많은 어른들의 민낯은 다음과 같습니다.

'내가 했던 실수를 너도 해봐야 내가 얼마나 대단한 사람인 줄 알지….'
'내가 존경받으려면 너보다는 많이 알아야 하잖아?'
'10년이나 고생하면서 알게 된 것을 왜 당신에게 쉽게 가르쳐줘야 하지?'
'나 먹고 살기도 힘든데 생판 모르는 나라의 후세까지 걱정하라고?'

한 사회의 중추적인 역할을 해내고 있는 지금의 40~60대 어른들이 이런 태도를 유지한다면 대한민국의 내일은 그리 밝지 않을 겁니다. 그 이유는 한국의 청년들이 겪고 있는 학습과 실무내용의 격차는 지속적인 고용불안을 야기할 것이고, 미래에 대한 불안을 느끼는 젊은 세대는 이러한 사회의 불안 요소 때문에 저출산에 동참할 것이고, 저출산과 산업화 질병으로 인한 인구감소는 경제활동인구의 감소와 고령인구의 증가로 이어집니다. 이는 얼마 지나지 않아 기초 복지 인프라에 대한 국민들의 신뢰가 무너져 탈국가 현상으로 번져 국가경쟁력의 약화까지 야기하는 악순환으로 이어질 것이기 때문입니다.

이런 이유에서 우리는 우리 자신의 안위와 가정의 안전을 위해서라도 배움과 성장의 목적이 이타성에 있는 어른들이 많이 필요합니다. 이 책에서 전해주고자 하는 많은 조언들과 이야기들도 결국에는 '이타적 삶을 신앙 안에서 실력 있게 살아가는 사람들'을 양성하기 위함입니다. 그래서 우리는 주변에 긍정적인 사람, 비전을 제시하려고 하는 사람, 이타적인 삶을 살고 있는 사람을 많이 둬야 합니다. 혹 이런 사람이 주변에 없다면 찾아다녀야 합니다. 혹 이미 이런 분들이 주변에 있다면 가만히 놔두지 말고 "저도 그렇게 살고 싶습니다. 그래서 제가 뭘 하면 되나요?"라고 물어야 합니다.

구구단을 처음 배우는 초등학생의 마음으로 인생 멘토들의 이야기에 귀를 기울여야 하고, 그들이 삶을 살아가는 방식을 가장 좋아하는 영화를 몇 번이고 되돌려 보듯 계속 들여다봐야 합니다. 그렇게 보고 듣고 씹어보며 하나씩 따라 해 보셔야 합니다. 혹 내가 가려는 길과 분야가 다른 사람이라도 그들의 삶의 목표, 즉 비전이 무엇인지 들어봐야 하며 왜 그런 인생을 살아가려고 하는지, 그것을 이뤄내기 위해 어떤 실제적인 준비를 해나가고 있는지를 끈질기게 질문해야 합니다. 다시 한 번 말씀드리지만, 우리는 결과를 배우려는 것이 아니라 그 결과를 끌어내는 '과정'을 배우려고 멘토를 찾는 겁니다.

이후에 여러분만의 삶의 목적을 발견하게 되었을 때, 그 목적의 전반에 이타성이 근간을 이루도록 애쓰십시오. 위대한 역사를 만들어내었던 수많은 사람도 그 출발은 옆집의 가난을 외면하지 않았던 소소한 이타심이었습니다. 이제부터라도 우리는 '나만 아니면 돼~'라는 생각에서 '나라도 해야지' 혹은 '내가 먼저 해야지'라고 생각할 줄 아는 성숙한 어른으로 성장해야 합니다. 여러분의 선행이나 이타성을 누가 알아주지 않아도 계속해야 합니다. 사람의 인정을 바라고 수행하는 선행은 그 수명이 짧을 수밖에 없기 때문입니다.

결국 삶은 스스로가 삶의 다양한 영역에서 성숙해지려는 과정이고, 그 성숙의 목적은 아프고 힘든 사람들을 돕거나 인류의 고질적인 문제를 해결하기 위한 어떤 것이어야 합니다. 성숙은 생각이 아니라 행동으로 하는 것이며, 그 행동은 자신에 대한 철저한 사유에서 시작됩니다. 그 사유함은 스스로를 돌아볼 수 있는 적절한 질문과 그 질문에 대해 생각을 주고받을 수 있는 사람들로 완성됩니다.

이 책에서 나눈 짧은 식견이 여러분에게 필요한 '적절한 질문'과 '생각을 주고받을 수 있는 사람들'을 만나기 위해 메일 한 통을 보내보는 용기에 보탬이 되었기를 바랍니다. 그 용기 덕분에 누군가에게 인터뷰를 요청하는 사람, 끊임없이 배우는 사람, 삶의 모든 선택에서 겸손하게 빠른 선택을 수행하는 사람이 되십시오. 그렇게 황무지 같은 지금의 시대에 작은 오솔길 하나라도 제시할 줄 아는 사람으로 사십시오. 그리고 그 길 끝에는 언제나 십자가의 사랑이 있음을 전하는 삶을 살아가세요. 그런 삶을 살아갈 때 여러분의 하루하루가 의미로 가득 찰 것이고, 그 의미 지향적인 삶의 흔적들은 많은 사람들에게 길이 되어줄 것입니다.

부디 이 책의 소소한 메시지들이 여러분들을 실력과 신앙의 균형을 위한 노력을 시작하게 하는 작은 자극이 되기를 바랍니다. 혼자서 해내기 어렵다 느껴지신다면 이 책에 수록된 메일, 인스타, 연락처, 카페 등으로 꼭 연락해 주세요. 십자가를 향한 목적이 동일하다면 우리가 서로 도울 명분은 충분합니다. 용기 있는 연락을 기다리겠습니다. 당신의 비전 라이프를 응원합니다.

> '이웃 사랑을 실천하기 위해 부지런함을 선택하는 사람들,
> 우리는 그런 사람들을 크리스천이라 부릅니다.'
> - 『12-powers』, 윤성화 & 최대열 저

다른 사람들의
미션 제출 엿보기

진로 멘토의 Q&A _15

Q. 과거의 인물을 포함해서 당신의 인생에서 단 한 명의 멘토와 인터뷰를 할 수 있다면, 누구와 인터뷰를 하고 싶나요? 그리고 그에게 어떤 질문을 하고 싶나요?

인터뷰 해보고 싶은 멘토 이름		멘토 선정 이유	

순번	질문 내용	질문하는 이유
1		
2		
3		
4		
5		

Q. 이 미션을 하면서 나에 대해 무엇을 알게 되었나요?

에필로그
지극히 개인적인, 하지만 모두와 나누고 싶은 이야기

　실력 있는 크리스천. 이 짧은 문구에 정말 많은 고민과 아이러니가 섞여 있습니다. 실력을 쌓기 위해 집중해서 정진하려니, 정확히 정의되지 않는 죄책감이 먼저 생깁니다. 신앙생활보다 나를 위해 사는 삶인 것만 같아 어떨 때는 괴롭기까지 합니다. 그렇다고 크리스천답게만—신앙에만 집중하며—살자니 경제활동, 집, 연애, 결혼 등의 현실적인 문제들을 완전히 외면하며 살아갈 수도 없어, 이번에는 자괴감에 그저 고개를 떨구고 맙니다. 사실 저 또한 이렇게 이러지도 저러지도 못하는 청년의 세월을 보냈습니다.

　그런데 시간이 지나 기성세대라 불리는 나이가 되어보니 청년 시절의 그 세월이 너무 아깝다는 생각이 듭니다. 적절한 훈련과 정보만 있었다면 '충분히 실력과 신앙이라는 두 마리 토끼를 잡을 수 있었겠다'라는 생각이 들기 때문입니다. 충분한 노력을 기울이지 못하고 게으른 삶을 살아온 제가 너무 한심하게 느껴지기도 했지만, 한편으로는 누구도 제게 그런 길이 있다는 걸 알려주지 않았다는 사실과 교회 밖 사회에서 일어나는 실무를 기독교적 가치관에 기초해서 가르쳐줄 신앙의 선배가 주변에 없었다는 사실이 '살짝' 야속하게 느껴졌습니다.

그래서 저는 멘토링연구소를 통해 감히 그 역할을 자청하고 있습니다. 능력이 출중해서 이런 일을 하는 것이 아닙니다. 많은 크리스천에게 이런 역할을 해줄 누군가가 분명히 필요하지만, 그런 관계가 실제 필요만큼 충분히 제공되지 못하고 있다는 생각에 '나 스스로 배워서라도 전달해보겠다'라는 마음가짐으로 하게 된 것입니다.

저는 장차 사회 각 분야에서 이런 역할을 해낼 멘토들을 세워서 '교회뿐 아니라 직업 생태계 안에서도 많은 청년이 직업인 선교사로 살아가도록 돕겠다'라는 목표를 가지고 청년들을 양성하고 있습니다. 그래서 이 책에서는 무엇보다 신앙을 가진 청년들이 살아가야 할 '균형적 삶'에 대해 이야기하고 그에 필요한 메시지를 전하려고 노력했습니다.

자신의 가치관에 맞는 삶의 균형을 이뤄내는 것은 결코 쉬운 일이 아닙니다. 방향을 설정하고 그 방향에 필요한 노력을 산출하고, 필요한 노력을 내 것으로 만들기 위해 열심히 노력하면서도 그 열심의 끝에 존재하는 가치관 혹은 목적을 놓치지 않아야 하기 때문입니다.

이 부분은 신앙을 가지고 있지 않은 분들에게 '인격적 자기 성장'이 되어 줄 것이고, 신앙을 가진 분들에게는 곧 '복음적 사명'이 되어 줄 것입니다. 우리가 훈련받아야 할 곳은 교회이지만 살아내야 할 곳은 교회 밖 세상이기 때문입니다.

저는 이 책에 녹여낸 훈련의 과정들을 통해 많은 교회 청년이 교회 밖에서도 '실력도 있고 인성도 바른 사람'으로 살게 되기를 바랍니다. 그래서 아프고 힘든 일이 생길 때마다 직장을 나와 교회로 숨는 청년들이 줄어들기를 소망합니다. 위로는 받되 그것이 회피가 되어서는 안됩니다.

오히려 세상에서 세상 사람들보다 더 실력 있고 단단한 자가 되어, 하나님을 알지 못하는 많은 사람에게 여러 면에서 본이 되는 삶을 살아야 합니다. 직장과 업의 현장을 그저 돈 버는 곳으로 생각하지 말고, 나의 삶을 통해 예수의 사랑을 전할 선교지로 바라봐야 합니다.

하지만 이 훈련의 과정들은 책 한 권 읽어내는 것으로 쉽게 얻을 수 있는 것이 아닙니다. 성숙에는 시간과 고민이 동반되어야 하기 때문입니다. 그래서 이 책이 그저 '읽는 매체'로만 사용되지 않고, 나를 사색하고 세상과 사명을 통찰하고 그 생각들에 대해 주기적으로 토론하게 하는 도구로 학교와 일터와 동아리와 친구들 모임과 교회에서 끊임없이 활용되면 좋겠습니다.

그래서 언젠가 곁에 있는 누군가가 "왜 그렇게 열심히 살아요?"라고 물을 때, "예수님의 사랑을 전하고 싶어서요!"라고 밝고 당당하게 대답하는 성숙한 크리스천이 우리 사회 가운데 넘쳐나기를 기도하고 소망하며 꿈꿔봅니다.

"God Bless You!"

참고문헌

1. 「세계 행복 보고서」, UN World Happiness Report, 2022
2. 김수경, 「Z세대가 뽑은 2022년 주목할 만한 트렌드」, 2022.03
   https://www.brandbrief.co.kr/news/articleView.html?idxno=5108
3. 〈스타킹〉, SBS, 2014. 05
4. 「The Silver Lining of Personal and Group Defensiveness: Positive Effects of Defensive Responding」, M. K. Snyder, M. R. Stricker, and T. L. Sanchez, 2018
5. 『습관의 힘』, 찰스 두히그, 갤리온, 2012
6. 「Polyphonic HMI : Mixing Music with Math」, A. Elberse, J. Eliashbert, and J. Villanueva, Harvard Business Review, 2005.08.24.
7. Embrain, 〈시간부족 현상과 관련된 소비인식 조사〉, 2017
8. 『1984』, 조지 오웰, 민음사, 2003
9. 월드오미터 홈페이지 https://www.worldometers.info/kr/
10. 〈문학을 죽이는 교육〉, 동아일보, 2010
    https://www.chosun.com/site/data/html_dir/2010/05/04/2010050402475.html
11. 「Why We Write: Four Reasons」, Joshua Fields Millburn, 2008, Harvard University
12. 『미친 발상법』, 김광희, 넥서스BIZ, 2018
13. 『내가 가진 것을 세상이 원하게 하라』, 최인아, 해냄, 2023
14. 『그릿(Grit)』, 앤젤라 더크워스, 비즈니스북스, 2016
15. 『몰입』, 황농문, 알에이치코리아, 2007
16. 『몰입, Flow』, 미하이 칙센트 미하이, 한울림, 2005
17. 『러셀 자서전』, 버트런드 러셀, 사회평론, 2003
18. 〈중국의 평위 사건과 대한민국의 봉침사건〉, 미래한국, 2018
    http://www.futurekorea.co.kr/news/articleView.html?idxno=111186

그래서 제가 뭘 하면 되나요?

개정판 1쇄 발행 2024년 7월 1일
지은이 윤성화
펴낸곳 아웃오브박스 / 편집 심은선
디자인 쇼이디자인

출판등록 2018년 2월 14일 제 2018-000001호
주소 경상남도 밀양시 새미안길 9-1 갤러리빌라 101호
전화 070-8019-3623
메일 out_of_box_0_0@naver.com

ISBN 979-11-984561-0-6(13190)

*정가는 책 뒤표지에 있습니다.

이 책의 판권은 지은이와 아웃오브박스에 있습니다.
이 책은 저작권 법에 의해 보호받는 저작물이므로 무단 복제 및 무단 전재를 금합니다.